跨文化管理

——基于在德中资企业的实证研究

潘亚玲　著

对外经济贸易大学出版社
中国·北京

图书在版编目（CIP）数据

跨文化管理 ：基于在德中资企业的实证研究 / 潘亚玲著. -- 北京 ：对外经济贸易大学出版社，2024. 11.

ISBN 978-7-5663-2644-7

Ⅰ. F272-05

中国国家版本馆 CIP 数据核字第 2024M6W776 号

跨文化管理

——基于在德中资企业的实证研究

潘亚玲　著

责任编辑：陈培风

助理编辑：邓钰锦

出版发行：对外经济贸易大学出版社

社　　址：北京市朝阳区惠新东街 10 号

网　　址：www.uibep.com

资源网址：www.uibepresources.com

邮政编码：100029

邮购电话：010－64492338

发行部电话：010－64492342

E-mail：uibep@126.com

成品尺寸：170mm×240mm

印　　张：20

字　　数：337 千字

ISBN 978-7-5663-2644-7

印　　刷：北京九州迅驰传媒文化有限公司

版　　次：2024 年 11 月北京第 1 版

印　　次：2024 年 11 月第 1 次印刷

定　　价：68.00 元

教育部人文社会科学

研究规划基金项目

（项目批准号：18YJA740035）

前 言

在全球化的浪潮中，跨国经营与合作已成为企业合理配置资源、增强核心竞争力的关键途径。随着中国企业国际化步伐的加速，他们在海外的经营活动日益频繁，并置身于多元文化的交汇点。尽管已有研究从宏观层面指出，出海的中资企业面临严重的跨文化冲突，文化因素对企业跨国经营活动的影响是全方位、系统性和全过程的，然而，学术界在这一领域却较少采用“田野调查”方法对具体的海外中资企业进行实证研究，整体性和系统性探讨中资企业面临的跨文化管理问题及其解决策略的研究亦显不足。

在这样的背景下，研究者有必要深入中资企业的“现场”，对企业的跨文化管理问题进行整体性的系统而深入的实证研究。这不仅有助于全面理解并解决企业在跨文化管理中遇到的问题和挑战，还能分析跨文化场境为企业经营带来的潜在优势和机遇。在此基础上，可以总结出有效的跨文化管理策略与方法。

在中资企业的海外选址中，德国凭借其多方面的优势，成为了中资企业在欧洲投资的首选。根据德国中国商会自 2014 年起发布的多期《中资企业在德商业环境调查报告》，跨文化管理问题连续多年被中资企业视为其在德国经营的最大困难与挑战。因此，笔者选择在德中资企业作为研究对象，系统深入研究中国出海企业的跨文化管理问题。

在今天的大数据时代，个性化、鲜活的案例可能被海量信息所淹没。此外，“百闻不如一见”，而隔屏“网见”不如在场“实观”。因此，深入在德中资企业的“现场”，借助主位和客位的多个视角，全方位了解不同企业面临的具体跨文化管理问题及其解决方案的多样性，研究不同的跨文化情境中的真实案例，显得尤为重要。

质性实证研究能够通过详细的描述性数据揭示被研究者的真实经验和感受，为我们理解跨文化管理实践提供独特的视角和方法论框架。自 2018 年夏至

2023年夏，笔者五次赴德国进行实证研究。先后在中资企业集中的北威州、汉堡州、黑森州、巴登—符腾堡州、巴伐利亚州、柏林州、勃兰登堡州等地走访了42家在德中资企业和机构，与来自汽车、通信、交通、机械、金融、商业、咨询、旅游、物流和医药等十多个领域的55位中德管理与专业人员及跨文化交际与合作问题研究专家进行了深入访谈。这些访谈均获准录音，笔者对55位专家的访谈进行了全文文字转写，获得了总计657 743字的文字稿，作为本书的一手实证研究数据。

在本书即将付梓之际，笔者脑海中浮现过去几年为本书做实证研究的艰辛，感慨万千：回想起在杜塞尔多夫，访谈结束后已至傍晚，突然天降大雪，德国铁路瘫痪，我不知何时才能乘车赶回在另一城市的住地，“饥寒交迫”地站立在风雪之中；想起多次在德国的转车与德铁晚点，以及抵达火车站后漫长的步行与迷路、问路，最终抵达受访企业的情形；想起长途跋涉后终于抵达一个德国小镇，舟车劳顿，走进那家受访的中资企业（在这家被收购的企业里，除了一位国内外派来的中国高管，其余264人皆为德国员工），看到大堂里的大屏幕上写着的“Willkommen Prof. Dr. Yaling Pan”（欢迎潘亚玲教授博士），深感温暖，倦意顿消……而今，受访的中外专家的话语仍在我耳畔回响，他们所谈到的少有对跨文化冲突的抱怨，而更多的是对跨文化合作积极经验的分享和对企业未来发展的乐观，是积极利用文化多元性为企业创新的成就感。

在此，衷心感谢接受我访谈的55位中外专家，他们的宝贵经验与深刻洞见为本书的理论建构和实践指导奠定了坚实的基础。由于本书采用实证研究的匿名原则，不能对他们逐一致谢。

感谢北京外国语大学的张晓玲教授、吉林外国语大学的陈洋洋副教授担任本书审稿人，感谢对外经济贸易大学出版社编辑邓钰锦老师担任本书编辑，感谢他们细心审阅书稿并提出宝贵的修改意见。感谢我的同事韩丁副教授帮我审核本书出版稿，也感谢妮莎博士为本书参考文献部分所做的审校工作，感谢杨阳博士、妮莎博士、万晓韵和张雪遥博士在读博期间对本研究所做的科研辅助工作。

特别感谢我挚爱的家人们，你们始终如一的坚定支持与鼓励，是我在研究道路上不可或缺的动力源泉。

尽管笔者为本书的研究与写作深稽博考，磨砻淬砺，本书仍难免受到笔者主观因素和研究能力的影响，存在局限性和纰漏，期待读者的批评与修正。

希望读者能将本书看作是一位研究者与广大跨文化实践者的对话，也看作是海外中资企业之间的经验与智识交流。如笔者在书中所写，虽然本书不可能适用于所有的海域和气候，但希望它可以作为出海的中资企业航行中的一份指南，帮助它们在面对跨文化挑战时找到合适的航线。

谨以本书献给所有出海发展的中资企业，愿它们在全球化的浪潮里，在“水何澹澹，山岛竦峙”的跨文化海洋中乘风破浪、驭水驾涛，“直挂云帆济沧海”，顺利抵达跨文化协同与和合共生的彼岸。

潘亚玲

2024 年 10 月于北京

目 录

图表列表

第一章

绪 论

1.1 研究背景

全球化使各国在供应、生产、流通、消费等领域相互紧密联系，在资源开发、配置的国际分工与合作方面跨越国界，使得全球各国和各地区成为相互依赖、相互影响的国际体系。在此背景下，跨国经营与合作被看作是企业资源在全球范围内得到合理配置的重要手段，也被认为是企业增强核心竞争力、提高组织绩效的重要手段（谢冬梅，2012：1）。全球化背景下组织管理的特征主要体现为组织管理全球化和跨国并购活跃（郑兴山、陈景秋、唐宁玉，2019：4），而上述两个特征都为企业管理带来一系列的新问题和新挑战（德雷斯凯，2015：22－29）；全球一体化和更加标准化的趋势，似乎在强化而不是在减弱潜在的跨文化冲突（施耐德等，2019：7）。

在经济全球化的浪潮中，中国企业的国际化进程不断加速和深化。继 2000 年初我国政府首次把中国企业“走出去”战略上升到“关系我国发展全局和前途的重大战略”之后，2013 年以来，我国政府又大力推行和实施“一带一路”倡议。在我国政府的支持和相关政策的推动下，越来越多的中资企业积极投资海外，寻求新的发展机遇，以提升其在国际市场上的竞争力。这些中资企业在全球范围内利用资源，从事跨国、跨区域的生产经营活动，它们在其资源和经营活动跨越国界和区域的同时，也经历着不同文化之间的共享、交流和碰撞。很多研究表明，随着中资企业在海外投资和运营的范围不断扩大，面临的文化差异和管理挑战也日益突出（Poerner，2011；张智远，2016；欧盟中国商会、罗兰贝格，2019；马文杰、苏勇，2022）。对于走出去的中资企业而言，了解和应对不同国家、不同地区的文化差异，成为成功开展跨国经营的关键因素。中资企业要想在海外取得成功，不仅需要具备高效的研发能力、生产力和优质产品，还需要其相关人员具备跨文化沟通、协调和管理的能力（唐宁玉、王玉梅，2018；施耐德等，2019；Pan，2021）。

在海外经营的中资企业，大多处于多元文化交融的跨文化场境，文化多元化可以为企业创造新价值，带来新的机遇和潜能（Bolten，2011；Pan，2021），并能在多个层面促进企业创新力的提升（潘亚玲、妮莎，2022）。但是这并不意味着可以忽略文化差异，因为“文化可以成为竞争的优势，也可以成为劣势”（德雷斯凯，2015：11）。因此，文化因素对海外经营的企业至关重要，需要研究者们对它们进行仔细的分析、评估和管理（施耐德等，2019：13）。

一些研究者发现，通过对外投资、并购重组等方式进军海外的中国跨国企业面临着严重的跨文化冲突问题，包括企业文化、政治制度、法律等多个方面冲突。此外，由于语言、价值观念、思维和行为方式等方面的差别，跨国企业的经营管理理念以及管理模式面临着水土不服以及难以融入当地文化的问题（颜垒、黄静，2017：35）。有研究者认为，企业跨国经营的失败率非常高，其中首要的原因就是跨文化管理方式不当，从而使得文化差异演变为跨文化冲突，进而导致企业经营失败（吕邈、权锡鉴，2017）。很多研究者将不同文化之间的冲突看作是跨国经营所必然面临的重大障碍，并认为它们是跨国企业必须解决的重要问题（同上；德雷斯凯，2015；彭仁忠，2015；郑兴山、陈景秋、唐宁玉，2019）。

根据对西欧、亚洲和美洲企业总部的600位管理人员的调查显示：2/3的人将跨境合作与交流中的误解归因于语言和文化的差异（施耐德等，2019：247），并购后企业的失败往往会被归咎于文化差异（同上：14）。齐善鸿和张党珠（2014：2）指出，在跨国并购后一直存在一种“七七定律”的现象，即“文化整合不利是70%的失败并购案例产生的原因，70%的并购未能成功产生所预计的价值增长”。而现实的情况是，很多公司在并购他国企业或选择来自另一文化的合作伙伴时，对文化因素和跨文化问题并未给予足够重视，但在企业海外经营不善和跨国并购失败时，“文化才会被明确并恰当地提出来作为向财经媒体和商界交代的借口”（施耐德等，2019：82）。在上述背景下，跨国公司的管理必须充分考虑文化因素对其多方面的作用和影响，并对跨国公司进行跨文化管理。

基于前人研究（郑兴山、陈景秋、唐宁玉，2019；施耐德等，2019；Barmeyer，

2018）和笔者的前期研究，本文将跨文化管理理解为在跨越不同国家、地区或文化背景的组织内部和外部进行管理活动的过程，其目的在于有效地促进和管理不同文化背景的员工、客户和利益相关者之间的关系，最大限度地利用跨文化潜能和价值，实现组织的目标和使命。

1.2 研究对象与研究问题

在中资企业海外投资选址中，德国被看作是一个具有许多领先优势的投资地。中德两国位于“丝绸之路”经济带两端，是亚欧两大经济体里最有影响力的国家，中德关系一直全面稳步向前发展。截至 2023 年底，中国已连续 8 年成为德国第一大贸易伙伴，而德国则连续 49 年是中国在欧洲最大贸易伙伴[①]。中德两国在很多领域的合作都具有无限潜力。中资企业可以通过在德国的发展，增强企业在全球化过程中的核心竞争力，而中国企业在德国投资也为德国经济的发展带来了新的活力。中德合作可以为两国带来双赢，且惠及欧洲与世界。

德国因其稳定的社会环境、世界领先的科技水平、得天独厚的地理位置、先进发达的基础设施、大量经过系统的职业培训获得高技能的技术工人等方面的优势成为中资企业在欧洲投资的首选，德国投资环境的稳定性优势也得到了中资企业的充分认可（德国中国商会，2023：4）。此外，对中国投资企业来说，开发德国市场的同时，也就意味着直接打开了进入欧洲市场的大门（Sohm，Linke，and Klossek，2009：28）。德国中国商会（2017：9）的调查表明：中资企业在德投资主要基于企业国际化经营的战略考量；其次，缩短与海外客户距离、获得国际化品牌与渠道也是企业在德投资的主要目的。中国希望到 2050 年成为全球技术领先国家，而对德国高端技术企业的并购可以帮助中国实现这一宏伟目标。安永中国发布的《2023 年中国海外投资概览》显示：德国是中资企业在欧洲并购的主要目的地之一，并购金额和交易数量分别同比增长 295% 和 28%（安永中国，2024）。

为了全面、客观地反映中资企业在德投资经营状况以及了解企业在德经营中遇到的问题，帮助中资企业在德可持续发展，并为计划赴德投资的中国企业

① 来自：中国政府网 https://www.gov.cn/yaowen/liebiao/202404/content_6946007.htm，2024 年 4 月 18 日。

提供有针对性的数据支持，自 2014 年起，德国中国商会对在德投资活跃的中资企业发放了中资企业在德商业环境调查问卷，并在此基础上持续发布《中资企业在德商业环境调查》。根据《中资企业在德商业环境调查报告》（德国中国商会，2014，2015，2017，2021，2023），跨文化管理问题连续多年被中资企业看作是在德国经营遇到的最大困难和挑战。但是上述调查报告基于问卷调查，并未具体阐明被在德中资企业看作是“最大困难和挑战”的“跨文化管理问题”具体表现在哪些方面，更没有讨论相关的应对策略与方法。

有不少研究（如：Sohm，Linke，and Klossek，2009；齐善鸿、张党珠，2014；施耐德等，2019）表明，跨文化整合与融通能力是境外投资企业成功的重要前提，而很多中资企业抱怨对德国市场“水土不服”，平均四分之三的中国企业经营两年之后，便撤出德国市场（郝海迪，2012：61）。研究表明，在德中资企业出现“买得起管不住”现象的关键原因是文化差异引起的冲突（Hederer，2015）。笔者通过研究发现，中资企业并购与中德企业合作如果失败的话，往往归咎于文化因素。但很多企业在赴德设立公司之前缺少跨文化的国际企业管理经验，他们没有做相应的跨文化适应准备（Hederer，2015：1），只是被动地应付出现的跨文化问题（Tirpitz，Groll，and Ghane，2011：38），尤其是很多中小企业对德国的文化背景缺乏必要的了解，从而在德国遭遇了很多不快（Sohm，Linke，and Klossek，2009：33）。

中资企业在德投资规模和影响巨大，而跨文化管理问题又被看作是中资企业在德国遇到的最大挑战和问题，然而国内学术界对在德中资企业的研究却极为有限。在同方知网数据库收录的 2000—2024 年 SCI 和 CSSCI 来源期刊上发表的中文论文以及国内高校发表的博士论文中，笔者以“中资”/“中国企业”/“企业”/“公司”和“德国”/“在德”（篇名和关键词）为检索词，检索关于在德中资企业的论文，在检索结果中剔除不符合条件的论文，共仅获得 24 篇期刊论文和 2 篇博士论文（画线部分）。通过对这 26 篇文献的研究（见表 1），笔者发现，其中针对在德中资企业的管理问题进行研究的论文只有 5 篇，其余 21 篇论文则大多是从宏观角度探讨了德国的投资环境、相关法律制度以及中资企业在德国媒体和公众中的形象等。在上述 26 篇论文中，仅有 2 篇论文是对具体在德中资企业进行的质性实证研究，这表明在德中资企业的跨文化管理问题的实证研究相当匮乏。

表 1 2000—2024 年关于在德中资企业的 SCI 和 CSSCI 期刊与博士论文一览

时间/年	研究主题	
	在德中资企业内部管理	德国投资环境与相关法律制度、中资企业在德国媒体和公众中的形象等
2000—2009	0	2
2010—2019	2 + 1[①]	11
2020—2024	1 + 1	8

此外，笔者也研究了 2000—2024 年在德国发表的关于中德跨文化合作与管理的期刊论文、博士论文和专著，这些文献大多基于 Hall[②]（Hall，1990a，1990b）、Hofstede（Hofstede and Hofstede，2011）、Trompenaars 和 Hampden-Turner（Trompenaars and Hampden-Turner，2020）、“全球领导力和组织行为有效性”研究（GLOBE：Global Leadership and Organizational Behavior Effectiveness；Blom and Meier，2017：68－71）所提出的文化维度理论和 Thomas（Thomas，Kinast，and Schroll-Machl，2005）的文化核心价值观理论，研究关注的主要是国家层面的中德文化差异以及由此而引起的文化冲突（如：Preyer and Krauße，2009；Micholka-Metsch and Metsch，2015；Jiang，2017）。

笔者曾在相关研究中（Pan，2008：32；潘亚玲，2016：8）指出，如果在跨文化交际研究中过分强调文化之间的差异，强调跨文化合作中出现的障碍与冲突，忽略文化之间的“同”以及文化差异和多元文化场境对跨文化合作的积极作用，往往会造成人们对跨文化障碍与冲突先入为主，并最终使之成为“自我实现的预言”。鉴于此，对在德中资企业跨文化管理的研究应当不仅仅着眼于前文提到的问题与挑战，同时也应探究多元文化背景下的跨文化场境为企业成功经营带来的机遇和优势。

综上所述，跨文化管理是很多在德中资企业需要重视和亟待解决的问题，但是人们对相关问题的认识和研究还远远不够深入和具体，而且鲜有研究探讨跨文化场境对“走出去”的中资企业的积极作用。虽然有相关研究从宏观的层

① 有下划线的数字指博士论文。

② 本文在正文中引用西文参考文献的作者时，如所引用的参考文献是西文原文，则保留作者姓氏在西文原文中的写法；如引用的参考文献是西文原文的中文译本，则使用该译本中西文作者姓氏的中文译名。

面指出，文化因素对企业的跨国经营活动的影响是全方位、系统性和全过程的（郑兴山、陈景秋、唐宁玉，2019；Blom and Meier，2017；Barmeyer，2018；施耐德等，2019），但是学术界缺少使用“田野调查”方法对具体中资企业进行的实证研究，也缺少整体性、系统性探讨中资企业面临的跨文化管理问题及其解决方法与策略的研究。

在此背景下，研究者有必要到中资企业“现场”，从整体的角度，系统地研究中资企业的跨文化管理问题，全面总结在德中资企业跨文化管理的问题与挑战，同时也系统分析多元文化的跨文化场境为企业经营带来的潜在优势和机遇，在相关理论指导下，从跨文化实践中总结出应对方法与策略。因此，笔者拟以在德国的中资企业为例，系统讨论跨文化管理问题，包括“是什么”“为什么”和“该怎么做”的问题。基于实证研究，本研究将主要探讨以下问题：

1. 从跨文化管理的视角来看，在德中资企业面临的主要挑战和问题是什么？这些问题主要表现在哪些方面？引起这些问题的主要原因是什么？

2. 多元文化背景下的跨文化场境为在德中资企业的管理带来了哪些机遇和优势？

3. 针对这些挑战和机遇，在德中资企业在跨文化管理方面有哪些重要的策略和方法？这些策略和方法效果怎样？

为回答上述研究问题，有必要对在德中资企业进行更深入和具体的质性实证研究，以便更全面地理解和解决这些企业在跨文化管理方面面临的问题和挑战，更好地利用机遇，总结出有效的跨文化管理策略与方法。

1.3 对国内外相关研究的评述

1.3.1 跨文化管理研究

如前文所述，本文将跨文化管理理解为在跨越不同国家、地区或文化背景的组织内部和外部进行管理活动的过程。跨文化管理的目的在于有效地促进和管理不同文化背景的员工、客户和利益相关者之间的关系，最大限度地利用跨文化潜能和价值，实现组织的目标和使命。

由于跨文化管理的跨学科性，管理领域从事跨文化研究的学者相当少（姚孝军，2010：12)，而我国从事跨文化交际研究的学者主要为高校外语专业教师，尤其是英语专业教师（王晓宇、潘亚玲，2019）。从同方知网 2000 年以来的相关成果发表来看，这一学术团队中从事跨文化管理研究的学者较少。

笔者在 2000 年 1 月—2024 年 4 月 SCI 和 CSSCI 发表的中文论文以及国内高校发表的博士论文中，检索“跨文化管理”（篇名和关键词）论文，获得 228 篇，剔除其中不符合条件的论文，共获得 126 篇期刊论文和 16 篇博士论文（画线部分）。从表 2 可以看出，其中大部分论文的研究主题是宏观经济、投资环境和文化比较，只有 27%（共 34 篇）的论文涉及海外中资企业。

表 2　2000—2024 年关于跨文化管理的 SCI 和 CSSCI 期刊与博士论文一览

时间/年	研究主题		
	海外中资企业	在华外企（含合资）	一般性（宏观经济、投资环境、文化比较）
2000—2009	16 + 1 = 17	19 + 3 = 22	59 + 3 = 62
2010—2019	12 + 1 = 13	3 + 1 = 4	15 + 5 = 20
2020—2024	2 + 2 = 4	0	0

此外，笔者还研究了 2000 年 1 月—2024 年 4 月间国内出版的关于跨文化管理的专著。通过对上述论文和专著的研读，笔者发现我国的跨文化管理研究大多基于欧美学者的理论（王朝晖，2014；陈晓萍，2016；马文杰、苏勇，2022）。受西方研究者的影响，我国的相关跨文化管理研究主要集中在文化差异和文化冲突等方面，多数论著的理论基础源于欧美的研究成果，较少尝试将中国文化的精髓融入跨文化交际研究中。有研究者指出（唐宁玉、王玉梅，2018：36)，许多关于跨文化管理（如跨文化领导力）的研究是基于西方文化传统和管理实践，这些在西方管理情境下得出的研究结果是否适用于其他文化的管理情境，值得质疑。

通过梳理跨文化管理研究成果还可以发现，很多研究从国家文化的层面进行文化比较，这类研究偏重于探讨不同国家文化之间的差异及由此引发的跨文化冲突。这类成果中，在全球最有影响力的是前文提到的 Hofstede（Hofstede and Hofstede，2011）、Trompenaars 和 Hampden-Turner（Trompenaars and Hampden-Turner，2020）的文化维度理论（本书将在理论基础部分进一步讨论其具体内容及其对本研究的借鉴意义）。很多学者利用 Hofstede 和 Trompenaars 与

Hampden-Turner 的文化维度理论，尝试为跨文化背景下的企业管理和跨国资本运营提供可行性建议，也包括对中德跨文化管理实践进行分析，提出解决跨文化冲突的参考策略（如：Micholka-Metsch and Metsch，2015；Müthel，2006；谢冬梅，2012；Jiang，2017）。

Hofstede 和 Trompenaars 与 Hampden-Turner 的文化维度理论为从事跨文化管理和跨文化商务活动的人们提供了分析工具，帮助他们了解不同文化的价值观和行为规范。然而，Hofstede 和 Trompenaars 与 Hampden-Turner 的研究视角是西方的，是基于文化比较而不是跨文化的视角。他们的研究主要采用客体视角，缺少主体视角，并有将一国文化价值“平均化”的倾向，从而忽视了文化内部的差异、跨文化实践中的个性以及文化的动态发展。他们提出的文化维度理论容易加深刻板印象和偏见，甚至助长了学术研究的惰性，因为许多研究者都用 Hofstede 的六个文化维度和 Trompenaars 与 Hampden-Turner 的七个文化维度来套用于复杂多样且不断变化的跨文化管理现实，从而束缚了学术创新力。此外，这些研究也忽略了文化内部各基本因素之间的相互关系与影响。总体来说，文化维度理论偏向二元思维，而文化是多元的，用二元思维很难客观诠释多元文化。

尽管以 Hofstede 和 Trompenaars 与 Hampden-Turner 为代表的文化维度理论为人们研究文化差异提供了理论框架，促进了对文化在跨文化管理实践中影响的理解，但需要注意的是，在企业的跨文化经营与管理中，影响因素不仅仅是国家层面文化，组织层面和个人层面的文化因素也对企业的日常运作有多方面的影响（参见：施耐德等，2019：20）。然而，上述跨文化管理研究大多基于“国家文化”视角，缺少企业和企业内部人员的个人视角。

通过对相关文献的梳理，笔者还发现，许多研究缺乏“跨文化”视角，少有研究关注企业跨文化经营过程中产生的“跨文化性”和“跨文化空间”，同时，跨文化实证研究较少（参见：王晓宇、潘亚玲，2019），且很少有研究者关注具体真实的跨文化场境。

如前文所述，许多跨文化管理研究关注文化差异，忽略了基于文化差异的多元文化场境对跨国企业发展的积极影响。此外，发现文化差异并不意味着就能自动了解和理解企业实践中的跨文化互动过程。还有一个现象是，很多研究将人置于“国家文化”中，而非置于作为组织的企业中，往往见枝叶，不见大树，更不见森林，难以绘制出跨文化管理的全面“图像”。

总体来看，刘希瑞（2022：61）基于国内学者的研究所总结出的我国跨文化交际研究存在的主要问题也表现在跨文化管理研究中，包括“一般论述与现象描写文章居多，实证研究及多学科综合研究缺乏”“理论探讨薄弱，理论反思类文章多为‘理论或观点＋例证＋结论’”“研究结论随意性较大”“研究范围与话题狭窄，缺乏科学研究方法的应用”（同上）。

基于上述分析，本书将采用系统化、科学化的研究方法，通过深入“田野”的实证研究，收集在德中资企业的第一手资料，从企业内部视角出发，分析跨文化管理的实际情况和挑战。此外，本书在理论探讨方面将注重科学性，避免简单的“理论或观点＋例证＋结论”的模式。研究过程中，严格遵循科学研究方法，以确保结论的可靠性和有效性。

1.3.2 在德中资企业研究

自 2000 年以来，特别是我国“走出去”和“一带一路”实施之后，中资企业在德国的投资步伐加快，投资规模不断扩大。然而，正如笔者在前文的 1.2 章节中指出的，国内学术界对在德中资企业的研究目前仍然较少。基于 1.2 章节中的检索描述，笔者放宽了检索条件，在同方知网数据库中搜索 2000 年 1 月至 2024 年 4 月期间收录的所有国内期刊，以“中资”/“中企”/“中国企业”和“德国”/“在德”为检索词，筛选出与在德中资企业相关的论文。剔除内容不相关的论文和非学术性的新闻报道后，共检索到 73 篇主题与在德中资企业相关的文献（见表 3）。

表 3 2000—2024 年同方知网收录的期刊中关于在德中资企业的论文一览

研究主题与对象	论文数量	占比
德国投资环境与相关制度、法规	30	41.1%
中资企业在德并购（风险与案例分析）	27	37.0%
中资企业在德形象与跨文化传播	7	9.6%
在德中资企业内部管理	6	8.2%
管理模式概述	3	4.1%

从表 3 的数据可以看出，在国内学术界少有的研究在德中资企业的期刊论文中，真正从企业内部的视角来研究在德中资企业管理的论文仅占 8.2%（这里

值得关注的是杨阳 2019 年的博士论文《在德中资企业内部跨文化适应研究》)。由此可见，虽然在德中资企业的跨文化管理问题十分重要，但国内学术界对此的研究却极少。

此外，笔者还检索了国内出版的与在德中资企业相关的专著，仅发现卜元石（2018）所著的《中国企业德国投资指南与案例分析》和胡子南（2019）所著的《中资企业在德国收购策略与实务》，没有发现从跨文化的角度讨论在德中资企业管理的专著，这表明国内在这一领域的研究仍有很大尚待发展的空间。

在 2000 年 1 月—2024 年 4 月在德国公开发表的期刊论文、专著、博士论文和研究报告中，笔者检索了与在德中资企业研究相关的文献。总体来说，这类文献较少，可主要分为以下三类：

（1）中资企业在德国投资与经营的宏观环境、发展概况与趋势：这类文献以研究报告为主（如：德国中国商会，2014，2015，2017，2018，2021，2023；Jungbluth，2014；Hederer，2015；Rusche，2020；Bian，2021）。这类文献包括上文提到的《中资企业在德商业环境调查》，其中受访的中资企业遍布德国各联邦州，涉及范围和行业广泛，自 2014 年起共发布六期，有一定的影响力。

（2）德国人眼中的在德中资企业：例如被中资并购的德国企业之经验（Reisach，2018）、德国人对于中国投资者的担忧心理（Görg，2019）、德国人对来自中国的投资者的偏见（Jungbluth，2014）。这类文献中值得关注的有 Jungbluth 基于其博士论文撰写的《走出去战略——中国企业的国际扩张》（*Going Global. Die internationale Expansion chinesischer Unternehmen*）一书，该书尝试纠正德国人对投资德国的中资企业的一些偏见，作者在书中也尝试从跨文化的视角分析中资企业在海外的管理问题，但篇幅较小，在这本共 376 页的书中，这部分仅占了 5 页。

（3）中资企业在德国面临的挑战：如 Tirpitz、Groll、Ghane（2011）和 Sohm、Linke、Klossek（2009）等学者的研究。其中《中国企业在德国——机会与挑战》（Sohm，Linke，and Klossek，2009）研究报告较为全面地讨论了在德中资企业所面临的挑战。该报告主要内容为对十四位有影响力的中资并购德国企业的公司高管、中德高级企业咨询师、律师和德国中国经济政策专家等的访谈录以及相关案例分析，也在一定程度上涉及跨文化管理问题，但是该报告并未从整体上讨论在德中资企业的跨文化管理。

在德国公开发表的文献中，缺少从跨文化的视角研究在德中资企业管理的成果。例外的是 Poerner（2011）的 *Chinesisch in der Fremde*（《在异乡的中国文化认同》）和 Püttmann（2012）的 *Unternehmenskultur in chinesischen Unternehmen am Standort Deutschland*（《在德中资企业的企业文化》）两本专著。Poerner 在其专著中，从文化认同的角度讨论了在德国的中国企业对待中德文化差异的态度，此书对本研究思路有一定的启发。Püttmann 的书篇幅较短，内容基于她对在德中资企业所做的 10 个访谈，每个访谈只有 20～30 分钟（Püttmann，2012：51）。该书虽然涉及中德文化因素，但总体来说，研究缺乏深入性。

综上所述，在我国和德国，虽然已经有一些关于在德中资企业的研究，但总体上来看缺乏系统的理论探讨和实证研究，尤其缺少系统深入研究中资企业在德跨文化管理的专著。基于以上分析，本研究拟在关注文化宏观层面的同时，深入企业的“田野”，从企业的中观和人与事的微观层面，尤其着眼于跨文化互动过程，研究中资企业的跨文化管理。通过科学规划和实施的实证研究方法，揭示在德中资企业在实际运营中如何应对跨文化挑战，并提出切实可行的管理建议。希望通过本研究，能够为在德中资企业提供有效的跨文化管理策略，并推动这一领域的学术研究进一步发展。

1.4 研究初步设计

中国企业海外投资是近年来才快速发展的，对此的学术研究目前尚少，特别是基于文化和跨文化角度的研究更为稀缺。针对在德中资企业跨文化管理的系统性研究和专著几乎没有，这使得本研究面临一定的难度，但同时也为研究的创新提供了机会。尽管我国尚未有专门研究中资企业在德跨文化管理的专著，但一些关于跨文化管理、中德跨文化交际等课题的研究成果，以及对在德中资企业的研究报告，对本研究具有启发和参考意义。

现有的理论和案例研究多强调跨文化冲突，但通过前期研究可以发现，跨文化差异不一定自动引起冲突，关键在于对文化差异的管理。同时，应对所谓的“文化冲突”实际上也是跨文化成长的一部分，经历这些挑战可以增强跨文化管理能力，而“跨文化管理能力对许多中国企业来说将日益成为一种基本素养”（施耐德等，2019：V）。

笔者在研读相关前期研究成果后发现，学者们很少涉及以下问题：中资企业在德国面临的主要问题与挑战是什么？有哪些机遇？有哪些成功策略？从企业的微观角度来看，如何全面系统地进行跨文化管理？中资企业在德国的成功经营与管理也是多方跨文化适应的过程，包括个人和群体在互动过程中的双重改变。因此，本研究不仅关注在德中资企业如何适应德国的跨文化环境，也关注其对德国营商环境的积极建构。此前的研究多基于欧美学者的文化维度，笔者在进行本研究的过程中将探究是否存在新的“文化维度”，或者我们能否在跨文化研究领域跳出“文化维度”的思维模式，找到新的理论模型。

目前国内外对于在德中资企业跨文化管理的研究较少，在这些少量研究中尤其缺乏实证研究，这促使笔者倾向于选择实证研究方法，以弥补上述研究缺失。通过实证研究方法可以基于客观数据和事实进行分析，从而深入了解不同文化共享与交融过程中的管理实践和效果。

在在德中资企业跨文化管理研究中，我们面临着多元文化背景下的管理挑战，因此，选择适当的研究方法至关重要。实证研究方法提供了多种选择，包括定量研究、质性研究以及定量与质性研究相结合的混合方法。研究方法的选择基于研究目的、研究问题、研究对象和研究的可操作性。对于在德中资企业跨文化管理研究项目来说，选择合适的研究方法需要考虑多个因素，包括研究目的、研究对象的特点、可用数据的性质等。在今天的大数据时代，个性化、鲜活的案例可能被淹没在海量数据中。在此背景下，进入在德中资企业的“现场”，借助多个视角全方位了解不同企业面临的具体跨文化管理问题及其解决方案的多样性，了解其在跨文化现实中的真实案例显得尤为重要。

笔者综合考虑定量研究和质性研究的优缺点，结合实际需求，拟采用质性研究的方法来深入探索跨文化管理中的关键问题，为跨文化管理实践提供科学的支持和指导。选择上述研究方法是根据本书的研究对象和研究目的来确定的。笔者希望通过研究者与研究对象的直接接触，将在德中资企业跨文化管理这一课题“放置到丰富、复杂、流动的自然情境中考察”（陈向明，2009：7）。

跨文化管理涉及文化差异、沟通模式、管理实践等多方面的复杂因素，质性研究方法可以帮助研究者捕捉这些复杂现象的细微差别，理解在德中资企业跨文化管理的复杂性和过程性。此外，质性研究能够通过详细的描述性数据揭示被研究者的真实经验和感受。通过与中资企业管理者和员工的面对面交流，研究者可以更好地体验和理解跨文化管理中的人际互动，并获得关于跨文化管理实践和经验的详细描述，从而提供更真实、更丰富的研究成果。如前文所述，在跨文化管理领域，特别是对于中资企业在德国的跨文化管理实践，目前尚缺乏系统的理论框架和实证数据。质性研究适合用于探索性研究，有助于建立初步的理论框架和提出新的研究假设，为后续研究奠定基础。

本研究拟通过对实证数据的系统分析，探索在德中资企业在跨文化管理方面的机遇、挑战和问题，分析其原因，总结出解决策略与方法，为中资企业在德国的跨文化管理提出系统的策略建议。

本研究一方面要批判性地借鉴国内外关于跨文化管理的前期研究成果，另一方面要注意不能受其局限甚至误导，不能陷入先入为主的见解，更不能加深偏见和刻板印象。

本项目拟从整体性、交互性、动态性和跨学科性的视角，系统地研究中资企业的跨文化管理。通过实证研究，全面深入分析与讨论在德中资企业跨文化管理的内外部环境、重要影响因素与环节、机遇、问题和挑战。通过对实证研究数据的分析，基于文化整体性视角，提出具有实际应用价值的关于在德中资企业跨文化管理的理论模型；在此基础上，结合对实证研究数据的分析，研究中资企业在跨文化管理重要领域和环节中的典型问题，并提出解决方案与应对策略。

第二章

跨文化管理研究的理论基础

2.1 文化及其特征

“文化”是一个广泛而复杂的概念，其涵义常常因不同领域和学科的视角而变化。至今，学界尚未对“文化”达成统一且普遍认可的定义。因此，在本文对在德中资企业跨文化管理的研究中，有必要讨论和诠释“文化”这一概念的具体涵义及其特征。

“文化”一词在英语和许多其他欧洲语言中源自拉丁语“cultura”，意为“耕作、种植、培育”。该词由动词“colere”演变而来，最初指对土地的耕作和农业活动。随着时间的推移，这一词义逐渐扩展到对灵魂和心灵的培育。文艺复兴时期，尤其是16世纪，欧洲文学家和学者开始使用“cultura”一词，将其含义扩展到对知识、学问和艺术的培养。此后，“文化”的涵义进一步扩展到社会和道德层面，指社群内部共享的观念、信仰、价值观和行为模式等，即特定社会群体共同拥有并传承的精神财富。

欧美国家“文化”概念的演变展示了一个从农业到学术、社会、艺术等多个层面的丰富发展过程。这一多层次含义反映了“文化”作为一个动态、复杂的概念，涵盖了人类生活和活动的各个方面。总体而言，“文化”在不同语境下具有不同的含义，但都强调了对某种东西的培育、传承和发展。

梁漱溟在《中国文化要义》中对“文化”进行了广义的定义，他写道：“文化，就是吾人生活所依靠之一切。”他强调“文化是极其实在的东西，文化之本意，应在经济、政治，乃至一切无所不包”（梁漱溟，2005：5）。这种广义的定义体现了文化的全面性和实在性，涵盖了人类生活的各个方面。

费孝通（2021：240）认为，文化是一种手段，它的价值在于它是否能达到求生的目的，所以文化一离开人使用它的处境也就不发生价值问题，自身没有所谓好或是不好。这一观点反映了文化是人类适应环境、解决生存问题的方式。这种视角提醒我们在诠释和理解不同的文化时，要理解人们所处的不同的生存环境，避免简单的价值判断。

在其被认为是跨文化交际学奠基之作的《无声的语言》一书中，Hall 指出，文化代表一个民族的生活方式，是其习得的行为模式、态度和物质的综合（Hall，1990a：20）。他强调文化是实在的，而非理论家的虚构。而且，当人们逐渐把握了某一特定文化的复杂性之后，便容易觉得，唯有靠持之以恒的亲身体验，才能理解文化的复杂性；反之，没有这种长期体验的人，则几乎不可能理解文化的复杂性。Hall 的这一观点也验证了跨文化研究中基于田野调查的实证研究的重要性。

Schein 认为，文化是某一群体解决问题和缓和困境所采用的途径和方法（Schein，2017：21）。Maletzke（1996：16）指出："文化主要是指那些既存在于人的行为中，又存在于他的精神和物质产品中的构想、信念、观念和世界观所组成的一个系统。简单来说，文化就是指人类生活的，以及人类实现自我和改造世界的方式和方法。" Bolten 则认为，文化是人们生于其中并通过共同生活而不断创造的生活世界，这一生活世界不受评价标准的影响而自然存在着，它不是只挑选出真善美的事物，而是所有参与其中的人们的生活表达（Bolten，2012：13－14）。

以上对文化概念的理解是广义的，即文化不仅仅指文学、艺术、绘画、音乐等狭隘的领域，也不仅仅是指柏拉图所理解的真善美的代表（Bolten，2012：22），而是具有更广的含义。广义的文化的概念是不强调价值的，即文化没有高低贵贱之分。

基于前人的研究成果，笔者将文化概念理解为：文化是由人们改造世界、塑造自身与周遭环境、创造物质和精神生活的方式和方法所建构的动态发展的有机系统。文化一方面是这种改造和创造的结果，同时也是这种改造和创造不断发展的过程。某一族群的文化是该族群的成员改造世界、塑造自身与周遭环境、创造物质和精神生活的方式和方法所建构的有机的开放的动态发展系统，该文化作为该族群共享的包括价值观、信仰、传统、习惯和规范等的独特系统，对其成员的认知、思维和行为方式产生影响，同时也塑造着整个族群的身份和共同体验。

笔者上述对文化概念的理解，拓展了此前将文化看作是一切与“自然”相对的人类精神生活、艺术生活和物质生产所形成的产物（参见：潘亚玲，2016：14）的理解。在此，笔者赞同 Bolten（2012：10－15）的观点，认为不能将“文化”与“自然”完全对立起来。

文化是一个动态、复杂且多层次的概念，涉及人类思维和行为的诸多方面。尽管文化是人类共有的，但其表现形式在不同民族和国家中各有不同。Bolten（2012）强调，“文化不是集装箱”，不同的文化之间没有明显的边界。Bolten（Bolten，2014，2018）提出了“模糊文化”（Fuzzy Cultures）的构念，并指出文化之间的互惠关系，而不是强调它们的差异。Bolten 认为，每个人都可能同时是不同集体的成员，我们在研究跨文化交际时，关键不在于判断一个人是否属于某种文化，而在于他们归属的程度，也就是个体与其群体之间相互关系的强度，即互惠关系的密切程度。对于 Bolten 来说，文化因此是模糊的、不明确的、朦胧的（fuzzy）。他通过“模糊文化”的构念主张对文化的概念采取一种开放、多义、多元的理解，将文化空间构想为动态的网络结构，这里的“模糊”指的是保持开放和不确定性。他认为文化概念的模糊、开放和多样性是跨文化交际互动的基础。

Bolten 的“模糊文化”的构念启发我们在研究在德中资企业跨文化管理的过程中要保持开放的学术态度，并力求通过研究揭示在德中资企业跨文化管理的多样性。此外，Bolten 和其他的学者们还总结出了文化的诸多特征，其中文化的以下特征对本研究尤其有意义：

- 文化是集体共享的，且具有传承性：文化是一个群体所共享的改造世界、塑造自身的方式和方法，包括群体共享的假设、价值观、认知和行为模式，这些构成了群体的身份，并塑造了其行为和生活方式。文化通过代际传承、教育和媒体等手段传递，使得群体成员在思维和行为上存在共性（Kluckhohn and Strodtbeck，1961）。Maletzke（1996：16）指出，“文化”的概念有时不是指一个群体的生活方式，而是指通过共同的生活方式所标志的群体本身。

- 文化影响人们的思维和行为：文化为人们提供了认识和思考自我及客观世界的重要语境，是沟通和延续生活态度和知识的手段（Geertz，引自 Trompenaars and Hampden-Turner，2020）。在文化内部交往时，特定情形和相关信息会储存在大脑里，经过反复，形成文化图式，指导人们的行为（戴晓东，2011：276－277）。本研究尤其应该注意的是，文化涉及在不同国家和地区中形成的、影响商业和组织行为的特定价值观和管理模式。

● 文化具有相对稳定性：作为人们改造世界、创造物质和精神生活的方式和方法所组成的动态发展的有机系统，文化是后天习得的。文化作为某一族群的集体认同，为其成员的思维和行为方式做出了规范和准则，使得族群成员在思维、行为等方面存在共性。这些规范和准则在长期历史发展过程中形成之后，在一段时期内，往往处于相对稳定的状态，人们对其族群的文化有集体认同感和归属感，大多本能地愿意长久地遵守本文化的价值观、行为规范和文化传统，愿意维护文化的相对稳定（潘亚玲，2016：17）。

● 文化具有动态性：在长达数千年的移民运动和交流过程的影响下，几乎没有一种文化可以不受外来文化影响而孤立存在，每种文化都是不同文化间互动的产物（Bolten，2007：14）。文化不是静止不变，而是始终处于开放和动态发展中。“从历时性的角度来看，文化是历史发展的；从共时性的角度来看，文化的动态性一方面包括文化自身的内部发展和传承，同时某一族群的文化是随时受其他外来文化影响的，它处于与外来文化的不断交流中。”（潘亚玲，2016：15）文化如同树一般，是具有生命力的，处于新陈代谢的动态发展之中（同上：19）。文化的动态性与文化的相对稳定性同时存在。

● 文化是多层次的：Hall（1990a：59－63）认为，文化是有层次的，包括显性文化和隐性文化：显性文化可见并能被描述，隐性文化不可见，甚至连受过专门训练的观察者往往都难以察知，隐形文化的部分往往大于显性文化的部分。Hofstede（Hofstede and Hofstede，2011：8）也强调了文化的层次性，并将文化比喻为多层的洋葱。他认为，不同文化的差异主要表现为四个层次，即符号、英雄人物性格、礼仪和价值观。这四个层次都以实践的方式表现出来。从这一观点也可以看出，通过深入实践的实证研究，可以帮助我们一层一层地拨开文化的“洋葱”，全面系统地了解文化。

● 文化具有开放性和多样性：文化是开放的，各民族文化之间没有明显的界限，“文化不是集装箱”（Bolten，2018：46）。同一民族的文化不是“均质”的，文化存在内部差异和内部多样性。人不是被动的文化的产物，人可以学习新文化，人受其生长期中的文化影响，但不是完全受其制约。

基于“模糊文化”的构念，Bolten（2018：86－87）提出“文化沙丘”模型（德语为 Sandberg-Modell，也称 Dünemodell，英文为 Dune Model）（见图 1），该模型也被称为“模糊的沙丘”（Fuzzy Sandberg）。沙丘被分为底层、中层和表层，分别被简称为“必须”“应该”和“可以”：

● 沙丘底部的“必须”层代表文化的基础，包括被视为文化中必须遵循的核心价值观、规范、法律、禁忌和环境条件等。这一层在文化中沉淀了很长时间，相对稳定且不易改变，对文化的稳定性和持久性起着关键作用。

● 中层的“应该”层代表群体默认的行为准则和传承下来的习俗礼仪等。与处于底层的“必须”层相比，“应该”层的内涵可能因社会、历史和个体变化而有所调整，表现出更为灵活和可变的特征。然而，与处于表层的“可以”层相比，“应该”层则具有相对的长期性和稳定性。

● 表层的“可以”层代表群体中新近形成的惯例、在特定场境下不成文的潜规则或适用于特定群体的规则。这一层代表文化中的可选择性和弹性，是可接受但非必要的行为方式的集合。由于包含更为灵活和可调整的元素，这一层可以根据特定情境和个体选择而变化。

文化层	内容	特点
“可以”层（表层）	代表群体中新近形成的惯例、在特定场境下不成文的潜规则或适用于特定群体的规则	可以根据特定情境和个体选择而变化
“应该”层（中层）	代表群体默认的行为准则和传承下来的习俗礼仪等	具有相对的长期性和稳定性；也可能因社会、历史和个体变化而有所调整
“必须”层（底层）	代表文化的基础，包括被视为文化中必须遵循的核心价值观、规范、法律禁忌和环境条件等	相对稳定且不易改变

图 1　Bolten 的文化沙丘模型（作者根据 Bolten，2018：87 翻译）

Bolten 通过“文化沙丘”模型中的以上三个层次，解释了文化中不同层次的规范性和稳定性，揭示了文化规范的多样性以及它们在变化和稳定之间的相互关系，即文化的基础是相对稳定和保守的，而在文化的表层，变化更为频繁，相对较不影响整个文化系统。这呼应了他提出的“模糊文化”的构念，即文化在不同层面上可能是模糊的、不确定的，而且变化可能在某些方面更为明显。

基于“模糊文化”的构念和“文化沙丘”模型，Bolten（Bolten，2014，2018）指出，文化既是“结构性”的，又是“过程性”的：文化的“结构性”在于，文化有一种内在的组织结构和秩序；而文化的“过程性”在于，文化是在不断演变和变化的过程中形成的。这种结构性和过程性的互动使得文化不仅能够保持一定的连续性和认同感，同时也能够灵活地适应新的环境和挑战。Bolten 的上述理论对于笔者理解和探究中资企业跨文化管理的多面性、发展性、规律性、不确定性和复杂性具有重要的启发意义。

Hall（1990a：29）指出，文化所隐藏之物大大甚于其所揭示之物，奇特的是，它能隐藏的东西最难为其自身的参与者所感知到。他还写道，多年的研究使他坚信，真正的难题不是理解外域文化，而是理解自己的文化。研究的终极目的是更好地了解自己文化系统的运行机制。无论对谁而言，了解自己的文化都是巨大的成就（同上：30）。本研究的目的之一也在于，通过研究中资企业在德国与异域文化的跨文化互动，更好更系统地了解中国文化，也期望能为跨文化管理做出中国贡献。

Hall 的文化层次观点后来被学界形象地描绘成文化冰山模型：露出水面的可视的显性文化是冰山的一小部分，而冰山的大部分则是隐藏于水下的、人们所看不见的隐性文化。虽然文化冰山模型形象地描绘了文化的显性与隐形层次，是被引用得最多的文化模型之一，但对于将文化比喻为冰山，潘亚玲（2016：33）提出了批判观点。她指出，冰山让人联想到的往往是寒冷、危险，联想到两种文化相遇时会引起一座冰山与另一座冰山的撞击。潘亚玲（同上）认为，根据文化的特征，将文化比喻为树更为贴切，且对于促进跨文化交际有更积极的意义。她诠释道，如一棵树一样，某一族群的文化是根植于该族群历史发展和自然与社会环境之中的，如树之根，这些根也代表着隐形文化，包括自然观、世界观、价值观、信仰等，树根为整个大树的成长提供“养料”；树干则可以形象地代表处于文化中间层的礼仪、风俗习惯、行为规范、时间观、空间观等；树叶和果实可以代表处于文化表层的显性文化，包括语言文字、服装、建筑等。与树一样，文化是具有生命力的，处于新陈代谢的动态发展中。作为显性文化的树叶与果彼此具有共性，但同时又具有内部差异性，某一树枝的局部的变化会影响到整棵树的生长。（见图 2）

对于本书所研究的在德中资企业跨文化管理而言，对文化的理解不仅仅是一种被动的接受，更是对“人们改造世界、塑造自身与周遭环境、创造物质和精神生活的方式和方法所建构的动态发展的有机系统”的主动解读，这种理解呈现出文化的复杂性。要深入了解文化的内在机制，需要分析其结构性。因此，在进行本研究时，对文化的层次性、结构性和整体性进行深入探讨具有重要意义。这不仅有助于揭示文化的内在逻辑和互动模式，还为跨文化管理提供了理论基础和实践指导。

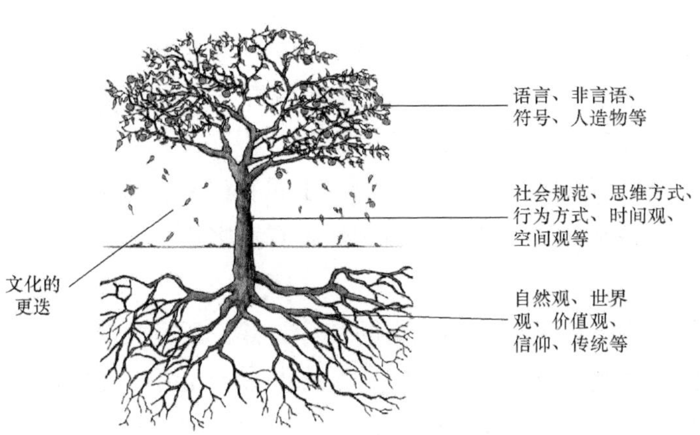

图 2　文化树模型（作者自制）

2.2　跨文化交际与沟通

2.2.1　交际与沟通

交际，也称“交流”或“沟通”。英语中的“communication”一词源于拉丁语“communis”，意为“共同”，这意味着共同性和共享性是交际的前提。一般来说，来自同一文化的人们在很多方面比来自不同文化的人更容易实现共享和进行有效的交际。陈晓萍（2017：113）指出，沟通是交际参与各方通过语言和动作互相发送和接收信息的互动过程。沟通最基本的功能就是交换信息，这些信息可以是观点、意见，也可以是情绪。

某一群体的文化是该群体成员需要学习和共享的资源系统，人们通过交际来传承和共享文化。人际交际是指个体或群体通过语言或非语言手段共享信息和相互沟通，影响对方的思维、行为和情绪的互动过程。瓦兹拉威克（Watzlawick，Beavin，and Jackson，2017）在其交际公理中提出“**人必交际**”：在社交互动中无法不进行沟通，人们的所有行为都会被交际伙伴赋予意义，即便是沉默不语也是一种沟通。此外，即便在没有明确交流行为的情境中，如在特定环境中的行为、衣着和身体姿势等也会被他人视作信息的来源。

交际与文化密切相关、相互影响，共同构建个体和群体之间的社会互动。文化通过语言和符号系统传播，交际则通过这些语言和符号系统进行。语言是文化的一部分，不仅是信息传递的工具，还承载着文化中的价值观、信仰和社会规范。交际不仅是语言的交流，还包括非语言方式，如肢体语言、面部表情、姿势等，这些非语言元素受文化背景的影响。不同文化对这些元素的使用和诠释往往存在差异，例如，在某些文化中，正式和保持较远体距的交际方式是恰当的，而在另一些文化中，非正式和交际者有更多身体接触的方式被认为是恰当的（綦甲福，2020）。

个体的文化背景会显著影响他们的交际方式，不同文化中往往存在不同的沟通风格、表达方式和交际规范。从上文 Bolten（Bolten，2014，2018）的“文化沙丘”模型来看，不同文化中的“必须”“应该”和“可以”三个层次的内涵往往不同，这直接影响到交际的方式。

交际与文化的密切关系还表现在：文化塑造了个体的身份认同，而交际是表达和共享这种身份认同的手段。通过交际，个体能够展示其所属文化的特征，加强对群体的认同感。

每一交际信息都有内容和关系层面，交际关系决定对信息内容的诠释。Watzlawick、Beavin、Jackson（2017）指出，交际过程中的关系决定人们对交际信息内容的解释。内容层面传递信息，而关系层面决定这些信息如何被诠释和理解。因此，**在交际中，参与交际的成员之间的关系至关重要**，关系可以在很多方面塑造和影响整个交际过程：关系的质量直接关系到成员之间的信任和透明度，关系到冲突的处理方式。在强大、积极的关系中，交际伙伴更倾向于寻求共同解决问题的途径，而在较差的关系中，冲突可能更容易升级。此外，关系的深度通常伴随着共享的经验和文化背景，共同的经历和文化语境有助于成员更好地理解对方的意图，减少误解和歧义。

交际具有开放性和动态发展性，涉及参与者之间的互动，容纳不同的观点、情感和信息。在开放性的环境中，交际更有可能引发新的思考和观点，促进创新和共享。同时，交际是一个动态发展的过程，随着时间的推移，参与者之间的关系、情感和信息都可能发生变化。人们的观念和态度也可能随着交际的进行而逐渐演变。此外，交际的过程和结果还受情境的影响，不同的场合、环境和社会背景都可能塑造交际的特性和效果。这种动态性强调了交际不是一次性的，而是一个不断演变和调整的过程。

交际具有交互性，是交际者之间的互动和共同作用，同时涉及信息的发送者和接收者。双方通过相互的言语和行为互动，共同构建对话和意义。每个参与者都在塑造对话的发展方向，意义的建构不仅依赖于一个人的解释，而是通过双方的合作共同创造。此外，交际中的互动通常伴随着反馈和调整机制，这种机制会改善交流效果。这包括对交际本身进行对话和沟通，这一形式被称为“元交际”（metacommunikation），即对话双方对沟通的方式、语境、情感、意义理解等方面的讨论。通过解释、澄清、调整或评估正在进行的沟通，元交际有助于避免误解，促进交际效果（潘亚玲，2016：116－117）。

交际具有语境性特征，交际的发生和理解与具体的环境、背景和场境密切相关（Lustig and Koester，2007：15－17）。语境性包括文化因素，即交际的意义和理解在很大程度上受文化的影响。不同的文化背景可能导致对相同信息的不同理解，因此，理解语境有助于更好地应对跨文化交流。交际的语境涉及具体的环境和地点。例如，在一个在德中资企业的办公室、咖啡间或食堂进行的交际，其目的、方式和规范往往各不相同，这直接影响沟通效果。语境性还涉及参与者之间的关系和身份。在不同关系中，交际的风格可能是正式或非正式的，语言选择和表达方式也会有所不同。此外，参与者的身份、角色和社会地位也会影响他们对信息的解读。

交际具有多层面性，Bolten（2018：23）认为，交际包括言语、非言语、副言语和言语外四个层面（见表4）：

表4　口头与书面交际的四个层面（Bolten，2018：23）

交际的层面	口头交际	书面交际
言语层面	词汇、句法、文体修辞手段等	词汇、句法、文体修辞手段等
非言语层面	表情、手势、姿势、目光接触等	图片、绘画、图表、格式、颜色、布局等
副言语层面	音量、音调、语速、笑、咳嗽、停顿、口音等	排版、标点、拼写、间距、版面设计（块状排版、分散排版）等
言语外层面	时间、地点、服装、语境、触觉、嗅觉等	时间、空间、纸张质量、折叠方式等

Bolten 的交际四层面理论强调了多元因素在交际过程中的互动作用，有助于深入挖掘交际的复杂性。

总体而言，交际是社会生活中不可或缺的一部分，是人际关系建立、信息共享和文化传承的基础。在个体、组织和社会层面，良好的交际能力对于有效的沟通和建设性的人际关系至关重要。如谢冬梅（2012：1）所指出的：“沟通是一个涉及思想、信息、情感、态度或印象的互动过程；它通过协调组织内各系统以缓解组织矛盾，沟通是组织的生命线。沟通是跨国经营取得成功的必要因素之一。沟通是化解跨文化管理冲突的必要手段。”

2.2.2 “跨文化”与跨文化交际

跨文化交际一般是指在特定环境中，来自不同文化的成员通过语言或非语言手段共享信息和相互沟通、影响对方的思维、行为和情绪的互动过程，包括口头和书面交际，既可通过言语，也可通过非言语形式进行。除了传统的面对面交际之外，也包括通过媒体进行的交际，如在企业沟通中常用的电子邮件、电话、视频会议等。

我国较早引入和推动“跨文化”概念的学者大多为高校英语教师（刘希瑞，2022：65）。因此，“跨文化”这一词主要来源于对英语的“intercultural”的翻译，该词与德文中“Interkultur”“Interkulturalität”的词源都是拉丁语的前缀“inter”。拉丁语前缀“inter”的意思可以理解为“相互性、互惠性、共同分享、相互给予”，也有“差异性”的意思（Heller，2000，转引自 Pan，2008：30）。Wierlacher 补充强调，在跨文化日耳曼学中，除了强调“inter”作为“之间”之义外，还应强调其具有“一起”（miteinander）的含义（Wierlacher，1994，转引自同上）。

王志强（2005：72）借用德语的“Interkulturalität”一词来解释“跨文化性”，并认为其有四个层面的含义：“之间”（文化间）、“相互”（文化相互关系）、“互动”（文化互动性）和“对立/对峙”（文化对立/文化对峙）。他进一步指出，这四层含义中的前三层面的跨文化互动性往往是积极的，而第四层面则涉及跨文化互动由于文化间差异性和对峙而引起的跨文化交际困难甚至冲突。

很多欧美有影响力的学者对跨文化交际与管理的研究大多基于上述“跨文化”的第四个层面，如 Hofstede（Hofstede and Hofstede，2011）、Trompenaars 与 Hampden-Turner（Trompenaars and Hampden-Turner，2020）、“全球领导力与组织行为效力研究”（GLOBE）的文化维度研究大多着眼于国家文化之间的差异，并强调这些差异可能为跨文化交际与管理造成障碍与冲突。

受欧美跨文化研究的影响，我国跨文化交际研究也往往着重于研究国家文化之间的差异性以及其对跨文化交际与管理可能带来的负面影响。事实上，如果过分突出文化之间的“异”，强调文化差异对跨文化交际的消极作用，忽略文化之间的“同”，忽略文化差异对跨文化交际的积极作用，便会使人们对跨文化障碍与冲突先入为主，成为所谓“自我实现的预言”（Pan，2008：32；潘亚玲，2016：22）。

张晓玲（2022：69－70）在诠释“跨文化”的含义时认为，跨文化指的是跨越原来的文化界限之后，在不同的文化之间产生的中间状态。她认为这个中间状态既可以理解为不同文化互动的动态变化，也可以理解为不同文化互动中产生的状态。

在考察了前人对“跨文化”一词内涵的解释后，笔者发现，大多数对“跨文化”概念的理解都是从空间的视角出发的。无论是将其视为在“文化之间”，还是“跨越文化”，抑或是“文化对峙”，这些视角通常基于文化具有明确边界的假设，强调了文化的结构性和稳定性，但却忽视了文化的“模糊性”（Bolten，2014）和动态发展性。对于本文研究主题“在德中资企业的跨文化管理”而言，文化之间的空间边界呈现出模糊和变化的特征。换言之，“跨文化”可被理解为来自不同水域的“文化”相互渗透和融汇的过程，具有“流淌性”“渗透性”和“共享性”。因此，本文主张不仅仅从空间的视角，也同时从时间的视角来理解“跨文化”：从面向过去的视角来看，“跨文化”意味着来自不同文化的人与人之间的互动受其各自迄今为止所遵循的价值观、思维方式、传统、自我认同等的影响；从面向现在的视角来看，跨文化交际中的参与者通过互动共同创造并共享当下的“生活世界”（Bolten，2012）；从面向未来的视角来看，“跨文化”意味着个体带着对未来的愿景、对交际伙伴的期待，努力塑造自身与周遭环境，从而共同构建未来。

基于上述对“跨文化”的理解，本文在研究在德中资企业的跨文化管理的过程中，将既注重参与者的文化背景与各自的经验，也注重他们对于解决跨文化管理问题的互动与共享，同时也把他们的跨文化互动看作是具有未来性的开放的动态发展的过程。

跨文化交际可以在国与国之间、组织与组织之间、人与人之间进行。本研究重点关注的是组织内外的人与人之间的交际。在研究的过程中，也会考虑到国与国之间和组织与组织之间的交际对人际交际的影响。

随着全球经济和现代科技的发展，来自不同文化背景的人之间的接触和交流变得越来越频繁。伴随着这种交际形式在数量和规模上的扩大，人们对促进文化之间的融合、相互理解以及改善跨文化交际质量的需求也越来越强烈。

戴晓东（2011：43）在总结学者们的跨文化交际研究成果后指出，这些学者的共识是，跨文化交际涉及两个文化群体或文化成员，各自的内部具有同一性，同时两个群体或群体成员之间也存在重要的差异性。他进一步指出：“正因为文化具有一定的共性和模式可循，跨文化交际研究才得以展开；正是文化个性的存在，才使得跨文化交际研究的内容变得充实，使得它具有挑战性，并且在充满矛盾与争论的过程中不断走向深入。”

笔者认为，戴晓东所指出的不同文化“具有一定的共性和模式可循”意味着可以对在德中资企业跨文化管理进行深入系统的实证研究，找出规律性，并总结出一系列具有“结构性”（Bolten，2014）、促进成功跨文化管理的策略与方法。此外，研究文化之间的差异性不仅仅意味着关注国家文化之间的不同，还应看到国家文化内部存在的各种亚文化，如地域文化和企业文化等。在许多情况下，为了促进跨文化交际和理解，还需要考虑到交际参与者作为个体所受的不同文化因素的影响。

在 Bolten（同上）的原图中，他指出，影响个人的重要文化因素包括父母、学校、教育、工作、自己的小家庭以及各种不同的群体。笔者对此进行了修改和拓展，提出了涵盖家庭、学校、教育与终身学习、媒体、社会、社交（真实与虚拟）、工作等因素的模型（见图 3）。笔者没有像 Bolten 那样将“父母”和“自己的小家庭”分开，而是将原生家庭和新生家庭合并为“家庭”，这反映了中国的家庭观念。需要注意的是，对于具体个人而言，新生家庭和原生家庭的融合度可能存在差异。

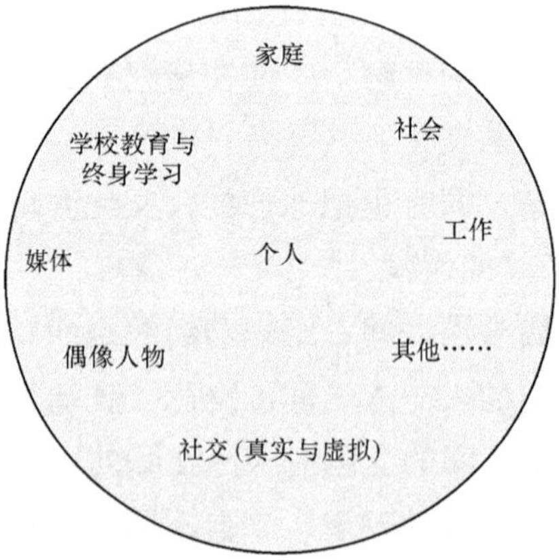

图 3　处于各种文化因素影响中的个人（作者改编自 Bolten，2012：18）

以中资企业外派德国的员工为例，上述模型可以帮助分析该员工是否在原生家庭的教育、学校教育以及通过社会、媒体、偶像人物、社交等渠道的学习中培养了探索精神和包容心态。同时，也可以考察其学习和工作经验是否赋予了他跨文化视野，以及他通过模型中的各因素学习德国文化和反思中国母文化的方式。此外，还可以从更微观的角度考虑外派员工的新生家庭是否得到原生家庭的支持，例如有些外派员工的孩子留在国内，由父母照看，这可能会减少他们的后顾之忧，为在德国的工作提供支持。

图 3 的模型还显示，处于跨文化交际中的个人，其“生活世界”并非以“国家”为界限，而是如 Bolten 所言，个人的生活世界是由不断变化的多元群体归属塑造而成（Bolten，2018：31）。个人本身也脱离了空间的束缚，对塑造他的各个群体产生或多或少的影响。

在跨文化交际中，交际伙伴往往受到不同文化因素的影响，并在这种影响中塑造“自我”。跨文化交际中的“他者形象”基于“自我形象”以及他者如何看待自己的“他我形象”，这三种形象的互动影响着跨文化交际（Bolten，2018：31）。对于在德中资企业跨文化管理的研究而言，需要充分理解来自不同文化的员工各自对自我的期待、对同事和合作者的看法和期待，以及他们对同事和合作者眼中的自己的期待，这意味着多元视角和移情能力在跨文化交际与合作中的重要性。

语言表达在跨文化交际中起着重要作用，其方式及意义的诠释与语境紧密相关。语境包括交际参与者所属语言群体的历史和文化背景，是该文化成员约定俗成的文化认同的一部分。Hall（1976）在 1976 年出版的《超越文化》（*Beyond Culture*）一书中首次提出了高语境文化（high context culture）与低语境文化（low context culture）的概念。他认为，在高语境文化中，人们的交际更依赖社会和文化环境，信息大多隐含在环境中，而不是通过显性的语言表达。在低语境文化中，大部分信息通过显性的语码传达，只有少量信息隐含在社会文化环境中。高语境文化的交际风格偏向间接、委婉，而低语境文化的交际风格则偏向直接。按照 Hall 的分类，中国文化属于高语境文化，而德国文化则属于低语境文化。尽管这一分类较为笼统，并呈现出明显的“国家文化”界限，但也提醒了我们在研究中应注意跨文化交际中的语境因素和交际风格。

综上所述，本文在研究在德中资企业的跨文化管理问题的过程中，将“文化”看作是既有结构性，又有过程性，将“跨文化交际”视为不受国家和地域界限所限，处于不同文化因素影响的个人之间“自我”“他者”和“他我”三种形象互动的开放和动态发展的过程。

2.3 影响管理的文化基本因素

与上文所述的“文化”概念相似，不同的学者从不同角度对管理的概念进行了阐释，如施耐德等（2019：37）指出，这些不同的阐释也显示了价值观的差异。如韦伯（Max Weber）认为，“组织中的各级管理者必须完全以理性为指导，成员之间只有对事的关系，而无对人的关系”（转引自姚孝军，2010：60），这一定义强调以工作为导向，忽略了人的因素。美国管理学之父彼得·德鲁克（Peter F. Drucker）将管理理解为“效果的实现，是达到目标的手段和方法”，并指出，“管理就是通过他人把事情办成”（施耐德等，2019：37）。在德鲁克对管理的定义中，虽然“人”作为生产要素得到一定的关注，但他对管理的诠释最终强调的是“目标达成”，是实现工作目标和取得结果。

我国学者周三多等（2023：7）在总结了国内外学者对管理概念的诠释后指出，管理者是这样的人，他们通过协调和监管他人的活动，以达到组织目标。周三多等将管理定义为“为了实现组织的共同目标，在特定的时空中对组织成员在目标活动中的行为进行协调的过程”（同上）。管理包括以下内涵：实现组织目标是评价管理成败的唯一标准，特定的时空是管理的必要条件，管理的核心是人的行为，管理的本质是协调，并认为管理具有目的性、有效性、协调性和过程性（同上：8–9）。

国内外学者们对管理的定义虽各有侧重，但都强调了管理的过程性、目标导向性、资源配置、协调和控制等核心要素。通过不同学者的观点，我们可以看到管理是一门系统性、科学性和实践性很强的学科，涵盖了计划、组织、领导、控制等多方面的内容。这些定义为我们理解和研究管理提供了多角度的视野和理论基础。

总结前人的研究，本文将管理定义为：在组织中通过协调和整合各项活动和资源，实现组织共同目标，寻求组织可持续发展的过程。

在研究文化与管理的成果中，荷兰学者 Hofstede（Geert Hofstede）于 1980 年提出的文化维度理论是最具影响力和争议的理论之一。该研究最早基于 Hofstede 团队在 1968—1972 年间对 IBM 公司分布于全球 64 个国家和地区的子公司中的雇员在价值观念和民族文化差异方面进行的一项大型研究项目。此后，

Hofstede 团队又对该研究进行了补充和拓展，通过定量分析不同国家之间的文化差异，先后提出了以下六个文化维度（Hofstede and Hofstede，2011；Hofstede，2015）：

权力距离（Power Distance）：在一个社会中，人们对权力分配不平等这一事实的接受和容忍程度。高权力距离的文化接受权威和层级差异，低权力距离的文化倾向更平等和去中心化。

不确定性规避（Uncertainty Avoidance）：在一个社会中，人们对模糊和不确定性的容忍程度。高不确定性规避的文化寻求有序的社会系统，倾向于规则、安全性和形式化；低不确定性规避的文化更开放、灵活，对各种变化更容忍。

个体主义/集体主义（Individualism/Collectivism）：指人们关心自己和个人目标（个体主义）或是群体成员和群体目标（集体主义）的程度。个体主义强调个体的独立性、个人权利和自我实现，而集体主义强调群体的利益、合作和依赖关系。

刚性/柔性（Masculinity/Femininity，也译作“男性化/女性化”）：这一文化维度主要看某一社会是代表男性的品质如竞争性、独断性更多，还是代表女性的品质如谦虚、关爱他人、注重生活质量和人际关系等的特征更多。

长期/短期导向（Long/Short Term Orientation）：这一维度又被 Hofstede 称为“儒家动力”。长期导向意味着培育和鼓励以追求未来回报为导向的品德，强调未来、坚韧、节俭和长期计划；短期导向则培育和鼓励关于过去和当前的品德。

放纵/约束（Indulgence/Restraint）：指某一社会对个人放纵和满足享乐欲望的允许程度。放纵型社会对自我放纵的允许度更大，人们更多地享受生活和满足各种欲望；约束型社会则强调对欲望的抑制和自律，对其成员有更多的道德和行为约束。

Hofstede 的文化维度理论基于大量长期的实证研究，通过量表对不同国家和地区的上述六个文化维度进行了计量，尝试描绘一个民族的文化特征，从而揭示了不同文化之间的差异性。

Hofstede 引入长期导向/短期导向这一维度，旨在弥补其此前理论研究的不足，包括更全面客观地诠释亚洲文化，尤其是受儒家思想影响的文化。然而，他在其长期导向/短期导向维度中，将现在导向和过去导向混为一体，而将面向未来与尊重传统对立起来，这很难解释得了儒家文化。事实上，儒家的价值观既面向过去（如尊重传统，祖先崇拜、孝道等），又面向未来（如节俭、重教育等）。

与 Hofstede 相似，Trompenaars 和 Hampden-Turner（Trompenaars and Hampden-Turner，2020）也用文化维度来表达他们的理论，并认为国家与民族文化差异主要体现在七大维度上：

普遍主义/特殊主义（Universalism/Particularism）：普遍主义者强调用法律和规章指导行为，这些指导原则不应因人而异；而特殊主义者则强调“具体问题具体分析”“因人而异”“因地而异”。

个体主义/集体主义（Individualism/Communitarianism）：这一维度与 Hofstede 的文化维度之一相似，个人主义强调个体的独立性（包括独立做决定和独立承担责任）和自我表达，集体主义强调集体责任和合作。

情绪中性/情绪外露（Neutral/Affective）：指在一个社会中，人们在人际交往时情绪外露的程度。在情绪中性文化里，情绪外露的人常被看成是不稳重、不成熟、缺乏自我控制能力，所以人们对他人的表情变化特别敏感，察言观色的能力较强；而在情绪外露的文化中，情绪外露是自然的，且被看作是加强观点的重要手段。

关系特定/关系散漫（Specific/Diffuse）：在关系特定的文化中，人们倾向于把生活的不同领域做严格定义和区分；而在关系散漫的文化中，人们倾向于把不同的生活领域联系起来，强调各领域之间的联系。

注重个人成就/注重社会等级（Achievement/Ascription）：在注重个人成就的文化中，决定一个人的社会地位和他人对其评价的因素主要取决于他最近取得的成就和业绩；而在注重社会等级的文化中，决定一个人社会地位和他人对其评价的因素多是该人的出生（门第）、血缘关系、性别或年龄、该人的社会网、教育背景等。

时间导向：这一维度是回答在一个社会中，人们怎样管理时间的问题。包括一个社会是更多面向过去、现在还是未来，是长期还是短期时间导向，是偏向连续时间还是同步时间（Sequential Time/Synchronic Time）做事。后者与霍尔的单时制、多时制相似，都是指人们是偏向一次只做一件事情、按部就班地做事，还是可以同时处理多项活动、更弹性地处理时间。

内控导向/外控导向（Internal Direction/Outer Direction）：这一维度主要关注人与自然的关系，回答的主要问题是人能否征服自然，还是只能顺应自然。

Trompenaars 和 Hampden-Turner 的理论虽然较为直观，能解释一些管理和跨文化交际中的现象，但其七个文化维度之间缺乏系统性和内在关联，文化维度缺乏动态性和发展性，强调国家文化，忽视跨文化人际互动，忽略文化内部差异性，缺乏对具体跨文化语境的分析。

在文化与管理的研究中，国际商务学者 Erin Meyer（2015）提出的文化地图（Culture Map）理论在学术界和企业管理领域有较广的影响。该理论旨在帮助人们理解全球商务中的文化差异。文化地图涵盖了八个文化维度，描绘了不同国家之间的文化差异：

沟通风格（Communicating）：低语境/高语境文化（Low-Context/High-Context）：低语境文化更注重直接、清晰的沟通，而高语境文化则更强调非言语和通过语境来沟通。

评估反馈（Evaluating Feedback）：这一维度指直接负面反馈或间接负面反馈的文化。在前一种文化中，人们更倾向于直截了当地指出问题或提出批评，而在后一种文化中，人们倾向于更间接、更委婉地指出问题或提出不同意见。

说服方式（Persuading）：这一维度指原则优先或应用优先的说服方式。

领导风格（Leading）：这一维度指某一文化中人们是更注重人人平等还是社会等级。

决策方式（Deciding）：这一维度指某一文化中，人们在做决定时是更偏重共识性决策，还是自上而下地做决策。前一种文化更注重团队协商，而后一种文化更强调领导者的权威。

信任建构（Trusting）：这一维度指某一文化中，人与人之间的信任建构是更多地基于工作任务的完成情况，还是基于人际关系。

冲突方式（Disagreeing）：这一维度指某一文化中，人们是偏向通过直接表达不同意见的对抗性方式来解决问题，还是倾向于通过避免直接对抗的回避性冲突方式来解决问题。

对时间的处理（Scheduling）：这一维度指某一文化中的人们是偏线性时间观还是灵活时间观。在前一种文化中，人们更注重提前计划和准时，而在后一种文化中，人们在时间安排上更灵活和弹性。

Meyer 提出的八个文化维度中的一部分与 Hall（Hall，1990a，1990b）、Hofstede、Trompenaars 和 Hampden-Turner 的文化维度相似，一部分则有其创新。虽然还有其他学者关于文化与管理的研究也得到了广泛应用，如全球领导力与组织行为效力研究（GLOBE，Global Leadership and Organizational Behaviour Effectiveness）和舒华兹的十大价值/需求取向理论（陈晓萍，2017），但限于本文篇幅，暂只讨论 Hall、Hofstede、Trompenaars 和 Hampden-Turner 以及 Meyer 这几位学者的相关研究。

纵观上述学者的文化维度理论，可以发现他们都侧重强调文化之间的差异性，并且往往将文化等同于国家文化。他们的理论对笔者研究在德中资企业的中德文化差异有一定参考意义，但这些维度往往是线性罗列，未能呈现出文化的整体性。鉴于此，笔者参考潘亚玲（2016）提出的影响跨文化交际的文化基本因素、Bolten 的文化沙丘模型和上文中笔者绘制的强调文化整体性和系统性的“文化树”模型，将整体性的文化分为深层、中层和表层三层，并尝试将上文中简述的五位学者的文化维度归类到整体性的文化中（见表 5）：

表 5　从整体文化的视角看西方代表性学者的文化维度

文化层	影响跨文化交际的文化基本因素	文化维度
文化深层	世界观与价值观	顺应自然/征服自然
	人性观与道德伦理	
	生活观与工作观	刚性/柔性、绩效导向/人道主义导向、成就导向/出身导向、放纵/约束
文化中层	对时间的处理	长期导向/短期导向、线性时间观/灵活时间观
	对空间的处理	社交距离
	社会组织与人际关系	权力距离、个人主义/集体主义、关系特定/关系散漫、注重人人平等/注重社会等级的领导风格、基于工作完成/基于人际关系的信任建构
	社会规范	普遍主义/特殊主义、不确定性规避
	行为方式	放纵/约束、基于团队协商/基于领导权威的决策方式、对抗式/回避式冲突解决
	思维方式	
文化表层	语言	低语境/高语境、直接/间接负面反馈、原则优先/应用优先的说服方式
	非言语	情绪中性/情绪外露
	感知与符号象征	

从表 5 的总结可以看出，本文所选取的西方代表性学者的文化维度大多涉及文化的中层和表层，较少涉及文化的深层。此外，如上所述，这几位学者的

研究大多关注国家文化，如施耐德等（2019：4）所指出的：“以国家文化为中心的范式没有恰当地看到人们在其他群体上的归属性（如组织、教会、性别等），或者忽视了由全球网络及跨国和跨文化机构所创造的‘全球文化’的影响。”此外，过度强调国家文化也忽视了文化内部的差异性、多重文化身份的个人和人的个性（参见本文图3）。

还应看到的是，文化对个人虽然有影响，但不能完全决定个人的思维和行为。文化不是一套成衣，等着个人来穿戴或被束缚。文化不是遗传基因，与生俱来。文化在个人社会化过程中通过家庭、学校、社会环境等传递并被学习，但个人受文化影响的过程也是主动塑造和建构文化的过程，在跨文化企业环境下的个人也是如此。

西方学者的文化维度理论能为本研究探究在德中资企业跨文化管理的“结构性”“规律性”提供参考，但这些理论缺少对文化“过程性”“流淌性”和“整体性”的关照，忽略了不同文化之间的趋同性和文化差异可能产生的协同力。此外，学者们总结的文化维度之间缺乏系统性和内在关联。在此背景下，研究中国文化价值观对跨文化管理的贡献具有特别意义。因此，本研究也尝试借鉴张立文（2010）的“和合学”理论和曾仕强（2015）的中国式管理的思想。

张立文的和合学理论的出发点是，虽然各思想家、政治家及各集团的思维方式、价值观念、政治立场、宗教信仰等各不相同，但其面临的冲突和危机是共同的，其价值理想大体相似，存在取得各方面大致认同的共同基础。由此便有可能就一些化解冲突和危机的基本原则、原理达成共识。和合学以和生、和处、和立、和达、和爱为指导原理，力求打破狭隘的地区、国家、民族、宗教等中心论观念，以自觉的全球意识来观照、筹划、设计全人类的生存和发展问题，化解冲突和危机，使人人安身立命，享有和乐、和爱的生活。和合学提出21世纪文化原理，即和生、和处、和立、和达、和爱（张立文，2010：477－482；2018a）。

和合学理论为人们提供整体性系统性应对不同文化碰撞和化解冲突的有益参考，帮助人们有效处理和利用文化差异，促进不同文化的“交感”“交通”，通过不断的冲突融合，通过跨文化的“流淌”“渗透”和“共享”，建构多元文化的新和合体，从而促进跨文化协同，推动创建“你中有我，我中有你”的人类命运共同体。

曾仕强的中国式管理理论是一种基于中国传统文化和思想的管理方法，融合了儒家、道家和法家的精髓。该理论认为，管理是修己安人的历程（曾仕强，2015：3）。曾仕强（2015：101）总结出中国式管理的三大特色，即以人为主，因道结合，依理应变。他指出，不但可以因人而异、因道而异，而且同样的人员和理念，还能够因时因地而合理调整，以求制宜。组织如此，成员个人也不例外，在动态中求取平衡。

笔者注意到，虽然和合学有较强的理想主义色彩，在跨文化管理实践中较难全面系统地落实，曾仕强的中国式管理理念也缺少跨文化的视角，但是因为这两位学者的理论是基于中国文化精髓，所以笔者将在研究过程中参考其基本理念。

2.4 跨文化管理

跨文化管理是对多个文化背景的组织和团队的管理，旨在有效领导和协调不同文化背景的人员，以实现组织目标。郑兴山、陈景秋、唐宁玉（2019：10）将跨文化管理定义为：在全球化经营中，对于东道国文化采取包容的管理手段，强化跨文化沟通，克服跨文化冲突，并在融合双方文化的基础上创造出独特的组织文化。

基于笔者上文中对管理的定义，本文将跨文化管理理解为：在跨文化情境中，在组织中通过协调和整合各项活动和资源，实现组织共同目标，寻求组织可持续发展的过程。

跨文化管理的目标是促进在多元文化环境中的协作、理解和有效沟通，最大限度地发挥组织中各种文化背景的优势，同时避免文化冲突和误解。这要求管理者具备跨文化敏感性、跨文化沟通能力和领导能力，以便在多元文化团队中创造一个和谐、高效的工作环境（施耐德等，2019）。在跨文化管理中，管理者需要适应不同文化背景，采取灵活的领导风格，制定符合各种文化价值观的政策和策略，以确保组织在全球范围内的成功运营（Gasteiger，Kaschube，and Rathjen，2016）。

从跨文化管理研究的学术成果来看，跨文化管理研究经历了从二十世纪八九十年代基于不同国家文化的文化比较研究，逐步发展到关注企业组织内部和外部跨文化情境下的跨文化沟通与合作的转变。后者也是本文的研究重点。基于跨文化情境的跨文化管理研究主要涉及以下领域：文化与组织、跨文化沟通与谈判、跨文化团队管理、跨文化人力资源管理、跨文化培训、跨文化领导和跨文化营销（陈晓萍，2017；Barmeyer，2018；Bolten，2018；唐宁玉、王玉梅，2018；施耐德等，2019；郑兴山、陈景秋、唐宁玉，2019；马文杰、苏勇，2022）。

笔者认为，上述研究领域可以归纳为跨文化企业文化、跨文化人力资源管理和跨文化营销三大领域。本文拟重点从这三大领域的视角探究在德中资企业的跨文化管理问题，同时保持研究的开放性，以全面了解跨文化管理的复杂性和多样性。

2.4.1　跨文化的企业文化

企业文化一直是企业管理研究的重要课题之一，被视为企业竞争优势的关键因素（Herget，2020：2；Püttmann，2012：8）。企业文化代表了组织中被员工认可和共享的规范、价值观和行为，是一种对组织成员行为期望的社会规范。企业通过这些规范奖励期望的行为并制裁不期望的行为（Püttmann，2012：4）。

斯蒂芬·罗宾斯（Stephen P. Robbins）认为，企业文化有着将某一组织与其他组织区分开来的分界作用；表达了成员对其组织的认同感；在该组织中，成员不仅仅注重自我利益，更考虑到组织利益；企业文化作为一种意义形成的控制机制，能够引导和塑造员工的态度和行为，有助于增强社会系统的稳定性（转引自王朝晖，2014：31）。

健康的企业文化是企业重要的竞争优势之一（Püttmann，2012：8）。很多跨国公司都在努力成为真正的全球性企业，这意味着共享一种普遍性的企业文化。由于跨国公司的员工来自不同国家和民族，形成普遍性企业文化需要对各国各族文化进行整合（唐宁玉、王玉梅，2018：22）。

综合上述学者们的论述，企业文化是指在一个组织内部共享的价值观、信仰、行为准则、工作方式和组织氛围等方面的共同特征。它是组织中的共同认知和共享的社会系统，塑造着员工的态度、行为和工作方式。企业文化反映了组织的核心价值观和身份认同，是组织独特性的体现。企业文化不仅影响组织内部的工作氛围，还涉及组织与外部环境的互动。它可以在员工之间传播共同的信念，形成共同的工作方式，并影响组织对待客户、合作伙伴和整个社会的方式。

周三多等（2023：423－424）认为，在知识经济背景下，企业文化将成为知识经济条件下企业管理重要的甚至是主要的手段。企业文化将是人们自觉创造的结果，而不是企业生产经营中的一种副产品。作为人们自觉行为结果的企业文化，不仅是记忆型的，而且是学习型的。企业文化将在强调主导价值观与行为准则的同时，允许异质价值观和行为准则的存在。学习型的企业文化必然也是多元的。

很多学者认为，企业文化往往受国家文化的影响（Püttmann，2012：8），形成其各自的特征。王朝晖（2014：37）总结中国企业文化的特点大致包括注重伦理，表现出浓厚的道德色彩；强调集体利益和归属感，追求和谐；“人治”“情治”和“法治”相结合。

在企业文化研究中，Edgar Schein（2017）的文化三层次理论具有较大影响力。该理论将组织文化分为三个层次，每个层次代表了不同程度的可见性和稳定性：

表层文化（人造物）（Artifacts）：最直观、最容易观察到的层次，包括组织内可见的符号、仪式、物理环境等。这些是表面上的文化特征，但通常只是文化的冰山一角，难以由此而深刻理解组织的核心价值观和信仰。

行为模式（崇尚的信念和价值观）（Espoused Beliefs and Values）：该层次涉及组织成员所共享的价值观、信仰和期望。这些是组织成员所表达的、声称的文化元素，通常包括宣言、使命宣言、战略计划等。然而，这些宣言与实际行为之间可能存在差距。

基本假设（Basic Assumptions）：最深层次的文化，是组织成员通常不直接意识到的根深蒂固的信仰、价值观和行为模式，塑造了组织成员的思考方式和对世界的理解。它们通常是难以改变的，是文化的核心。

Schein（2017）认为，理解和改变组织文化必须从基本假设层次入手，因为这是文化最深层次的部分，而表层文化和行为模式只是基本假设的表现形式。他用水百合的比喻来解释他的文化三层次理论（见图 4），强调要想真正理解和塑造组织文化，必须深入挖掘和理解这三个层次之间的关系，而不仅仅停留在表面的符号和表现行为。

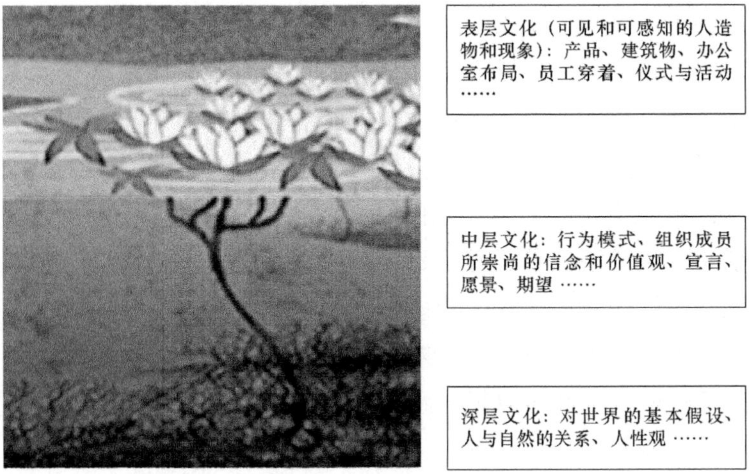

图 4　Schein 的文化三层次模型（作者根据 Schein，2017：29－33 绘制）

笔者认为，企业文化的三个层次不是相互隔离的，而是相互影响，构成有机的整体。因此，笔者的“文化树”模型（见图 2）对于企业文化也有参考意义。如果将“文化树”模型用在企业文化上，同时从整体文化视角看文化维度（见表 5）对企业文化的影响，可以绘制出图 5（从该图中也可以看出企业文化的层次）。

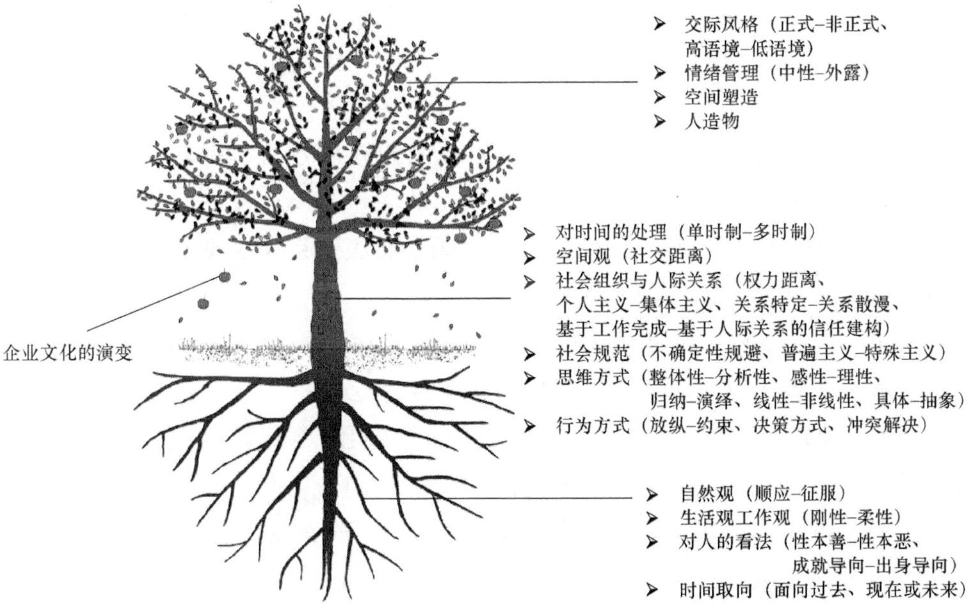

图 5　企业文化之树——整体文化视角下文化维度对企业文化的影响（作者自制）

图 5 可以帮助笔者在研究企业文化的过程中概览和参考前人跨文化管理研究的成果，同时将这些成果纳入整体文化的视角。同时，笔者也注意到，此前的很多关于企业文化的研究大多把国家文化看作是相对稳定和均质的，而忽略了文化是不断发展变化且呈现内部差异的，这些发展变化往往会突破所谓的“文化维度”。此外，很多关于企业文化的研究较少关注企业中的个体以及人与人之间的关系建构，包括对信任、尊重、人的因素及其作用，意向达成、团队协同力、灵活性等软性因素的研究。很多研究也忽略了个体虽然受其文化影响，但是人是有主观能动性的，甚至可以对文化反其道而行之的事实。此外，个人是有自由和灵活性的，而且可以根据不同的情境采取不同的行为方式。

本研究除了借鉴前人的研究成果，也将注意到在企业文化建构中文化的动态发展，不仅仅关注企业文化所形成的结果，也关注其过程，如决策过程、交际与沟通过程、团队建构与合作过程等。在此背景下，Peters 和 Waterman（Peters and Waterman，2006：26）提出的麦肯锡 7S 模型因其注重企业发展过程中的各重要因素的相互作用，从而对本研究有参考意义。

Peters 和 Waterman 的 7S 模型是一种管理理论工具，用于评估和改进组织的效能。这个模型强调了七个关键因素，它们被称为“7S”，代表了企业文化的不同方面。以下是这七个要素：

共享价值观（Shared Values）：是企业文化的核心，代表组织的核心价值观和信仰。共享价值观对组织的其他六个要素产生深远的影响，是组织各方面的基础。

战略（Strategy）：表示组织达成其目标的计划和方法。战略应与共享价值观一致，以确保组织的长期成功。

结构（Structure）：涉及组织的层次结构、层级关系和决策流程。结构应当与战略和价值观相协调，以支持组织的目标。

制度（Systems）：涉及组织的各种过程、程序和制度。这包括激励系统、信息流程、决策支持系统等，以确保组织有效地运作。

风格（Style）：描述了组织中的领导风格和文化。领导风格应与共享价值观和战略一致，以促进组织内部的协调和合作。

员工（Staff）：代表组织的人力资源，包括员工的素质、能力和文化适应性。员工的特征应与组织的共享价值观相符。

技能（Skills）：涉及组织内部的专业知识和技能。这包括员工的培训和发展，以确保他们具备实现组织战略的必要技能。

在上述模型中，战略、结构和制度被认为是企业成功的“硬件”，共享价值观、风格、员工和技能被认为是企业成功经营的“软件”。7S 模型中的七个要素相互关联，共同构成了组织的整体文化和运作模式（见图 6）。Peters 和 Waterman（2006：27）认为，当这七个要素相互协调和一致时，组织将更有可能实现成功。通过分析和优化这些要素，组织可以提高其适应性、灵活性和绩效。

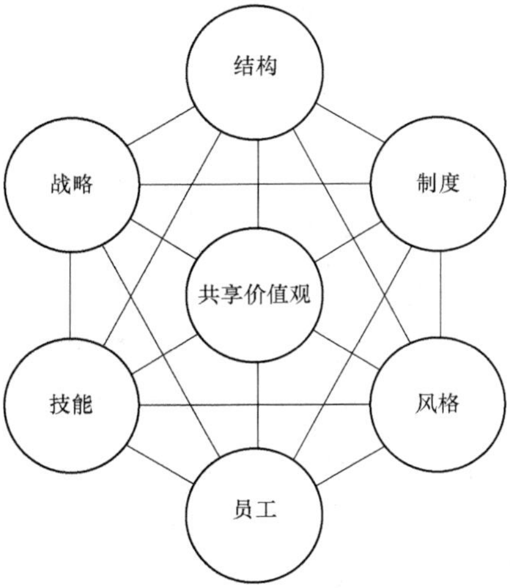

图 6　Peters 和 Waterman 的麦肯锡 7S 模型
（Peters and Waterman，2006：26）

跨文化的企业文化是指一家公司在其业务运作中跨越不同国家、地区或文化群体时所形成的共同价值观、信仰、行为模式以及文化背景的融合。这种文化不仅要求组织适应不同的文化特征，还要能够在全球范围内保持一致性和协调性。建构跨文化的企业文化是一项复杂而关键的任务，涉及多个层面和战略。

Dülfer（2001：259－261）认为，对于海外子公司来说，其企业文化也深受其母公司的企业文化的影响。母公司的核心价值观、领导风格和战略决策在国际化过程中可能会通过各种渠道传播给海外子公司；同时子公司所在国的文化也会对其企业文化产生影响（同上：464－466）。海外子公司在发展自身企业文化时，往往需要考虑与母公司的一致性，以确保整个组织在全球范围内形成一体化、协调性和高效性的运作模式（Herget，2020：8）。

Rathje（2004：299）通过质性实证研究发现，在跨文化企业中，文化不是均质的和一成不变的，而是存在内部差异并不断变化。通过不同文化背景成员的不断沟通，跨文化企业文化不断建构和形成。她的发现证实了笔者关于跨文化的“流淌性”“渗透性”和“共享性”的观点。

综合上述前人研究成果，笔者认为，创建健康的跨文化的企业文化意味着通过来自不同文化背景的员工不断的沟通、协商与协作，不断建构由多数员工共同认可的企业价值观、规范和行为方式，并作为企业中员工行为和跨文化团队合作的参照，从而提高企业的国际竞争力。

2.4.2 跨文化人力资源管理

跨文化人力资源管理是指在跨文化的场境下持续和系统地对人力资源的获得、分配和有效使用的过程，这一过程建立在企业整体跨文化管理战略基础上，涵盖招人、育人、管人和留人的各个方面（余建年，2007；王朝晖，2014；Lang and Baldauf，2016）。在跨文化企业中，人力资源管理的重点在于设计出适应跨文化工作环境的科学有效的制度和方法，确保在激烈的人才竞争中吸引并留住所需人才。同时，需要将人力资源管理理念与当地文化相结合，促进有效的跨文化沟通、培训和团队协作，从而在多元文化环境中激励员工，实现高效管理和协调，推动组织成功和员工发展。

跨文化人力资源管理的目标是全球范围内实现人力资源的协调和整合，以适应多元文化的劳动力市场，推动组织的可持续发展。根据人力资源管理的功能，可以将其划分为人才招聘、人才培训与发展、人员配置与绩效管理、人员保留（包括薪酬与福利、员工激励）和离职管理。从相关的前期研究来看，对于海外企业来说，实现上述功能的人力资源管理重要领域包括外派管理（何蓓婷、安然，2019；妮莎，2021）、跨文化能力培养（潘亚玲，2016；戴晓东，2018；Henze，Kulich，and Wang，2023）、跨文化培训（妮莎，2021）、员工差异化管理（Pan，2021）、跨文化团队协作和跨文化领导（特朗皮纳斯、特纳，2011；Gutting，2016），以下对这几个领域进行简要诠释与讨论：

外派管理：指将公司员工派遣到跨国公司的其他国家或地区工作，通常用于拓展业务、获取特定技能或在全球范围内协调团队。外派管理涵盖国际招聘与选拔、跨文化适应与培训、外派绩效与薪酬管理、外派支持（包括法律与合规支持、社交和心理支持、工作支持等）、跨文化沟通、外派人员职业生涯管理和回任管理等方面（史兴松，2010；Bolten，2018；靳娟，2016；妮莎，2021），目标是确保外派员工能够成功适应新的跨文化环境，实现公司战略目标。

跨文化能力培养：Thomas（2003：143）认为，跨文化能力是指在总结、尊重并积极利用自己和他人在认知、判断、感受和行为方面的文化条件和影响因素，以达到相互适应、宽容、协同合作、和谐共处的能力。欧美学术界广泛认可 Gertsen 建议的跨文化能力三分法，包括跨文化情感能力、跨文化认知能力和跨文化行为能力（Bolten，2005）。戴晓东（2022）从中国学者的视角，总结出了包括态度、知识、意识、技能和预期目标五个维度的跨文化能力理论模型。除了上述结构模型之外，越来越多的学者将跨文化能力看作是不断发展的过程（Pan，2008；Hoopes；Deardorff 转引自潘亚玲，2016：81）。潘亚玲综合多年对跨文化能力内涵与培养的研究（Pan，2008；潘亚玲，2010，2016），将跨文化能力定义为“在终生学习的过程中所形成的通过态度、认知和行为层面的多维互动，在跨文化情境下以恰当得体的方式与来自异文化的成员共享经验与期望、跨越差异、创造协同效应，达成交际与合作目标，并促进和谐共处的能力”。她基于实证研究，提出了包括从民族中心主义思想到文化多元主义思想、从对母文化和异文化单一表面的认识到全面深入的认知、理解和从不自觉、欠当的跨文化行为到自觉、有效的跨文化行为三个维度的跨文化能力多层面开放型动态发展模型（同上）。潘亚玲和杨阳（2021）通过实证研究发现，海外经历从情感、认知和行为对跨文化能力发展具有积极的促进作用。

跨文化培训：作为企业人力资源培训的一部分，旨在帮助员工认识和接受文化差异，积极利用这些差异，更好地理解和适应不同文化环境，处理跨文化情境中出现的问题，提高跨文化能力，促进跨文化团队中的工作效能（潘亚玲，2016；妮莎，2021）。实践表明，通过专业的跨文化培训可以全面提高海外企业管理人员和员工的跨文化能力（Bolten，2018）。

员工差异化管理：员工差异化不仅涉及性别、年龄或族裔等可见差异，还包括文化背景、工作角色和工作风格等不可见特征（Pingel，2008）。跨文化视角下的员工差异化管理是指在组织中考虑和处理不同文化背景的员工，确保他们能融入并发挥最佳表现。这包括认识到不同文化的员工在价值观、沟通风格、工作习惯等方面的文化差异，并采取措施促进多元文化团队的协同合作（Gutting，2016）。研究表明，员工差异化管理需要计划性、策略性和系统性的管理来优化员工和组织绩效（Baumann et al.，2019；Pan，2021）。

跨文化团队协作：跨文化团队是由不同文化背景、国家或地区的成员组成的工作小组，尽管面临多元文化差异的挑战，但也能够融合各种文化的优势，产生创新和更广泛的视野。跨文化团队的成员来自不同的文化，可能拥有不同的价值观、信仰、语言和工作风格，他们需要共同追求组织的共同目标，以保持团队的协同效果，达成共同的目标和完成特定任务（Fajen，2017：38－40；Gutting，2016：143－148）。跨文化团队可以是同一空间和时区的成员，也可以是在不同的空间和时区协作的成员（参见：Pan and Chen，2024）。研究表明，团队协调对知识共享有正面影响，进而促进团队创造力（唐宁玉、王玉梅，2018）。

跨文化领导：跨文化领导是指在跨文化环境中，通过影响个人、群体和组织的思维、态度和行为，实现共同愿景和企业目标的过程（Gasteiger，Kaschube，and Rathjen，2016：8－9）。跨文化领导者除了具备业务相关的能力外，还应具备跨文化能力（Gutting，2016；Barmeyer，2018）。不同文化往往对领导风格产生不同的影响，领导风格对组织和团队的效能、工作氛围和员工的工作体验产生着深远的影响。全球领导力与组织行为效力研究项目（GLOBE）探讨了社会和组织文化如何影响领导行为，帮助领导者理解文化对其领导风格的影响并在与不同文化背景的人合作时取得有效成果（Gasteiger，Kaschube，and Rathjen，2016：19；唐宁玉、王玉梅，2018：11－12）。

在过去几十年里，工作环境变得极为复杂、不稳定和难以预测。在这方面，美国学者提出了“VUCA World”这个术语。该缩写代表着“Volatile”（不稳定）、“Uncertain”（不确定）、“Complex”（复杂）和“Ambiguous”（模糊）。对于组织的成功而言，敏感、迅速和适应全球变化的能力成为决定性的因素（Gasteiger，Kaschube，and Rathjen，2016：1）。以上对工作环境的理解也符合前文所提到的 Bolten（Bolten，2014，2018）提出的“模糊文化”（Fuzzy Cultures）的构念。笔者在研究跨文化人力资源管理的过程中，要对跨文化工作场境及在此场境中工作和协作的人员和团队采取一种开放、多义、多元的理解，并力求通过研究揭示在德中资企业跨文化人力资源管理的多样性、复杂性和动态发展性。

2.4.3 跨文化营销

跨文化营销是指企业在不同文化背景下，针对具有文化异质性的客户群体所采取的特殊战略和沟通措施。其主要目的是理解和应对不同文化对市场行为、消费者需求和市场策略的影响，从而推广和销售企业的产品或服务，实现企业的目标（Emrich，2014：5）。

美国学者尤金·杰罗姆·麦卡锡（E. Jerome McCarthy）于20世纪60年代提出了4P营销模型，涵盖产品（Product）、价格（Price）、渠道（Place）和宣传（Promotion）四个要素。这四个要素相互关联，构成了企业的市场战略，强调了在市场策略中的平衡和一致性（Müller and Gelbrich，2015：283－607）。然而，随着市场竞争的加剧和媒介技术的进步，4P理论逐渐受到挑战。1990年，美国学者Lauterborn提出了4C营销理论，即顾客（Customer）、成本（Cost）、便利（Convenience）和沟通（Communication），强调企业应更加关注顾客需求和体验，并通过双向沟通建立与顾客的紧密联系（Lauterborn，1990）。

德语中有一句谚语"Der Wurm an der Angel muss dem Fisch schmecken，nicht dem Angler"——"鱼钩上的诱饵不是为了满足钓鱼者的胃口，而是需要得到鱼的喜欢"。在跨文化背景中，营销的关键在于理解消费者观念、价值观和社会需求的差异。企业在海外市场进行跨文化营销时，需要研究不同文化对消费者决策、购买行为和品牌偏好的影响，包括文化价值观、信仰和生活方式对消费者行为的塑造（姚孝军，2010：141）。此外，跨文化市场研究对于了解消费者需求、竞争环境和市场趋势、制定有效的战略至关重要（Emrich，2014；Müller and Gelbrich，2015）。

在跨文化市场营销活动中，文化的影响是全面的，涉及整个营销过程，包括市场调研、产品本身的设计、销售方法与策略及售后服务等各个环节（姚孝军，2010：141）。跨文化营销是解决全球竞争和非全球需求行为之间看似矛盾的方案（Emrich，2014：7），在此过程中，企业往往需要在标准化和差异化两种营销策略中进行考量并找到平衡，以兼顾经济效益和满足当地市场的特殊要求（Bolten，2018：158－163）。

标准化（Standardization）营销策略也称全球化营销策略，是指企业努力使其产品、服务和营销活动在不同市场之间保持一致，以便获得经济规模和效益。这样的一致性有助于降低生产和营销成本，并传递品牌的一致形象。但是，由于不同文化之间的差异，标准化营销策略往往无法适应所有市场，包括不同文化对产品、服务和广告的期望和反应可能不同，因此标准化营销策略可能导致在某些市场上无法取得预期的效果。

差异化（Differentiation）营销策略也称本土化营销策略，是指企业致力于使其产品、服务和营销活动在不同市场或文化中具有特殊性，以满足当地特定目标受众的需求和偏好。差异化可以涉及调整产品特性、包装、定价策略和广告以适应不同的文化或市场条件。这有助于企业在竞争激烈的市场中突出自己，满足多元化的需求，更好地适应和融入目标市场（Müller and Gelbrich，2015：204－206）。但是差异化策略通常需要投入更多的资源和成本，在不同市场实施差异化策略，需要管理多样化的产品线、营销活动和品牌形象。这种管理的复杂性增加了企业的运营难度，并可能导致品牌形象在不同市场之间的不一致，这可能削弱消费者对品牌的整体认知度和信任度。

跨文化营销的主要任务之一是确定营销中标准化的边界在哪里，以确保在不同文化背景的市场中取得最佳的营销效果（Bolten，2018：162）。在国际市场或多元文化的环境中，企业通常需要在标准化和差异化之间找到平衡，以兼顾经济效益和满足当地市场的特殊要求。选择哪种策略通常取决于产品性质、目标市场的文化差异、竞争环境和企业的整体战略目标。

研究者根据产品（也包括服务）的性质与特征将其划分为“文化相关产品”（culture-bound products）和“文化无关产品”（culture-free products）。“文化无关产品”是指产品特性及其产生的效用与目标群体特征之间没有明显关系的产品，而“文化相关产品”则是指其特性和效用与各文化圈特定的生活习惯、行为规范和消费模式有紧密联系的产品（Lindner，2004：82－83）。跨文化营销实践表明，“文化无关产品”适合应用标准化策略，而“文化相关产品”则适合应用差异化策略（Bolten，2018：162）。

无论是前文中4P模型中的“宣传”（Promotion），还是4C模型中的“沟通”（Communication），都涉及企业在不同文化和语境中就其产品和服务与当地受众进行跨文化交际与沟通，包括推广、广告、促销和其他营销活动，以提高其产品和服务在当地受众中的接受程度，促进销售。企业需要有效地管理和满足各种文化背景和需求的受众，也需要充分考虑到不同文化背景中语言和非言语符号不同的含义、不同的交际方式与风格。为此，企业往往需要详细了解目标市场的文化、价值观、信仰和消费者行为，考察广告和宣传在不同文化中的有效性，以避免误解和沟通障碍，确保好的营销效益。

跨文化营销的一个重要方面是跨文化品牌传播。品牌传播的目的是在顾客心目中建立一个强大的品牌，有针对性、有计划地建立或加深对品牌的积极记忆（Burmann et al.，2018：26）。跨文化品牌传播涉及在不同文化、国家或地区的市场中建立和管理品牌，确保品牌元素和传达方式能够适应不同文化的偏好、价值观和习惯。

张雪遥基于其对在德中资新能源汽车企业的质性和定量实证研究总结出，在德中资企业的跨文化品牌建构既是中资企业和德国消费者作为主体围绕品牌进行在个体、行业和社会维度上对话的动态沟通过程，也是二者沟通的实时结果。在德中资企业的跨文化品牌建构可以对品牌情感、认知以及行为层面产生影响（张雪遥，2024：182）。

Bruhn（Bruhn，2016：144－145）指出，强大的品牌具有导向和信息功能、信任功能和象征功能。在海外的企业往往面临不同的文化，海外受众对品牌的期望、偏好和反应也不同，不同语言和非言语表达可能有不同的含义，品牌的设计在不同的文化中可能体现不同的象征意义。以上这些问题都为海外企业实现其品牌的上述三个关键功能带来挑战。因此，在跨文化背景中，企业需要确保品牌在全球范围内保持一致性，同时具备本地敏感性。

总的来看，企业需要有深刻的文化洞察力、跨文化敏感性以及对目标市场的深入了解，以适应目标市场的文化特征，确保恰当、成功的跨文化沟通。跨文化营销的关键在于企业是否能够灵活运用标准化和差异化策略，根据市场和文化的具体情况调整营销方法，确保其市场竞争优势。

2.5　本章小结

本章详细探讨了跨文化管理研究的理论基础，诠释了对文化及其特征的多视角的深入理解，揭示了在进行本研究时，对文化的层次性、结构性、整体性和动态性进行深入探讨具有重要意义。本章还分析了交际的概念及其特征，批判性地反思了学术界对“跨文化”概念的理解及跨文化研究，并指出大多数对“跨文化”概念的理解都是从空间的视角出发的，这样的视角通常基于文化具有明确边界的假设，强调了文化的结构性和稳定性，却忽视了文化的“模糊性”和动态发展性。鉴于此，本研究主张不仅仅从空间的视角，也同时从时间的视角来理解“跨文化”，以便关照到不同文化之间的“流淌性”“渗透性”和“共享性”。本文揭示了文化对管理行为的深远影响，在此基础上，讨论了影响管理的文化基本因素，并将西方代表性学者的文化维度纳入整体文化的视角。

最后，本章进一步深入包括跨文化企业文化、跨文化人力资源管理和跨文化营销在内的跨文化管理的核心领域，通过“企业文化之树”模型，形象展示了整体文化视角下文化维度对企业文化的影响，通过对跨文化能力培养、跨文化培训、员工差异化管理、跨文化团队协作和跨文化领导相关理论与研究的梳理，更好地理解了跨文化人力资源管理的多样性、复杂性和动态发展性。通过对经典的营销模型、跨文化营销策略代表性研究成果的讨论和批判性反思，展示了跨文化营销的意义及其面临的挑战。

本章通过对跨文化管理理论基础的系统梳理和深入探讨，为理解和应对跨文化管理中的复杂性提供了坚实的理论框架，并为后续章节的实证研究设计与实施奠定了基础。

第三章

研究设计与研究过程

要深入全面地研究在德中资企业的跨文化实践，回答本文的主要研究问题，研究方法的选择以及研究过程的设计至关重要。本章将深入探讨在德中资企业跨文化管理研究中采用的研究方法及其选择缘由，探讨质性研究设计的关键因素及重要原则。随后，本文将详细介绍本研究的实施过程，包括“进场”之前的访谈提纲设计、受访人员与受访企业选择，“进场”中的访谈实施和研究观察，以及在实证研究后期阶段的数据处理与分析的方法与过程。希望通过本章的深入讨论，能真实全面地呈现实证研究的过程，也促进对质性研究方法学的讨论和反思。

3.1 研究设计

在学术研究过程中，科学严谨的研究设计是确保研究顺利进行并产生可靠结果的关键，其中，研究者首先要对研究方法做出全面的思考和合理的选择。

3.1.1 研究方法选择

研究方法选择是任何研究项目中的关键一环，而研究方法应服务于研究目标。首先必须根据研究对象确定研究设计，正如常被引用的“对象适切性”所述（参见 Grotjahn，转引自 Pan，2008：67），方法的选择必须与研究对象相适应。

如笔者在本文第一章指出的，目前国内外对于在德中资企业跨文化管理的研究较少，在这些少量的研究中尤其缺乏实证研究，这促使笔者倾向于选择使用实证研究方法，以弥补上述研究缺失。使用实证研究方法是为了基于客观数据和事实进行分析，从而深入了解不同文化间的管理实践和效果。

在在德中资企业跨文化管理研究中，我们面临着一个多元文化背景下的管理实践和挑战，因此，选择适当的研究方法至关重要。实证研究方法提供了多种选择，包括定量研究、质性研究以及定量与质性研究相结合的混合方法。

定量研究强调事物的可量化性，试图通过标准化的方法对不同部分进行测量、计算和分析，以获得对事物本质的把握。这种方法通常采用演绎式推理，通过从总体到个别的推断来得出结论。而质性研究则强调对事物的深入、细致、长期的体验，并通过研究者和被研究者之间的互动来获取对事物的全面解释性理解。质性研究通常采用归纳式推理，通过从个别到总体的推断来得出结论。在研究设计上，定量研究通常走的是实验的路子，着重于控制变量以获得可重复的结果。而质性研究则更加注重在自然情境下收集原始资料，以便更好地理解复杂的现象和情境（陈向明，2009：10）。

研究方法的选择基于研究目的、研究问题、研究对象和研究的可操作性，对于在德中资企业跨文化管理研究项目来说，选择合适的研究方法需要考虑多个因素，包括研究目的、研究对象的特点、可用数据的性质等。

本研究的目标是从文化整体的角度，系统地研究中资企业的跨文化管理问题，全面总结中资在德企业跨文化管理的问题与挑战，同时也系统分析多元文化的跨文化情境为企业经营带来的潜在的优势和机遇，在相关理论指导下，从跨文化实践中总结出应对方法与策略。笔者综合考虑定量研究和质性研究的优缺点，结合实际需求，认为质性研究的方法最适合本研究。

质性研究是一种通过探讨“是什么”“怎么样”“为什么”等问题，来深入理解事物本质、意义和内部多重联系的研究方法。这种方法特别适用于探究实践中的动态过程与变化，以及探索缺乏已有理论支持或现有理论存在缺口的新问题（陈向明，2009）。在质性研究中，研究者常常深入“田野”，长时间地观察和沉浸于实践环境中，以了解真实世界中的复杂现象（Flick，2012；Meyen et al.，2019）。

质性研究的一大特点是贴近实践，促进研究与实践的紧密联系。研究者通过“进入田野”亲历其拟研究的“现实”，并与“局内人”真实互动，更真切和全面地理解其研究对象的动态性和复杂性。与实证研究强调观察、实验和调查不同，质性研究突出了情境，注重展示管理过程中的情境因素（Flick，Kardorff， and Steinke，2013）。

质性研究使用非标准化的数据收集法和数据分析诠释法，研究包含各种个性化的方法和手段，质性研究呈多样性的特征（Kuckartz，2018），使研究具有开放性和更多创新空间。

质性研究强调从整体上观察和分析事物，关注事物的全貌和整体性。该方法重视事物发展的动态性，注重揭示事物的变化和演变过程。此外，质性研究具有开放性，致力于发现和探索新现象，注重发现事物的内在联系和多重因果关系。在分析和理解事物时，质性研究注重从事物内部的视角出发，关注个性化事件，并重视主位视角。同时，质性研究也强调对研究者的角色和行为进行不断反思，以确保研究的客观性和可信度。质性研究者与被研究者之间具有很强的互动性，研究过程中充满了交流和合作，有助于深入理解研究对象并获取丰富的研究数据。

Flick、Kardorff、Steinke（2013：24）总结出质性研究的 12 个特征：具有方法多样性而非统一的单一方法；方法的恰当性；面向日常事件和日常生活知识；以语境性为指导原则；关注不同参与者的视角；研究者对研究的反思能力；以理解作为发现新知的基础；开放型原则；以案例分析作为研究的出发点；以对现实的建构作为研究基础；质性研究是文本研究；以发现和建构理论作为研究目的。

质性研究的上述特点促使笔者选择该研究方法来进行在德中资企业跨文化管理研究。质性研究为我们理解在德中资企业的管理实践提供了独特的视角和方法论框架，可以帮助本研究者深入了解在德中资企业的跨文化实践，全面了解员工之间的跨文化协作，从而提供更为细致和全面的洞察，揭示现象背后的深层次机制和复杂性，帮助解决跨文化管理中的挑战。质性研究方法还能够捕捉到员工在不同文化背景下的情感、态度和行为，有助于形成更具实践指导意义的管理策略和方法。

在众多质性研究方法中，笔者认为访谈法适合于本研究。访谈法是一种深入到人们当中，让他们来描绘其生活世界中的各种故事和讲述其经验和洞察的有效途径，访谈法是一种能够更好地走入人们对生活世界的基本体验、理解和看法的研究方法。通过访谈，研究者可以看到那些通常不在其视野中的东西。通过研究者和受访人的互动，共同得出对现实世界的合情合理的描绘。对于质性研究者而言，开放式的访谈给研究者提供了一个更真实的注视被研究者灵魂的机会，或者甚至可以说是提供了一个研究者和被研究者互相理解和支持的合理的对话机会（邓津、林肯，2015：881－882）。

总体来说，访谈法是研究者和受访人不断互动和就研究对象多方面对话而共同建构研究结果的过程，这一过程也促进研究者对跨文化管理实践的更全面、更深入的理解，帮助其不断重新审视和认识研究问题，也不断提升其研究相关问题的能力。笔者有多年应用质性访谈进行学术研究的经验，并在访谈过程中多次感受到，作为“局外人”的研究者与作为“局内人”的受访人的交流与经验分享对于学术研究大有裨益。

在访谈法中，专家访谈法作为一种系统性和理论导向的数据收集方法，被广泛认可为一种能够深入理解特定问题或主题的有效手段。质性专家访谈可以被定义为一种“系统性和基于理论导向的，通过对那些在决策过程或政策战略、管理手段及其运作方面具有独特知识的个体进行访谈来收集研究数据的方法”（Kaiser，2014：6）。该方法是与具有资历和代表性的专家进行深入访谈，再通过分析软件综合分析访谈内容，进行理论抽象、构建新理论模型、提出新观点。这一方法对像本课题这样与实践紧密相关的研究内容具有重要意义。有研究者指出，如要获得对职业实践领域的全面认识，专家访谈法是最为有效的方法（Gläser and Laudel，2010）。此外，这一研究方法有助于弥补现有研究的不足，摆脱定势思维，找出新问题并找到首创性解决问题的策略与方法。因此，本文拟选用“专家访谈法”。除上述原因之外，笔者决定采用专家访谈法来研究在德中资企业跨文化管理问题，还基于以下考虑：

专家访谈法在跨文化管理研究中具有目的导向性。通过专家访谈，可以获取具有丰富经验和专业知识的个体对于特定问题的观点和见解，有助于深入理解跨文化管理背后的复杂现象。在在德中资企业的跨文化管理研究中，专家访谈可以聚焦于那些在企业经营、中德跨文化合作、组织管理等领域具有丰富经验和深刻见解的高管和专业人士，从而为研究提供更具针对性的和深度的数据支持。

专家访谈法具有开放性和深度（Flick，2012：215－218）。在专家访谈过程中，研究者可以采用开放式的访谈问题，鼓励专家自由发表观点，不受限制，这有助于获取专家们的真实想法和观点。此外，专家访谈注重深度理解，通常包括详细的访谈过程和分析，这有助于深入挖掘跨文化管理领域的核心问题，揭示背后的动机和经验。

专家访谈法具有互动性和适应性（同上）。与专家直接交流可以促进良好的互动，获取更丰富的信息。此外，专家访谈可以根据研究目的进行设计和调整，灵活适应不同的研究情境，有助于深入探究在德中资企业跨文化管理中的特定问题和挑战。

综上所述，专家访谈法作为一种系统性和理论导向的数据收集方法，对于在德中资企业跨文化管理的研究具有诸多优势和特点，包括目的导向性、开放性、深度、互动性和适应性等。因此，本研究选择专家访谈法作为主要研究方法，旨在深入理解在德中资企业跨文化管理中的关键问题和挑战，为企业的跨文化管理实践提供有效的理论支持和实践指导。

在研究方法的选择中，半开放式即访谈提纲引导式的专家访谈被认为是一种灵活性与结构性兼具的方法，特别适用于复杂的研究主题。半开放式访谈允许研究者通过提前设计访谈提纲在一定程度上预设问题或话题，从而控制访谈的结构，引导受访者围绕研究问题展开讨论，以确保访谈的有效性和目标导向性（Gläser and Laudel，2010）；同时，半开放式访谈也给予了受访者一定的自由度，使其能够在访谈过程中自由表达观点和经验。这种开放性的特点有助于激发受访者的思维，促进信息的丰富性和深度，从而为研究提供更丰富的数据和理解，帮助其深入挖掘研究对象的观点和经验，并更好地理解他们的想法和见解。通过在预设的访谈提纲中引入灵活性，研究者可以更好地适应受访者的反应和需求，建立起一种更为自然和融洽的沟通氛围。这种互动性有助于建立起研究者与受访者之间的信任和合作关系，从而更好地获取准确和可靠的研究数据。

选择半开放式访谈的另一原因是其有助于促进研究的创新性和深度，有利于促进研究者与受访者之间的互动和共同构建知识的过程。在半开放式访谈中，研究者可以根据受访者的回答进行进一步的追问和探索，从而深入理解受访者的观点和经验（Kaiser，2014），获得更为丰富和具体的信息和洞察。这种互动性不仅可以为研究增添新的视角，也有助于发现之前未曾考虑到的问题或概念，推动研究的深入和拓展。

综上所述，选择半开放式访谈作为研究方法的主要原因包括其结合了结构性和灵活性、促进了研究的创新性和深度，以及维持了良好的研究者与受访者互动关系。在探索在德中资企业跨文化管理的复杂主题时，半开放式访谈将为研究提供宝贵的信息和洞见，有助于深入理解相关问题并提出实践建议。

在本文的研究中，笔者在选择专家访谈法作为主要研究方法的同时，也拟使用观察法作为辅助研究方法。质性研究常常发生在研究对象的自然情境中，因此观察法能够为研究提供直接观察研究对象日常工作的机会（陈向明，2009：228－230；Flick，Kardorff，and Steinke，2013：384－389），有助于深入理解在德中资企业跨文化管理的现实情况、挑战与现实中的解决方案。

观察法能够提供观察在德中资企业的真实场景的机会。在质性研究的专家访谈过程中，研究者作为主动的研究工具，常常会与被访者在其工作的真实环境中进行面对面的互动。通过实地在野的实证研究，研究者可以直接观察在德中资企业的现场、办公环境，以及来自不同文化的员工之间的互动与合作情况、领导与员工的工作风格等。这种直接观察的方式能够提供全面、深刻和真实的研究材料，从而有助于揭示跨文化管理中的隐含现象和特征。

作为本研究的辅助方法，观察的结果可以及时纳入专家访谈的互动中，从而为研究提供更加丰富和具体的数据支持。在专家访谈过程中，研究者可以根据观察到的情况对问题进行更深入的追问，引导被访者对特定场景和行为进行解释和评价，进一步丰富研究的数据内容。此外，观察法还有助于帮助研究者判断专家所讲述的内容的真实性和全面性。这种结合观察和访谈的方式能够使本研究数据更加具有可信度和说服力，为研究结果的准确性和有效性提供有力支持。

观察法还可以为研究者后期对访谈数据的编码和理论建构提供有力支持。通过观察所得到的丰富材料可以帮助研究者更好地理解和解释访谈数据中的现象和模式，从而更加准确地进行数据编码和理论模型建构，使研究结果更具深度和启发性。

综上所述，观察法作为质性研究的辅助方法，能够为在德中资企业跨文化管理的研究提供独特的视角和丰富的数据支持。通过结合实地观察和专家访谈，研究者可以更全面、深刻地认识和理解研究对象、研究问题，为跨文化管理实践提供更有效的理论指导和实践建议。

3.1.2 质性实证研究的质量标准与流程

质性研究的规范和质量标准是确保研究过程和结果可信度和有效性的关键因素。根据 Mayring（2015）的观点，质性研究应遵循以下质量标准：

- 方法路径的详细记录与阐述：研究者应对研究的基础、选用方法的原因、数据采集和分析的方法与路径等进行详细记录和阐述，以确保研究过程的透明度和可追溯性。

● 数据意义的阐释：研究者需要清晰地解释数据的含义和意义，确保研究结果的可解释性和可信度。

● 遵循相关原则：研究者应当遵循相关的研究原则和规范，确保研究过程的科学性和道德性。

● 与研究对象的紧密联系：研究者与研究对象之间应建立紧密的联系和互信关系，以确保数据的真实性和可靠性。

● 多次沟通以确保数据真实性：研究者应与研究对象进行多次沟通，以确认数据的真实性和准确性，确保研究结果的可信度。

● 方法多样性：研究者可以采用多种方法进行研究，包括不同视角、不同研究者、不同方法的组合，以确保研究结果的全面性和可靠性。

质性研究的规范和质量标准是确保研究过程和结果可信度和有效性的关键因素，研究者应当严格遵循并不断完善这些标准，以提高研究的质量和影响力。对笔者而言，遵从质性研究的规范和质量标准意味着，在整个研究过程中应保持严谨和谨慎，始终审视和反思质性研究的规范性、合理性和学术伦理性。此外，作为研究者，笔者也应对研究对象保持尊重和关怀，不断学习以提高研究水平，通过严格遵循相关的规范和原则，灵活运用不同的方法和策略，以确保研究过程的科学性以及研究结果的可靠性和可信度，从而为跨文化管理领域的实践提供有效的支持和指导。

质性专家访谈作为质性实证研究的一种重要方法，也需要遵循一定的质量标准和流程。质性专家访谈的质量标准包括（参见：Kaiser，2014：9）：

● 数据收集和数据分析过程的跨主体可理解性：确保研究数据的收集和分析过程对不同主体具有可理解性和可接受性，以确保研究结果的有效性和可信度。

● 以理论为导向的方法：确保研究过程和结果与现有理论框架相一致，并以理论为指导，以提高研究的科学性和有效性。

● 研究者的中立性和开放性：研究者应保持对新的发现和其他相关系统和解释模式的中立性和开放性，以避免个人偏见和预设观点对研究结果的影响。

此外，进行专家访谈的研究者必须始终持开放态度，应遵循先做好构念方面的准备，但不预设研究结果的原则，对与其先前认知不一致的信息或评价持开放态度，并且不应仅仅利用专家访谈来确认已存在的假设，从而确保研究过程的科学性和可信度。

在实施质性专家访谈时，其主要流程、步骤与研究者需要遵循的原则可以概括如下（参见：Flick，2012：195－199）：

● 确定研究问题：研究者首先要明确定义研究问题，并确定需要专家意见的具体方面。

● 选择专家：选择相关领域的专业人士作为访谈对象，确保他们具有丰富的经验和知识。

● 制定访谈提纲：制定开放性的访谈提纲，涵盖研究问题的各个方面，但仍给予被调查者充分表达的空间。

● 进行访谈：进行深度访谈，记录专家的观点和经验。在此过程中，研究者需要注意维护良好的交流氛围，以促进信息的流畅交流。

● 数据分析：对访谈数据进行系统分析，识别出关键的主题、模式和观点。这包括整理、编码和归纳数据，以便后续的理论建构和解释。

需要强调的是，以上环节不是线性的，而是可以循环往复进行的。各环节中，研究者都需要理论指导和不断反思，包括确保研究不是以假设为导向，而是对所获得的访谈数据做出开放式反应和探索性的发现，同时尝试使用不同的方法进行相互补充（如应用上文所述的观察法作为专家访谈法的辅助）。

在实施质性专家访谈的过程中，研究者需要遵循一些重要的原则（参见：Gläser and Laudel，2010；Flick，2012）：

● 尊重和保护被调查者的权益：研究者应尊重被调查者的隐私和权利，确保访谈过程中的信息保密性和安全性。

● 建立互信关系：研究者需要与被调查者建立良好的互信关系，以促进信息的流畅交流和诚实反馈。

● 保持中立和客观：研究者应当保持中立和客观，不偏不倚地收集和分析数据，避免个人偏见对研究结果的影响。

● 灵活应对：在访谈过程中，研究者需要灵活应对各种情况和问题，以确保获取最充分和准确的信息。

● 反思和改进：研究者应当不断反思和改进访谈过程，以提高研究的质量和效果。这包括及时调整访谈指南和方法，以适应实际情况和需求。

通过遵循质性实证研究的质量标准和相关原则，以及对研究过程进行的流程管理，不仅确保了研究过程的科学性、严密性和透明度，还提升了研究结果的可信度和有效性。

3.1.3　研究风险预估与对策

上文详述了在研究在德中资企业跨文化管理时，笔者拟采用“半开放式的专家访谈法”为主，“观察法”为辅的研究方法。尽管有很多有利因素促使笔者采用上述研究方法，但是必须清楚地认识到，任何一种研究方法也同时具有其局限性，并可能带来问题。因此，在实证研究具体实施之前，笔者也全方面思考和预估了使用上述研究方法可能会面临的研究风险，并及时做好预案以降低风险。

在专家访谈中，研究者是对所研究的跨文化职场的具体情况不甚了解的“局外人”，而受访的专家则是“局内人”，这种“局外人”与“局内人”的交流可能会带来一些风险：研究者可能因为对受访文化和实践的不熟悉而无法全面理解专家的言论，导致信息的不足和误解。这可能影响到研究者对数据的准确理解和解释。受访的专家可能对身为“局外人”的研究者持有怀疑态度，缺乏合作意愿或者提供的信息不充分，影响到访谈的质量和可信度。

此外，还存在研究者个人因素对研究的影响，这可能导致额外的风险（陈向明，2009：117－119）。研究者的角色和提问风格可能影响到专家访谈的结果。如果研究者在访谈中表现出强烈的主观意识或立场，可能会导致受访者受到影响而偏向于提供符合研究者期望的回答，从而影响到数据的客观性和真实性。此外，研究者的经验和提问技巧对访谈过程和结果也具有重要影响。缺乏足够的经验或不恰当的提问技巧可能导致访谈内容不够深入或受访者未能充分表达意见，从而影响到数据的质量和可靠性。研究者的交际能力和关系构建能力也是影响因素之一。如果研究者缺乏良好的交际能力或未能建立良好的信任关系，可能会导致受访者不愿意分享真实的观点或经验，从而影响到数据的完整性和准确性。

除了上述因研究者个人原因而存在的风险之外，在专家访谈中，受访专家可能会因以下问题或特点为研究带来风险：

回答模糊或不确定：受访人可能由于对跨文化管理问题的无意识或缺乏跨文化敏察力，而未能提供全面或准确的信息。此外，部分受访人可能出于保密原则或谨慎，不愿意谈论公司存在的跨文化管理问题，这些情况可能导致研究者获取到的数据缺乏深度或遗漏重要细节，从而影响研究的可信度和准确性。

主观偏见和误解：受访专家可能受到自身的主观偏见、利益诉求或立场影响，导致在访谈中提供的信息存在偏差或失真，这可能导致访谈数据存在偏差，无法客观反映实际情况，从而影响到研究结果的可靠性。

信息保留和选择性披露：受访专家可能出于各种原因选择性地保留信息或者仅向研究者披露部分信息，这可能导致研究者无法获得全面和准确的访谈数据。

沟通障碍和信息交流不畅：受访的德国专家可能由于语言、文化、沟通风格等方面的差异，与研究者之间存在沟通障碍，导致信息交流不畅或者访谈内容不完整，影响到数据的获取和理解。此外，可能有的受访人思维分散，泛泛而谈，所提供的访谈数据缺乏重点和深度，或不够具体，或是访谈数据过于庞杂且互相矛盾，导致从数据中很难归纳总结出有效的概念、主题和构念。

除了上述涉及研究者和受访者的因素之外，还可能存在以下的外在研究风险：

在时间安排方面，研究者可能面临着与受访者的时间安排不协调、时间延误的风险，可能导致访谈无法按计划进行，影响数据的收集和分析。在交通方面，可能存在交通拥堵、交通事故等突发事件，导致研究者无法按时到达访谈地点，影响访谈的进行。

在技术方面，在访谈过程中，可能会受到技术设备故障等因素的影响，导致访谈受阻或数据不完整。访谈之后，数据记录或存储方式可能存在问题，影响数据的完整性和保密性。

基于上述分析，笔者拟采取以下措施规避研究风险：

访谈前的准备：研究者在访谈之前加强对受访的在德中资企业跨文化职场实践的了解，提前准备并熟悉相关背景知识，以便有效地与专家交流互动，并更好地理解和解释专家的言论。此外，对研究领域相关理论的全面掌握是访谈顺利开展的重要前提。

选择合适的受访专家：为规避受访人跨文化意识不高带来的风险，研究者拟选择在德中资企业中拥有丰富跨文化经验和敏感度的高管或专业人士作为访谈对象。这些对象能够更深入地理解并回答关于跨文化管理的问题，提供更准确、具体和可靠的信息，有助于确保研究数据的质量和有效性。此外，为了确保受访者能更开放坦诚地揭示和剖析在德中资企业所存在的跨文化管理问题，笔者还拟选择已经离职的人员进行访谈。在选择专家时，笔者还注意使专家尽量来自不同的领域、代表不同的企业类型等。

保持中立和开放的态度：研究者在访谈过程中，应该尽量保持客观中立的态度，避免在访谈中表达个人观点或立场。进行专家访谈的研究人员必须期待着，对话中他的对话对象提供的信息或评价可能与他自己对所研究现象的先前认知不一致，因此研究人员必须始终持开放态度（Kaiser，2014：7），对自己预先的假设持批评的态度，并不断进行反思。毋庸讳言，作为研究者，笔者进行专家访谈是具有很强的目的性和主观性的，重要的是，应避免让这种目的性和主观性影响到访谈结果的客观性和真实可靠性（潘亚玲，2016：87－88）。

建立互信关系：研究者应在访谈前建立良好的互信关系，通过积极的沟通和合作，促进受访专家对研究的信任和支持，促进信息的真实披露和交流，提高数据的质量和可信度。

创造良好的访谈环境和氛围：保障受访专家在访谈中感到舒适和放松，从而更愿意分享真实的经验和观点。本研究所访谈的55位专家中，除了四位是因为技术原因不能做现场面对面的访谈之外，其余的51位专家都是笔者面对面访谈的，其中48位是在德国受访者工作的企业、机构中或附近访谈的，这确保了他们在自己熟悉的环境中感到舒适和自在，更愿意全面分享其经验和看法，从而提高访谈数据的质量和可信度，同时也为笔者提供了实地观察的机会。

采用多种访谈技巧：研究者应该加强自身的专业能力和素养，提高访谈技巧和交际能力，可以采用灵活多样的访谈技巧，如开放式提问、倾听和引导，包括在必要情况下，帮助一些受访人理解问题的内涵和意图，并对跨文化管理问题进行解释和说明，以促进与受访者的有效交流和深入探讨，确保获取全面可信的访谈数据。

遵循互惠原则：为使得受访者在访谈交流中受益，笔者也尝试在适当的时候，在遵守向受访人承诺的保密原则条件下，将此前所做访谈中发现的问题和获得的新知与访谈中的专家共享，也借此促进在德中资企业之间的经验交流，这样的做法获得了受访专家的信任和积极的评价，取得了较好的效果。

做预访谈：预访谈是指在正式访谈之前，研究者挑选出少数受访者，根据访谈提纲与其进行尝试性的访谈，从而测试访谈提纲的合理性，也初步了解受访者的态度和行为，并提高研究者自身的访谈能力。预访谈有助于提前发现潜在问题，为访谈过程做好准备。通过预访谈，研究者可以调整和优化访谈提纲，确保其能够充分覆盖研究目的和内容，从而获得更准确、全面的数据。因此，预访谈是重要的规避研究风险的措施，能够提高访谈的质量和有效性，确保研究结果的可信度和可靠性。

合理的时间与交通安排：研究者提前与受访者协商好访谈时间，并留出充足的缓冲时间以应对可能的延误。同时，研究者提前了解访谈地点的交通情况，选择合适的出行方式，以避免意外发生。此外，在必要的情况下，备选的通信工具如视频会议可以作为替代方案，以应对突发情况下的时间和交通问题。

确保技术上的完善：研究者提前准备至少两套录音设备，并提前测试，确保设备完好。访谈结束后，及时整理和存储数据，确保数据的准确性和安全性。

通过上述努力，可以促进研究者与受访者进行有效的沟通和互动，减轻研究者个人因素对研究的影响，确保数据的真实性和可靠性，保证研究结果的科学性和可信度。

3.2 研究过程

如前文所述，专家访谈的步骤一般包括：制定访谈提纲、做预访谈并评估、（在必要的情况下）对此前的访谈提纲进行调整、挑选和联系受访专家、进行正式的专家访谈、记录访谈情况、确保结果的安全性（记录或转录）、对文本材料进行文字转写、对访谈数据进行编码、（在必要的情况下）对此前的访谈提纲进一步调整、进行新一轮的访谈和数据编码、以理论为指导、在数据编码的基础上对数据进行概括、诠释和讨论（参见 Kaiser，2014：12）。

研究者需要注意的是，如其他质性研究一样，专家访谈过程不是假设驱动，而是对跨文化管理的真实世界中所获得的材料和观点持开放的态度。研究过程虽然受理论指导，但不是为了印证现有理论，而是为本文所提出的开放性的研究问题寻找回答和解决方案。研究过程不是线性的，而是可以以循环迭代的方式推进。在研究过程中，研究者也尝试了不断将质性研究与理论研究相结合，以专家访谈法为主，观察法为辅，并在必要情况下结合文献研究，多重方法互补互促，以确保研究过程的顺利推进。

3.2.1 访谈提纲设计

如前文所述，本研究的主要方法是采用半结构式访谈，通过提前设计访谈提纲来控制访谈的整体结构，引导受访者围绕研究问题展开讨论，从而确保质性研究的有效性和研究目标的实现。

基于第二章的总结，跨文化情境下的海外企业管理可以归纳为跨文化企业文化、跨文化人力资源管理和跨文化营销三大领域。因此，笔者的访谈提纲也围绕这三大领域进行设计，以涵盖研究问题的核心方面，确保研究的系统性和结构性。同时，通过灵活的追问和深入的探索，给予受访专家充分表达观点的空间，保持研究的开放性和深度。这种设计既能确保访谈焦点明确，又能捕捉专家意见中的细微差异和深刻见解，丰富研究的成果。

访谈开始时会先收集基本信息，包括受访者的个人基本情况、专家所在公司或机构的简介，以及中资公司选择在德国发展的主要原因。接下来，访谈问题将围绕以下三个方面展开。在相关理论的引导下，根据受访专家所负责和熟悉的领域，具体交流的问题会在访谈提纲基础上灵活变化，各有侧重。

跨文化企业文化建构

（1）公司定位与愿景

（2）公司企业文化的特点

（3）对公司企业文化的描述

（4）管理层与员工对企业文化的理解与认同

（5）跨文化管理视角下中德文化特点及其对员工工作态度和行为的影响

（6）中德员工的工作观

（7）公司内部的文化差异管理

（8）跨文化管理视角下的公司制度管理

（9）公司的文化融合管理

（10）在德中资企业在本地化和保持中国企业文化特质之间的平衡

跨文化人力资源管理

（1）组织结构与人员结构

（2）外派和德国当地雇佣人员的选拔与招聘

（3）外派人员管理、外派人员在德国的跨文化适应

（4）德国当地员工在中资企业的跨文化适应

（5）跨文化培训

（6）中德员工对工作的认识与员工激励机制、中德员工职业生涯长期发展

（7）中德员工的工作方式

（8）中德团队建设与管理、跨文化领导

（9）企业内部的沟通（机制、渠道、方式、语言、特点）

（10）公司在德国的雇主品牌建设

跨文化营销管理

（1）公司在德国的品牌形象和声誉

（2）德国的中国形象对中资企业在德品牌与营销的影响

（3）公司产品与服务的德国市场与目标消费者行为特征

（4）公司在德国市场营销中标准化与差异化管理

（5）跨文化视角下公司在德国的产品与服务、价格、促销与渠道管理

（6）公司在德国的以客户为中心的跨文化营销策略

（7）公司在德国市场的客户关系管理与市场研究

（8）跨文化背景下公司广告策略的制定与实施

（9）企业的对外传播与沟通（方式、渠道、语言、风格）

（10）跨文化公共关系管理

如前文所述，质性研究主要通过探讨“是什么”“怎么样”“为什么”等问题，来深入理解事物本质、意义和内部多重联系。针对上述访谈提纲中列出的跨文化管理各个方面，本研究围绕第一章提出的三个主要研究问题，深入探讨在德中资企业面临的挑战与问题、机遇与优势，以及所采取的策略与方法。在访谈过程中，根据与专家的互动进行灵活补充与追加提问，确保专家有足够的空间提供具体案例和补充诠释。

通过设计访谈提纲，旨在全面了解在德中资企业在跨文化管理中的实际问题与挑战、机遇与优势，并探讨相应的策略和解决方案，以获得深入的洞察和有效的数据。

3.2.2 受访人员与受访企业选择

质性研究的专家访谈中所指的“专家”是根据研究主题而定的。一般来说，相关人士的职位、地位或是其专属知识和经验决定了他们是否为某一特定研究主题的专家。Meuser 和 Nagel（2005：73）认为，可以将“负责相关问题的解决、方案设计、实施或控制的；或是对某些群体和决定过程有特殊了解的人们看作专家访谈中的‘专家’”。

对于本文的研究主题在德中资企业跨文化管理而言，专家就是指那些长期从事中德跨文化管理，或是对此有全面了解和深入认识的专业人员。他

们不但在在德中资企业的管理中有身体力行的丰富个人经验，而且对中德跨文化管理有横向和纵向的认知、理解和深刻的反思，同时也能总结和沉淀他人的丰富经验。

综上所述，笔者在选择专家时，主要基于以下原则和标准：专家应具备在德中资企业跨文化管理领域的丰富实践经验和专业知识，包括具有中德跨文化领导、跨文化团队协作、跨文化营销等方面的经验。此外，所挑选的受访专家应具有深刻的跨文化洞察力、批判性反思和分析能力，能够对跨文化管理问题进行系统思考和理论化。专家还应具备开放的心态和良好的沟通、表达能力，愿意与笔者分享其经验和智识，能够清晰地表达自己的观点和见解，以便研究者能够充分理解和收集到有价值的信息。

在受访企业所处地点和行业的选择方面，笔者挑选了中资企业在德国比较集中的地区：据德国中国商会（2018）统计，截至 2018 年 6 月，在德站稳脚跟的中资企业已超过 3100 家。从区域分布来看，在德中资企业主要集中在大汉堡地区、北威州、黑森州、巴登－符腾堡州以及巴伐利亚州（见图 7）。

图 7 在德中资企业数量统计图（根据德国中国商会，2018：4 绘制）

从行业领域来看，根据德国中国商会（2018：6）的统计，在本项目实证研究开始的2018年，中资企业主要集中在机械制造、汽车及零部件、咨询与技术服务、贸易、通信及电子业、金融业、能源与环保、客运、物流及仓储、医疗器械及医药健康、旅游保险、采矿金属冶炼及加工、航空航天、纺织业、化工等领域；在本项目实证研究的中期和后期，中资企业在德国的主要行业基本保持了此前的情况，其中机械制造、汽车工业等传统制造业处于领先地位，咨询、技术服务、贸易业表现稳定，通讯及电子、金融、环保等产业稳健增长（德国中国商会，2021：20；2023：5）。因此，笔者在选取受访企业时主要挑选了上述中资企业集中的行业。

2018年7月—2023年7月期间，笔者前后5次赴德国就本课题做实证研究，兼顾上文所描述的对专家、地区和行业的选择标准，通过能为本研究提供最大信息量的研究对象的“目的性抽样”（Flick，2012），对在德国的中资企业工作的来自汽车、通信、交通、机械、金融、商业、咨询、旅游、服务业、医药等十多个领域的43位中德管理与专业人员进行了访谈（如前文所述，为确保受访者能更开放地揭示和剖析在德中资企业所存在的跨文化管理问题，笔者还选择了两位已经离职的人员进行访谈）。同时，为保障研究数据的客观性及其来源的多视角性，笔者还对12位中德跨文化交际与合作问题研究专家进行了访谈。具体方式为“滚雪球式抽样”与“目的性随机抽样”相结合的“综合式抽样”（Flick，2012）。本研究的实践证明，采用这样“综合式抽样”的方式对本研究的顺利进行灵活有效。

在55位专家中，除了与其中的四位专家是通过网上视频访谈，对三位专家在北京做面对面访谈，与其他48位专家的访谈皆在德国的中资企业和机构当地进行，这些地点遍及图7所显示的中资企业主要分布的德国北威州、大汉堡地区、黑森州、巴登-符腾堡州、巴伐利亚州、柏林州和新联邦州。在受访专家中，42位为中国人/当地华人（姓名编码的最后一个字母由C代表），12位为德国人（姓名编码的最后一个字母由D代表），还有一位英国人（姓名编码的最后一个字母由E代表）。以下（表6）为受访人基本信息一览表（以访谈时间的先后为序）：

表 6　中外受访人基本信息一览表

序号	姓名编码	性别	年龄	行业[①]	企业/机构所在联邦州	职位	在德工作时间	企业规模[②]
1	H. Mc.	男	41～50	汽车	巴伐利亚	高管	3 年	中型民企
2	I. Zc.	女	21～30	通信	黑森	职员	5 年	大型国企
3	E. Yc.	男	31～40	咨询	柏林	高管	约 10 年	协会
4	M. Xc.	男	51～60	金融	柏林	高管	约 20 年	大型央企
5	L. Pd.	男	51～60	咨询	勃兰登堡	部门经理	德国人	政府机构（德）
6	E. Mc.	男	31～40	咨询	勃兰登堡	职员	12 年	政府机构（德）
7	X. Ld.	女	31～40	房地产开发	柏林	职员	德国人	大型股份公司
8	P. Qd.	男	41～50	咨询	汉堡	高管	德国人	咨询公司
9	C. Yd.	女	41～50	IT	北威	高管	德国人	大型股份公司
10	M. Zc.	女	41～50	IT	北威	高管	4 年	大型股份公司
11	Y. Ie.	女	51～60	IT	北威	高管	英国人，3 年	大型民企
12	M. Ic.	男	41～50	IT	北威	高管	15 年	大型民企
13	E. Pc.	女	51～60	采矿金属业	北威	高管	前后约 6 年	大型央企
14	M. Yc.	男	31～40	采矿金属业	北威	职员	3 年	大型央企
15	X. Rc.	女	31～40	咨询	北威	职员	6 年	协会
16	O. Cc.	男	41～50	机械制造	北威	高管	2 年	大型民企
17	T. Mc.	女	51～60	咨询	北威	高级顾问	约 15 年	咨询公司
18	A. Mc.	女	31～40	商业	汉堡	部门经理	约 15 年	中型民企
19	T. Hc.	男	51～60	旅游	汉堡	高管	30 年	中型民企
20	M. Gc.	男	31～40	服务业	汉堡	高管	5 年	中型民企
21	Z. Vc.	女	31～40	服装	汉堡	高管	10 年	中型民企
22	A. Hc.	男	51～60	商业	汉堡	高管	30 年	中型民企
23	E. Ic.	女	41～50	海运船务	汉堡	高管	约 10 年	小型民企
24	I. Ld.	男	41～50	机械制造	北威	部门经理	德国人	大型民企
25	Z. Xc.	女	51～60	家具制造	北威	代表	30 年	中型民企

① 领域划分参考了德国中国商会的标准。

② 企业规模标准参照相关母公司所在国的标准。

续表

序号	姓名编码	性别	年龄	行业	企业/机构所在联邦州	职位	在德工作时间	企业规模
26	I. Sc.	女	31～40	咨询	北威	高级法律顾问	约 10 年	律师事务所
27	A. Zc.	男	41～50	机械制造	图林根	高管	3 年	大型民企
28	X. Vc.	女	51～60	金融	黑森	部门主管	5 年	大型央企
29	K. Zc.	男	41～50	金融	黑森	部门主管	10 年	大型央企
30	M. Ec.	女	31～40	咨询	黑森	高级顾问	10 年	小型民企
31	C. Kc.	男	31～40	文化与传媒	黑森	部门主管	5 年	大型国企
32	N. Yc.	男	41～50	电器	黑森	高管	10 年	大型股份公司
33	A. Cc.	女	31～40	航空	黑森	职员	6 年	大型国企
34	Y. Rc.	男	41～50	能源化工	黑森	职员	15 年	大型央企
35	S. Id.	男	51～60	IT	巴伐利亚	高管	德国人	大型民企
36	A. Yc.	男	31～40	IT	巴伐利亚	高管	2 年	大型民企
37	A. Xc.	男	51～60	医药	巴伐利亚	高管	35 年	小型民企
38	C. Yc.	女	31～40	物流	巴伐利亚	高管	3 年	小型民企
39	X. Hc.	男	41～50	电器	巴伐利亚	高管	3 年	大型股份公司
40	X. Mc.	女	41～50	咨询	巴伐利亚	主任	5 年	政府机构驻德办
41	Y. Yc.	女	31～40	咨询	巴伐利亚	高级顾问	8 年	小型民企
42	A. Lc.	男	41～50	新能源汽车	巴伐利亚	高管	15 年	大型股份公司
43	M. Mc.	女	51～60	服务业	巴符	高管	20 年	中型民企
44	I. Ac.	男	51～60	服务业	巴符	高管	35 年	中型民企
45	A. Ec.	男	31～40	咨询	巴符	会长	10 年	商会
46	D. Lc.	男	21～30	咨询	巴符	职员	5 年	小型民企
47	T. Dd.	男	41～50	咨询	巴符	高级顾问	德国人	小型民企
48	M. Hc.	女	41～50	金融	巴符	高管	5 年	大型央企
49	D. Od.	男	41～50	机械制造	巴符	高管	德国人	大型民企
50	Z. Mc.	女	31～40	机械制造	巴符	高管	3 年	大型民企
51	T. Xd.	男	31～40	能源化工	巴符	高管	德国人	大型民企
52	Y. Ic.	男	31～40	商业	柏林	首席代表	5 年	大型股份公司

续表

序号	姓名编码	性别	年龄	行业	企业/机构所在联邦州	职位	在德工作时间	企业规模
53	E. MD.	女	31～40	商业	柏林	职员	德国人	大型股份公司
54	J. MD.	男	41～50	电器	黑森	部门经理	德国人	大型股份公司
55	Q. ND.	女	60～70	咨询	巴符	高级顾问	德国人	咨询公司

笔者在高校从教三十余年，一直与中德跨文化实践保持着紧密联系，尤其在过去的二十多年里，笔者多次采用质性实证研究中的专家访谈法进行研究，因此积累了丰富的中德跨文化实践领域的专家资源。这些专家不仅热情地分享了他们的经验和观点，还积极介绍了本企业其他管理和专业人员接受访谈，帮助笔者从不同角度去探究受访企业的跨文化管理问题。

除此之外，一些专家在清楚地了解了本项目的研究目的和意义后，自发地介绍了其他中资企业的管理和专业人员参与到了本项目的实证研究中。他们认为，围绕“在德中资企业的跨文化管理”进行的研究十分重要和有意义。有些专家甚至在接受了笔者的访谈邀请后，主动邀请其他专家共同参与访谈，因此，本研究的访谈中，六次是同一企业中同时有两位专家接受笔者的访谈，还有一次是来自三个企业和机构的专家同时接受笔者的访谈，这样的两人和多人访谈丰富了访谈的形式。在这样的访谈中，专家们互相补充、互相激发，从多元而广阔的视角，分享了丰富的经验和观点。这些访谈的过程和结果进一步证实了在跨文化实践领域，专家们普遍认为在德中资企业的跨文化管理研究是必要且重要的。这些专家的积极参与为本研究提供了宝贵的支持和资源。

3.2.3 访谈实施与研究观察

在访谈之前，笔者将签名的《学术研究计划及保密声明》（中德文全文版本见附录 1）发给受访者。在该文件中，笔者向受访人简述本项目的研究背景与研究关切，也向受访者强调专家访谈是基于自愿原则，最后向受访人介绍访谈的步骤，包括在征得受访人同意的前提下，笔者将对访谈进行录音，并在后期进行文字转录，最后承诺本研究项目中所收集的访谈数据和个人观点仅供学术研究所用，转录为文字的访谈全文和录音将会被严格保密。

与上述文件同时寄给受访人的还有笔者的个人简介，以此向受访人介绍研究者的背景、资质和研究经验，以增强受访人对研究者的信任感和合作意愿。上述文件的提供有助于确保受访人对研究过程和目的有清晰的理解，并促进了双方之间良好沟通和合作关系的建立。

在前文中的研究风险规避部分，本文曾提到在实证研究规划方面应计划充裕的时间，并对可能突发的情况有预案。这些措施被证实是完全必要的。事实上，笔者在德国进行实证访谈的过程中，的确遇到一位事先约好的受访人因参加重要会议而不能按时参加访谈的情况。还有一次，笔者在同一天中在德国的两个不同的城市约了两轮访谈，虽然中间预留了自认为足够的路上的时间，但因为德国铁路超长时间晚点，致使笔者到达第二个受访企业所在的城市时间很晚，险些迟到的情况。

值得一提的是，由于本研究是基于田野调查，如前文所述，除少数例外情况之外，在 55 位专家中，与 48 位专家的访谈皆在德国的中资企业和机构当地进行。对于专家来说，在他们熟悉的工作环境中与研究者交流，可以令他们保持开放和心理上的放松，有助于帮助研究者获得真实丰富的实证数据。但同时，对于作为研究者的笔者来说，她需要多次在有时间压力的情况下，进入到相对陌生的环境，并必须很快适应新的环境，以便充分利用约定的时间（有经验的专家都是时间宝贵的人）高质高效地完成访谈工作。这一方面需要研究者具有较好的适应能力和灵活性；另一方面，研究者也在一次次的访谈中不断学习，提高自己的实证研究能力。

专家访谈是本文的主要研究方法和至关重要的环节。在这一过程中，笔者采取了一系列措施来确保研究的有效性和可信度。

笔者虽然在专家访谈之前已撰写了访谈提纲，但是并未在访谈之前和过程中将此书面提纲提供给受访者。笔者这样做是为了避免受访者受到先入为主的影响，以保证其回答更加真实和自发。这样的做法有助于确保受访者的回答是基于其真实经验和见解，而不是受到提纲限制或引导。同时，这也能够促使受访者在访谈中更加自由地表达观点和想法，有助于获取更丰富和真实的数据，确保访谈的真实性和自然性。此外，如前文所述，在本研究所选择的半开放式访谈中，访谈提纲只是作为访谈的引导和参考，在实际进行的访谈中，笔者的提问是根据受访人的具体情况进行调整和补充的，以便最大限度地获得多视角的经验、知识与观点。

本研究涉及跨文化的企业文化、跨文化人力资源管理、跨文化营销管理几大领域中的诸多问题，而笔者并不是对所有的受访人都提关于这些领域的所有问题，而是根据访谈前对受访人的了解和访谈中与受访人的互动，来不断确定和调整访谈问题。这种灵活性使得访谈更具针对性，也让沟通过程更加自然流畅。

在访谈中，笔者从此前所做的访谈数据中选取了一些典型的问题、案例和现象，与后续的受访者进行交流，这不仅帮助笔者深入挖掘研究问题，也让受访者感到有所收获。同时，这种方法也激发了受访者更好地向研究者敞开心扉，从而捕捉到新的思想，使访谈成为一种互惠的交流。笔者也在此过程中逐步完善了对研究问题的了解，也不断丰富了理论框架。

作为研究者，笔者在访谈中的角色具有多元性，她要引导访谈，但是不主导甚至诱导访谈，同时她也需要始终注意围绕本文的主要研究问题。在某些访谈中，笔者曾经历过由于交流顺畅，受访者心理充分放松，会提到一些与本研究没有直接联系的内容。在这样的情况下，作为研究者的笔者要始终保持高度的敏感，以便聚焦和不迷失方向。总体来说，作为研究者的访谈人要充分兼顾访谈开放性和聚焦性，以确保访谈具有广度和深度。

在很多关于质性实证研究的文献中（如：Gläser and Laudel，2010；Flick，Kardorff，and Steinke，2013）都谈到在访谈中，研究者认为所获得的新知识、新现象的增量变得极小时，即研究达到理论饱和时，研究可以结束。虽然笔者在完成 40 个专家访谈之后，开始感到“理论饱和”。但是如笔者在“文化树”模型中所强调的，文化是不断发展且有生命力的，跨文化实践的现实也在发展变化，所以，在某一时间上达到的所谓“理论饱和”，不意味着在几个月或一年之后不会获得新的知识增量。这一直是本研究者所面临的问题，需要平衡研究的投入产出。因此，本研究的实证访谈从 2018 年 7 月开始，到 2023 年 7 月结束，前后经历了五年时间（也经历了 2020—2022 年的三年新冠疫情）。笔者最终将专家访谈确定为 55 个，并对其中的八位专家先后进行了两次访谈。通过持续的努力、精心的研究设计与策划，笔者最终成功获得了反映在德中资企业跨文化管理实践的全面、真实和可靠的数据，这些数据为研究提供了有力支持。

在专家访谈的过程中，为保险起见，笔者对访谈进行了双份录音。在受访专家中，只有一位专家不愿意被录音，笔者只对该访谈进行了笔录，这位专家的访谈因为不满足本研究的前提条件，最后没有被纳入正式的访谈。被正式纳入的对 55 位专家的访谈均获准录音，笔者对这 55 位专家的访谈进行了全文文字转写，所转写的文字稿共 657 743 字（笔者将对 12 位德国专家和一位英国专家的访谈翻译成了中文），以上工作保证了所获得数据的可检验性。

在专家访谈过程中，笔者积极倾听专家的经验和见解，在对访谈进行录音的同时，也采用访谈备忘录和访谈观察记录来书面记录关键信息和现象，也在第一时间记录笔者的初步发现和需进一步探究的问题。

完成专家访谈后，笔者会花一定的时间来整理和分析上述书面笔记，包括补充和完善访谈备忘录和访谈观察笔记，并提取出关键的发现和见解，作为对接下来访谈的准备，也作为后期系统的访谈数据分析的基础。

对在德中资企业跨文化管理的专家访谈在 42 家在德中资企业和机构的现场进行。通过这些“田野调查”，笔者在德国实地考察了不同的中资企业，也实际体验和观察了这些企业的公司选址、交通便利情况、企业建筑、部门分布、大堂、办公室、仓库、食堂、咖啡屋、中德领导与员工的相互沟通、领导与员工面貌等。笔者通过观察笔记详细记录了在在德中资企业和机构的现场调查过程中所观察到的各种情况和现象。这些观察笔记不仅丰富了研究的资料来源，也为后续的数据分析和结论提供了重要的素材。观察笔记主要涉及对环境和背景的描述、参与者的行为和互动、相关事件和活动、引起注意的模式和现象、研究者自身的感受和反应。以下对研究观察做进一步说明和举例（见表 7）：

表 7　研究观察笔记示例

类别	类别说明	研究观察笔记举例
对环境和背景的描述	记录研究场所的环境和氛围，包括物理空间的布置与装饰、办公环境、办公条件等，帮助研究者更好地洞察和反思研究对象所处的环境和条件。	（访谈 Nr. 37）：总经理带我去参观公司的药材大仓库。仓库卫生整洁，在货架上有很详细的药材指标说明，参观途中还看到一部传真机。总经理解释说，有的德国药房还很传统，还在使用传真机。 （访谈 Nr. 42）：公司的建筑外部和内容的设计感很强，有现代感，欢迎橱窗中有中德领导人来访的照片、公司所获的设计奖奖杯证书、员工摄影作品展。 办公家具按人体工学设计，灯光护眼，办公室窗外有宜人的风光。总经理的办公处位于其他员工办公的大办公室的一角。
参与者的行为和互动	记录参与者之间的非言语交流、互动和行为等。这些记录不仅包括了参与者之间的交流方式和态度，还包括了他们在企业特定情境下的行为举止，从而为研究者提供了深入了解研究对象的行为和态度的途径。	（访谈 Nr. 49 和 50）：在访谈前，我预定了一个小时，因我们交流内容很丰富，超过了一小时还没有谈完。但是德方总裁只预定了一个小时的会议室，到了预定的时间，就有下一批德国人按预约的时间来用会议室。虽然位居总裁，但他马上就把会议室让出来，我们挪到一个小办公室接着交流。并不因为他是公司总裁而不遵守规则。 从这个小事上可以看出，这位德国总裁既坚持了平等思想，又能在一定程度上对时间灵活处理（延长了接受访谈的时间）。

续表

类别	类别说明	研究观察笔记举例
相关事件和活动	在研究过程中发生的对本研究有意义的事件、活动或行为，以及参与者的反馈等。这些记录有助于研究者把握研究对象的动态变化，发现其中的规律和趋势，并从中获取有关研究对象的深层信息。	（访谈 Nr. 42）：接受访谈的总经理提前一周（这对于德国人的认知是临时）与笔者相约。在访谈之前，先给其中德员工做关于中德跨文化交际的讲座，一方面让笔者能充分地与中德团队进行沟通交流，同时又使其中德团队能分享来自跨文化研究领域的成果，也体现了该企业领导的灵活性以及该企业员工较强的跨文化学习意愿。
引起注意的模式和现象	在访谈前后和过程中引起注意的对本研究有意义的模式和现象，从而为后续的数据分析和结论提供了重要的线索和素材。	（访谈 11＋12）：公司食堂和咖啡厅，笔者在这里前后待了约 5 个小时，不时有中德员工来喝咖啡、谈工作。到了晚上 17:00，德国员工逐渐下班离去，华人员工的家属带着孩子来食堂吃饭，之后华人再回办公室完成当天急需完成的工作。大家脸上都带着愉快的表情，谈笑风生，显示对工作的满意和同事之间的和谐。
研究者自身的感受和反应	作者详细记录了研究者自己对所见所闻的感受、印象和反应，包括相关的疑问、想法、待深入探究的问题等。这些记录为后续的研究提供了反思和启示。	（访谈 49＋50）：公司在一个小镇上。到了公司，发现一层还在装修中，有建筑设备等，还有施工的声音，我突然看到一层大堂屏幕上用德文打出“Willkommen Prof. Dr. Yaling Pan”（“欢迎潘亚玲教授博士”），感到温暖，也很感动。

笔者在撰写观察笔记时，尽量保持观察者的视角，客观记录和谨慎描述“观察到的行为”。在部分情况下，如果涉及的是“推论出来的行为”（Flick，2012：282－283），笔者也通过相关表述，将后者与前者明确区分开来。

综上所述，作为研究者的笔者在在德中资企业跨文化管理实证研究中通过观察笔记的详细记录，深入了解了研究对象的行为、态度和环境，为后续的数据分析和结论提供了重要的素材和支持。

3.2.4 数据处理与分析

在本文的在德中资企业跨文化管理研究中，对质性实证研究数据的处理与分析是至关重要的环节。质性资料分析的基本思路主要有两种模式：线性模式和互动模式。线性模式将资料分析视为一个逐步向上的阶梯，自下而上不断地对资料进行抽象。而互动模式则强调资料的浓缩与其他部分的相互结合、互相照应（参见：陈向明，2009：273－274）。在本文的数据分析中，笔者采用了上述两种方法相结合的方式，具体的分析方法是综合应用扎根理论和质性内容分析法。

扎根理论（Grounded Theory）研究法是由美国学者 Anselm Strauss 和 Barney

Glaser 共同创建和发展的一种质性研究方法。该方法应用系统化的程序，从经验资料中提炼和生成理论，建立或丰富既有的理论体系。该方法强调通过田野调查、深度访谈等收集详尽的第一手资料，并强调理论应来源于实践，并能解决实际问题（Glaser and Strauss，2017）。

需要指出的是，扎根理论不是理论，而是数据分析方法，是一种自下而上建立实质理论的方法，即在系统收集资料的基础上寻找反映社会现象的核心概念，然后通过这些概念之间的联系建构相关的社会理论（Flick，Kardorff，and Steinke，2013：32－42）。如陈向明（2009：327－338）所指出的，扎根理论一定要有经验证据的支持，但是它的主要特点不在其经验性，而在于它从经验事实中抽象出了新的概念和思想。

编码过程是扎根理论研究中最重要的环节。编码就是把资料分解、概念化和组合的过程。编码过程包括开放式编码、关联式编码和核心式编码三个阶段。是一种自下而上建立理论的方法（Glaser and Strauss，2017）。在 Strauss 看来，编码就是数据分析，分析就是对数据的诠释。就是说，编码过程贯穿整个的研究过程，不限于出现在研究过程中的某个时间段或某个阶段（库卡茨，2017：25）。扎根理论方法的主要原则包括“涌现”原则、不断比较、理论抽样、归纳式编码、理论饱和和理论敏感性（Glaser and Strauss，2017：101－113）。

具体来说，在本研究的数据分析中，研究者首先进行多次详细的阅读、归纳总结和研究转录的访谈全文和观察笔记，以全面了解所获得的数据，并初步设想访谈数据涉及的编码。接下来，利用质性实证研究方法数据分析软件“MAXQDA 2022”对原始的研究数据进行分类、归纳和分析。具体做法是：

开放式编码：笔者将访谈数据进行初步分段，并为每个段落或片段创建代码（有的片段被赋予两个甚至多个代码），以便从原始数据中提取出基本的主题、概念或现象，并为后续分析奠定基础。

关联式编码：在开放式编码的基础上，进一步对数据进行拆分和分类，通过关联和交叉分析，形成范畴更广的更高级别的编码，以便识别数据中的模式、关系和趋势，以揭示更深层次的理解和见解。

核心式编码：在关联式编码的基础上，集成研究中发现的主题、模式和关系，为研究提供一个全面而有结构性的框架，以支持研究结论的推导和论证。

在对数据进行分析和整理的过程中，根据获得的新认识，随时对各级编码进行内容和结构上的调整。这样的全面系统的数据分析使从专家访谈和实证研究观察中得到的与研究主题相关的数据按不同层次、不同级别的范畴得到分类和归纳，即从数据的归纳式分级编码过程中产生类属，基于类属和研究者的主动建构，帮助研究者系统性地分析和解释复杂的数据，从而生成新的理论框架或对现有理论提出创新性的补充。

如上文所述，在对本研究的数据进行分析的过程中，笔者还同时采用了质性内容分析法，该方法是借鉴诠释学的理论，在文本中发现意义，分析文本传播的内容。研究者通过诠释、分类和分析来完成编码过程。质性内容分析的一个重要特点是，研究问题在整个分析过程中都起着重要作用，使得实证研究结果更为可信，并帮助研究者基于实证数据生成和检验理论（库卡茨，2017：32－33；Mayring，2015）

Mayring（2015：29）指出，质性内容分析不应将其材料孤立看待，而应将其视为交际过程中信息链的一部分，将其纳入交际的整体中。质性内容分析必须像任何科学方法一样，能够接受质量标准的检验。质性内容分析中，研究者尝试基于研究目标，对数据进行类属抽象和归纳，这一过程也使其他人能够追溯分析过程，确保方法的客观性（Mayring，2015：50－51）。

总体来说，扎根理论帮助本研究者对数据进行系统编码，在分级编码的过程中形成类属和构念；质性内容分析法帮助本研究将其纳入跨文化管理的整体中，来理解和诠释相关的类属和构念，生成理论模型和建构出解决跨文化实践问题的策略与方案。

在数据分析过程中，研究者作为理论与现实之间的桥梁，也作为创建者，与数据对话，通过编码将原始数据归纳为意义单元。对数据分析的过程是受与本研究主题相关的前人理论研究指导的，如 Mayring（2015：57）指出，编码是受理论引导的，但是作为研究者应保持开放的态度，受理论的启发，但是不受理论的约束；同时研究者也尝试把从数据分析中生成的新知作为下一步资料抽样的标准，以指导下一步的资料分析工作。此外，初步的理论可以指导研究者进行进一步的专家访谈和观察，在此过程中，研究者还应不断地对初步理论进行检验和丰富。

通过在数据分析过程中对扎根理论和内容分析法的综合应用，本研究尝试综合结构化的数据分析和研究中的创造力和开放性。本研究将上述两种方法融入质性文本分析法，如库卡茨（2017：159）所指出的，这类数据分析方法的主要特征是，研究问题在整个分析过程中都起着重要作用，使得实证研究结果显得更为可信，也帮助研究者基于实证数据生成和检验理论，使得研究结果具有结构性，确保整个研究具有可回溯性、可检验性和可信度，也使得理论之树有“根”、有“支/枝”、有生命力。

在第四和第五章中，本研究将基于前述的数据分析方法，特别是扎根理论和内容分析法，对专家访谈数据进行分级编码和系统分析。笔者将总结和阐释在德国的中资企业所面临的跨文化管理问题与挑战、机遇与策略，并从跨文化的视角分析其背后的原因。

陈向明指出，质性研究中对结果呈现的写作，是对我们的思维方式和内容进行挖掘和澄清，是一种思考的过程（陈向明，2009：339－340）。

在对相关数据进行叙述、分析和诠释的过程中，笔者将尽力再现这些企业跨文化管理的客观现实，帮助读者从多个视角更好地理解和感知这一现象。同时，笔者也在结果呈现的过程中，不断地与资料（包括经分级编码而归纳的类属）和理论对话，“从资料中寻找意义解释，同时在自己的思想和现存理论中寻找分析线索”（同上：340），并尝试从文化整体的角度出发，在展现跨文化实践的丰富多样性的同时，探索其复杂现象背后的结构性和规律性。

第四章

在德中资企业跨文化管理问题与挑战

通过对专家访谈数据的分级编码和质性内容分析，本研究总结了在德中资企业在跨文化管理中面临的问题与挑战。本章将详细探讨这些问题，包括企业文化、人力资源发展与管理、品牌与营销，以及交际与沟通四大部分。通过相关分析，全面呈现在德中资企业在跨文化管理中的实际问题与挑战，并为后续的解决方案和策略提供基础。

4.1 企业文化

如本书第二章所述，企业文化是指在一个组织内部共享的价值观、信仰、行为准则、工作方式和组织氛围等方面的共同特征，它是组织中的共同认知和共享的社会系统，塑造了员工的态度、行为和工作方式。笔者在对专家访谈数据进行分级编码和系统分析的基础上，发现在德中资企业在企业文化建构方面的问题反映在深层、中层和表层三个层面，它们从整体上对在德中资企业的企业文化建构形成挑战。

4.1.1 深层

对访谈数据的分析结果表明，企业文化建构方面存在的问题在深层上涉及对世界的基本假设，包括世界观、自然观，也包括共享价值观、生活观、工作观、对人的看法等。

有专家谈道，很多德国员工认为可以通过及时地发现和预测事物发展的趋势与问题和事先周密的计划，来有效掌控企业的发展。而中国员工则更习惯不断地适应外部的变化。一位来自英国的某 IT 公司人力资源部负责人指出：

“很多的德国同事，他们比较受不了一些他们不能掌控的事情，因为他们很喜欢分析所有事情。他们喜欢为未来做好周密的计划规划。但是这个在我们公司是很难做到的，因为我们的公司变化非常快，你很难掌控一切。”（Y. IE.女士，某 IT 公司人力资源部负责人）

基于很多中国人对企业发展的认识，他们往往是在做事的过程中，不断调整企业发展的路径，甚至是调整企业发展各阶段的方向。如一位中方高管描绘道：

“与德国人关于先做好周密规划再行动的方式不一样，我们中国人更多的是类似于这个‘边打边找方向’，普遍是这样的。就是反正，这个到底有鸟没鸟先开一枪，然后不行的话，再上子弹再开第二枪，因为如果有鸟的话，它们就会飞出来，这时候你就能校准。就是说，在中国我们习惯了一边干着，一边调整方向，最后打中目标。但是德国这边，他们不是‘边开枪边校准’，他们是先讨论该怎么打鸟，然后做出全面计划，就是首先确定目标，先瞄准，为此要论证清楚所有假设的可靠性，把最坏的最好的都讨论清楚，最后再行动。所以这个还是中德之间比较大的一个差异。”（A. Yc.先生，某中资企业研究所所长）

这种“一边开枪打鸟，一边校准方向”的做法，表现在一些中资企业希望先通过做事来了解德国市场，“投石问路”。企业有愿景，但为实现愿景所走的路径可以经常调整。

很多中方受访者指出，中德管理者与员工在深层上的差异还表现在“摸着石头过河与从头到尾都计划一遍”：这些专家认为，中国人勇于试错，他们惯于不断尝试，摸着石头过河，边做边改，不断完善；而德国人则习惯于将相关工作从头到尾都计划一遍，而这个计划的过程往往用很长时间。在很多中方受访者看来，这样的做法可能会贻误商机。

企业文化在深层上还表现在共享价值观上，在德中资公司所推崇的共享价值观也深受中国文化的影响。对于那些来自德国和其他国家的员工来说，他们需要花较长时间来理解中国文化，以便理解公司企业文化深层的价值观。但是他们中的部分员工缺乏跨文化学习的意愿和耐心。

“如果没有这样的理解，有可能最后你走的路是朝向完全另一个方向。因为如果没有对公司文化价值观的理解，你只看到眼前的工作，你只得到局部的信息，你没有得到全面的信息，你没有看到公司总的发展。因为对于企业来说，单个的员工，他的贡献应该最后成为对于企业整个发展的贡献，所以他需要了解整个企业的文化环境。所以说你在对文化的了解方面，你首先得深入，你才能走远，但是很多的德国同事，他们没有这么多的耐心，他们更想往前走，而不是想往深处走。他们希望能更多地展示他们的技术能力、专业能力，让大家看到他们所做的具体的工作，然后往前走。”（Y. IE.女士，某 IT 公司人力资源部负责人）像这样的德国员工，如果没有真正理解公司的企业文化，从长期来看，他们很难理解公司的价值观，很难对公司有认同感。

在德中资企业在企业文化深层所面临的问题还包括，中德双方的职业观和对工作的看法往往有所不同。总结访谈的结果可以发现，中资在德企业的中德双方都希望能为德国市场生产出技术好、质量优的产品，希望能积极抓住市场机遇，但是他们在职业的理解方面存在着差异。有专家指出，中国人更强调顺应趋势，利用市场，而德国人更强调把事情做好做细，这表现在很多中国企业为了“势”和“市”而跨行跨界做“事”，而大多数德国人认为，好的技术和质量是来自于长年的职业专门化、专业化和专注性，如一位受访者指出：

“中国企业跨行业多，但这种理念德国人是很难接受的。我现在也深受德国人对职业专注性的影响，比如如果现在有的朋友问我，他说我买这个手机你觉得怎么样？现在我们不是兴跨界嘛，我说‘你问问它是不是之前就是生产手机的？如果它就是生产手机起家的，你可以买它的手机；如果它之前是做鞋的，那现在它来做手机你就不要买’；如果这个公司它以前是生产人造卫星的，它现在生产一个手机，那我们中国人就觉得那肯定是绰绰有余啊，这个技术，但是因为你在跨界的过程中，是会产生一系列问题的，德国人就会认为你做的产品不够专业。”（X. MC.女士，某国内政府机构驻德办主任）

关于德国人对职业的专注度，一位从事中德企业管理咨询的专家提到，德语中有一句习语“Schuster，bleib bei deinen Leisten！”，直译过来的意思是“鞋匠，别离开你的楦子！”。这句习语的含义是强调个人应专注于自己的本行，不要涉足自己不熟悉的领域。

在德语中，“职业”（Beruf）一词隐含着“神的召唤”（Berufung）的含义。

许多德国人认为，一个人从事某种职业并非偶然，而是源于神赋予的天赋，是神的安排。因此，德国人对待职业非常敬业，对不同职业设有严格的准入标准，并且很少更换职业。基于这种职业观念，那些在德中资企业中临时转行的员工，往往被德国同行视为外行。如果中方领导在专业上是外行，很难在德国的“内行人”中树立权威，也难以帮助德国员工对企业文化产生强烈的认同感。

本研究发现，中德之间工作观的差异表现在中国人的“爱岗敬业”与德国人的“敬业”但不“恋岗”上：德国人的敬业表现在他们对职业的专注，对专门化技术的崇尚，对产品质量的精益求精；但同时他们也很看重工作与生活之间的清晰的界限，所以他们不认为敬业必须“以公司为家”，不分工作和休息时间地为公司奉献。一位中德跨文化合作咨询专家谈道：

“像×××[①]等一些中资在德企业，他们把在中国惯常的做法搬到了德国，包括认为员工应该愿意为企业加班，为企业的发展放弃个人休息时间，一切献给企业。这种企业文化短期里有它的作用，可以让企业迅速发展。因为你工作时间长了，产生的效益肯定会大。但是德国企业，特别是一些家族企业，它想的不是10年、20年，而是公司可以以我的名字命名100年、200年、300年继续流传下去，是一个长期的考虑。短期考虑和长期考虑肯定会影响企业文化，短期考虑想让今年（的业绩）从100万上升到一个亿，那就只能不停地工作和加班。”（T. Mc.女士，某咨询公司经理）

很多中国员工愿意为公司目标的实现付出个人的努力，包括不会在工作和个人生活之间划出严格的界限，如某中资企业的高管指出：

“中德双方对企业文化的认识还是有一些区别。在中国的话，提到企业文化，更多的可能是目标感比较强，然后做事情也相对来说会比较拼。然后包括加班啊什么的，这个也是广泛地被大伙去讨论的。但是其实总结一句话就是大家也不会说加了班就各种去抱怨啊。相对来说，他们是为了实现某一个目标，为了某一个阶段性的里程碑，去做这些努力。”（A. Yc.先生，某中资企业研究所所长）

很多中国员工的看法是，公司兴旺发达了，才有个人的发展，因此作为个人的员工愿意为公司去“拼”、去付出，尤其是在公司对员工个人的付出给予足够的物质激励的情况下，中国员工更是愿意“吃苦耐劳”地为公司加班加点地工作。就如某IT公司销售部经理所提到的，一些中资公司把在国内所采用的“3

① 此处隐去访谈中提到的中资企业的名称。

个人干 5 个人的活儿，拿 4 个人的奖金”的做法也照搬到了德国：“都是这样的，团队现在人非常少。我们老板×××[①]有句话嘛，3 个人干 5 个人的活儿，拿 4 个人的奖金嘛，是这样的。”（M. Ic.先生，某 IT 公司销售部经理）

但是大部分德国人认为，3 个人做本应是由 5 个人完成的工作是不合理、不健康的，也是缺乏可持续发展的。一个长期健康发展的公司，应该保护员工的健康，而不是以消耗员工健康为代价来追求公司短期利益的发展。一位受访专家解释道：

“德国的大企业会催促员工去休假，当然一方面是不想给你现金，不想 auszahlen[②]。这是一个很大的文化差异，我们的一些中资企业则是把人当机器用；欧洲重视人文思想，‘人’才是最重要的，我需要一个健康的员工，身体健康、心理健康，所以不停地消耗员工肯定是不行的。我一定要给员工自由，给他宽松的办公环境，给他好的企业文化，让他觉得开心、快乐、有成就感。所以，一些强调狼文化的中资企业文化，是跟德国企业的文化有很大差别。”（T. Mc.女士，某咨询公司经理）

但是很多受访的中方领导都认为，中资企业在德国的发展需要员工有“主人翁”精神，也需要他们有“奋斗”和“爱岗敬业”的精神，而在他们眼里，很多德国员工则缺乏这些精神：

“我这里接触很多中资企业外派德国的总经理，他们的经验是很多的。他们大多认为，很多德国人他们对企业缺乏忠实度，他们不是像我们在中国所强调的，员工爱岗敬业。嗯，具体表现在呢，德国的一些员工他们不会主动地去做事情，他们只是完成任务，然后不会主动地去找事情做。而且，这是很多中资企业在德国面临的困境。”（H. Mc.先生，某汽车配件公司总经理）

在很多中方企业管理者眼中，中国员工的爱岗敬业还表现在他们可以“带病坚持工作”[③]，他们认为，公司分配的工作，如果因自己生病而未能完成，会影响到相关项目的发展，从而可能影响到公司的整体运转。在本研究所做的很多访谈里，中方管理者认为很多德国人不够敬业，因为他们不愿意加班，他们觉得德国人对公司没有那种奉献精神，在他们眼里，德国人是“下班时间就走人，该休假就休假”。

---

① 此处隐去相关姓名。

② auszahlen:（德语）这里指公司为员工未休的假期支付相应的报酬。

③ 对一些被多位受访者强调的表述或普遍现象，文中直接引用而不注明其具体源自哪位专家。

在访谈中，一些中方企业领导对德国员工“一放假就找不着人了”感到尤其不习惯。一般来说，大部分德国企业对于员工休假都有较为长期的安排，并且对于休假员工所负责的工作有代班安排，这一切是基于未来工作可以按部就班进行的假设。然而，很多中国企业的领导在做决定时具有较强的灵活性，尤其是在国内母公司的领导，可能会对在德中资企业的管理人员临时安排和布置工作，这样就会出现“临时去找人”的现象。而当这些被临时找的人正在休假时，中方领导往往期待他们“爱岗敬业”地在度假中能“急公司之所急”，在假期中临时为公司工作。中方领导这种期待越是觉得理所当然，他们就越会对在德国员工的假期中联系不上的现象感到不满。

德国员工的工作观还表现在，他们认为工作的意义之一是为了维持和改善个人与家庭的生活质量。如果调动工作或升职意味着会影响生活质量，那么即使加薪，德国员工也不愿意接受。一位中资企业总经理谈道：

“我们最近遇到一个案例，原来的经理离职了，我们就想从他下面的员工中提拔一个人上来。于是我们和那位员工交流，表示会提供更好的职位和加薪，但他拒绝了。他说：‘我不要，我要照顾家庭。’他是个男士，他说‘我要照顾家庭’，这种情况在德国很正常。因为德国的社会保障和福利已经达到了一定水平，他自己的薪酬也足以让他过上比较好的日子，他希望有更多的时间陪伴家人，而不是在事业上追求更高的职位或成为经理、VP[①]等。在中国，一听说老板要加薪或提升职位，大部分员工肯定会更加努力去做。但在德国，这种情况并不一定（发生）。我感觉这种反差还是比较大的。”（A. Zc.先生，某机械制造公司总经理）

上面所描述的中德双方在工作观上所表现出的差异，往往并不会上升为跨文化冲突，但这些差异会因为对方没有满足自己的期待而引起对对方的不满，而这些不满常常会影响到公司的工作氛围，从而影响到企业文化建构。

还有不少专家谈道，一些中资企业并购了德国公司，由于此前的两家公司的共享价值观存在较大差异，这为并购后的“新”公司在企业文化整合方面带来了问题。一位受访专家说道：

“如果在并购之前，没有对这个企业和企业文化的深入了解，你就直接把钱打过来的话，我们现在接触到的，没有成功的。[……]其实并购就像结婚一样，

① VP：英语 vice president 的缩写，这里指公司副总裁的职位。

双方需要三观一致。你谈恋爱总得谈一段时间吧，两个人要了解了解彼此的价值观，才想一想是不是适合结婚。而如果只是说，‘啊，我有钱，然后我想娶你’，（我觉得）这个不太行。（笑）。”（X. Rc.女士，某经济促进协会职员）

在访谈中，还有专家指出，“出于一己私利”而“不顾对方死活”的并购，不会产生健康的企业文化，而往往会使并购后的企业走向失败。如果在并购之后，没有及时系统性地将此前两种不同的企业文化进行整合，而是点状地、出现问题再“修修补补”地整合的企业，也很难在并购后构建健康发展的企业文化。

在在德中资企业中，健康的企业文化基于中德双方对对方的积极看法，包括双方的平等相待，而不少受访专家认为，很多“德国人骨子里有种优越感”。一位受访的高管指出：“很多德国人有一种优越感，因为毕竟他觉得他是发达国家，你中国是属于那个发展中国家。‘虽然现在你发展好，你钱多了，你跑出来买我，但是，我即使是企业被你买，人为你工作，但是我的心没被你买’，所以他们会认为说，‘你的管理方式并不适合我，你并不了解当地的文化，你不能拿你那套来去要求我’。很多人其实是事先已经有了这种想法。对有这种预设的情况下，那你就很难去扭，那就得慢慢地来，这急不得。”（M. Hc.女士，某银行分行行长）

专家们谈道，上面这种“买到硬件，但是没有买到人心”的现象，在中资并购德国企业项目中并不少见。一些中资企业为并购投入了很多资金，但是在企业文化融合阶段没有成功，最后造成企业的失败，白白浪费了投资。

赢得人心的关键是赢得信任，而很多德国员工对中方缺乏信任，尤其是德国人对自己的技术很敏感，包括有人担心中资企业并购德国公司之后，会把相关的技术转移到中国去，这种担心和不信任也会让并购之后的文化整合变得“难上加难”。

关于人力资源方面所面临的问题与挑战将在后文中详细阐述。这里可以确定的是：人是企业的核心，也是中德企业文化建构的核心，因此，在企业文化之树的“根部”，如果缺乏愿意理解和学习对方文化的人，缺乏对对方文化积极的态度，企业文化的发展就缺乏养分。

4.1.2 中层

基于本书第二章所详述的 Schein 的文化三层次模型、Peters 和 Waterman 的

7S 模型和笔者总结的整体文化视角下文化维度对企业文化的影响，本研究对访谈进行分析后发现，在德中资企业的企业文化中层所面临的问题主要涉及企业规章制度、组织结构与决策流程、思维方式、工作风格与方式。

德国社会普遍体现出来的照章办事对于企业来说，也常常意味着需要办理繁琐的手续。很多受访的中资企业都表示，特别不习惯德国的官僚主义，尤其是官方机构常常需要遵守一整套比较死板的程序，而办事效率较低。一位中方高管谈道：

“德国人什么都蛮照章办事的，他们很严格地去按照规定的程序和方式做事，有时候办手续或办事，需要特别长的时间。对于我们这样的企业管理者来说，就感觉有些事儿推动起来啊，真的效率太低了！感觉时间被白白浪费在等待中了！”（A. Zc.先生，某机械制造公司总经理）

对于中资企业来说，他们所面临的挑战往往是当地的监管，虽然在国内也有相关的监管，但是，如一些受访人指出，德国对于企业监管的规定、流程、企业所需提交的文件等都更为复杂，加上还存在语言和沟通方面的障碍，就使得完成相关的工作比较困难。

在制度管理方面，有少数中资企业缺乏正规性和专业性，包括未完全按照德国法律纳税、违反劳动法安排加班、使用盗版软件等。有的企业是由于不了解德国的相关合规性规定而违规，但是德语中有句谚语“Unwissenheit schützt nicht vor Strafe”（“无知并不能免于惩罚”），因此，有的中资企业不得不为对相关法律规定的不了解而付出“学费”。

企业文化之树的“干”部主要涉及企业的组织结构与决策流程、管理方式、规章制度等。总结访谈结果，存在以下几种典型问题：

（1）“中方进不了管理核心”：在中资企业并购德国公司之后，虽然有从中国母公司派驻德国的中方领导，但是其管理方式得不到认可，也很难得到贯彻。企业基本是按照德方的管理在运作。一位专家谈道：

“有好些这样的企业，比如我知道的其中有一家企业是被中资并购了，企业还是蛮大的。已经并购两年多了，到现在为止，就是中方派出来的管理人员根本就没法进入企业的这个管理核心。他也会让你去参加开会。但是开会就是中方派来的人基本上说不上话，或者说提出的意见很快就会被德方的人员以各种各样的理由直接就否掉了，所以说，事实上，中方派来的管理人员根本就 hold[①]

① hold：（英语）这里指“管”“驾驭”。

不住德国人。”（M. Hc.女士，某银行分行行长）

有专家认为，造成上述状态的主要原因是，中方外派领导缺乏相关的专业能力，所以很难得到德国员工的信任。在德国员工的观念中，企业管理者必须是了解企业从上到下的各个流程中的细节，并且能够清晰表达公司发展构想的人。而在中方外派来的管理人员中，既懂行业和专业，又能够用德语表达的，非常少。

（2）“中方放羊式管理”：有一些中资企业，在并购了德国公司之后，基本上不参与公司的日常管理，包括不向德国外派管理人员，完全委托德方管理，自己做“甩手掌柜”。这样，中方母公司基本不了解在德公司的真实状况。在幸运的情况下，公司可能正常运转；而在更多情况下，公司不断出现各种问题，待母公司准备来管的时候，却往往不知从何下手。

（3）“中方强势文化”：有一些中资企业，尤其是在国内很成功的企业，基本是把国内的管理方式照搬到了德国。这导致许多德国员工，包括在德国当地被雇佣的中国员工，感到不适应。但这些中资企业领导的观念是：“不适应你就走，因为企业的薪酬好，走了老的人可以再招新人，这样几年以后，能留下来的员工，基本就是适应中方企业文化的。”（A. Zc.先生，某机械制造公司总经理）在这些中资企业中，有不少中方领导认为，虽然企业在德国，但不需要融入当地文化，而是只需推行中国母公司的企业文化。

专家们认为，大部分在德国完全照搬中国国内企业文化的企业，其“中方强势文化”的管理模式在德国会遭遇水土不服，甚至造成文化冲突，给企业带来一系列的问题。

（4）“中德两种非常强的文化融合”：在部分在德中资公司，德国文化的影响非常强，而中国文化的影响也非常强。中德双方努力使这两种非常强势的文化能够互相适应，这本身就是一个挑战。

企业的决策机制和制度管理也属于企业文化的中层。有受访专家指出，一些中资企业的决策机制不透明，包括“**中方管理者所给的信息模糊且不透明**”，他们查不到企业相关政策的出处，而且很多时候也不理解相关政策的背景和逻辑联系，这往往会影响到员工对企业的认同。在中资企业里工作的很多德国员工往往“**缺乏安全感和参与感**”。令他们不解的是，中国管理者有时候做决定快，但工作过程中的变化也快，而有时候做决定的过程又很长。一些德国员工认为，在做决定的过程中，他们被排除在外。有一位受访的德国专家指出：

“我们德国人往往搞不懂中国人做决定的程序是怎么样的，都由哪些人来决定，影响决定的因素是什么，做决定具体需要多长时间等等，这些都令我们德国人很困惑。在德国，在工作和商务沟通中，人们讲求透明，他们想知道具体做决定的程序是什么，可以去找什么人给他所需要的什么信息材料等等。如果这一切不透明，德国人就不知道下一步该做什么。”（T. DD.先生，某咨询公司经理）类似的困惑甚至不满会影响德国人在企业中的工作积极性。

很多中方的管理者则认为，员工不需要过多了解公司决策过程的细节，一方面因为这些过程处于不断变化中，另一方面也因为员工不需要像管理者那样对决策承担责任。一位受访的德国高管谈道：

“总体来说，在我们公司，尤其是对那些在我们公司工作时间还不长的德国员工来说，他们期望对于公司发展重要的信息是应该有透明度，应该可以通过官方的渠道获得。但是事实上，不可能百分之百如德方同事所期待的那样。当然，如我上面所说，我们的中方总经理也曾经通过官方的渠道，通过每三个月举办的全体员工大会向全体员工通报公司发展的情况。但是，这种方式并不是他心里很乐意的。可以说中国的领导，他们不情愿向员工全盘托出他们心里所想。他可以这么做，如果德国同事有这种期待的话。但是他的内心并不是情愿这么做。”（C. YD.女士，某 IT 公司品牌及公共关系总监）

一些受访者认为，中德的差异还表现在思维方式和工作风格上，如“相信感觉与理性做事”的差别。他们谈道，很多中国企业家在中国是凭感觉一步步走出来的，取得了成功，这给他们带来了自信，促使他们相信自己的感觉。但是他们的感觉在德国的新环境中却很可能不再灵敏和准确。德国人在工作中，大多不相信感觉，而是相信理性思考和做事，即通过相关的程序来保障目标的达成。一位中方专家指出：

“在德国做事情容不得半点马虎的，该有的东西必须有，我觉得这个是中国企业最不适应的。[……]我觉得真的是两边体制不一样。德国人很常说的话就是‘Vertrauen ist gut, Kontrolle ist besser’[①]。他只要能够监督和检查，他就觉得很安全；而中国企业呢，可以在没有监督和检查的情况下，来找到这种安全感，因为中国人做事变动性大，中国人是‘以战养战’，在这个流动中寻找机会，寻找恰当的解决方案。这种不同可以说是中德商务文化的差别。”（M. GC.先生，

① Vertrauen ist gut, Kontrolle ist besser：（德语习语）信任是好的，但监督则更好。

某商务中心总经理）

还有受访人谈道，中德商务思维与行为的不同表现在“演绎与归纳”的差异：他们认为，在商务生活中，中国人的思维方式大多是自上而下，推论式、演绎式的，而德国人的思维方式则是偏归纳式的。比较典型的是，他们在做项目规划时，经常使用“brainstorming”（头脑风暴）的方法，尽可能把所有参与者的想法表达出来，然后再慢慢归纳，或是通过一些具体的例子来寻找规律。“那么在工作中，在商务沟通中，就是大家时间不够：中国人从上到下讲到这个地方，而德国人从下到上讲到另一个地方，这中间空了一段，就接不起来啦，这是问题。实际上他们没有花足够的时间去沟通。”（I. AC.先生，某科技园总经理）

还有受访者提到了中德之间“快速做事与精雕细琢”的差别：有能力到德国投资的中资企业，大多是在改革开放的四十多年间，对中国和国际市场的各种变化反应灵敏，快速做事，才取得了成功，所以很多中国企业家习惯了快速高效地做事；但是在德国，工作上的敬业精神往往表现在做事细致、精雕细琢。

很多在德国生活和工作的中国人都指出，德国的建设速度远比中国慢，要成就一个项目往往需要花很长的时间，与“中国速度”相比，实在是太漫长了。

上述差异也表现在产品或新方案的开发上，即“边做边完善与完善后再推出产品或方案”：很多中国管理者在推出一种新产品时，虽然知道该新产品尚不完善，但是却可能仍将该产品推向这个市场，以便获得反馈，之后再进一步完善，这也包括前文提到的中国人在做事过程中的“试错”精神。而德国人在推出新产品之前，往往要一试再试，直至认为产品完善无缺，才会推向市场，而这样的做法，往往增加了产品研发的时间和成本，也可能会贻误市场上的良机。

也有受访专家认为很多德国人的思维缺乏整体性和动态性，并将中德商务思维与行为的差异描述为“顺势而为与刻舟求剑”。一位华人企业家谈道：

“我常常和德国人说，你们非常严谨，推理也好或者在管理上非常严谨，但是呢，你们很多时候就是‘刻舟求剑’。你们把很多东西放在一个静止的坐标里面去看待，好像这个东西不变，一直在等待你研究。刻舟求剑显得好像很严谨，我认真做了标记的，但是船已经不在原来的地方了啊，这样你就找不到剑了；而我们中国文化里面比较强调《易经》，强调研究和顺应变化。”（A. Xc.先生，某药材公司总经理）

在访谈中，也有德国专家批评德国人缺少动态思维。一位德国专家说：

“我给您举个例子，您知道我们德国的斯图加特中央火车站大项目，从十多年前就开建了，到现在还不知道什么时候能竣工，您知道为什么建一个火车站需要花这么长的时间吗？就因为在建斯图加特中央火车站的地方栖息着一种小动物，很小很小的（用手比划大小），叫蝾螈，您知道吗？它们长得像蜥蜴。因为动物保护的原因，火车站修建得停下来，得把这些蝾螈迁移到几公里之外，得把它们一个一个地捉住，然后把它们放到几公里之外专门为它们打造的新的栖息地。您知道单是因为这个蝾螈迁移就把火车站修建项目延误了多长时间吗？延误了将近两年！您知道蝾螈被迁移到几公里之外，它们现在在哪里吗？它们现在又一个一个爬回到斯图加特中央火车站，回到它们的'老家'了！"[①]（J. MD.先生，某电器公司运营部经理）

德国专家上面所举的案例显示了一些德国人虽然善于周密的计划，并严格执行计划，但是忽视了事物的动态发展和变化。同时还揭示了自然并不是人能够完全控制的。如案例中的蝾螈，虽然被人迁移到了几公里之外，但是它们又自主爬回到了原地。自然在变化中，所以人们需要动态思维。

访谈发现，很多德国人在启动新项目或推进工作的过程中，一定要确认风险很小或者可控，才会往前走，包括提前制定规避风险的各项计划与预案。一切可能带来风险的因素，对大多数德国人来说都有碍于工作的推进，他们认为，**"中方工作方式过于灵活，无章可循"**：在访谈中，有专家指出，在与中国人的合作中，很多德国人不太适应中国人工作过程中人为因素较多，变化较快，德国人经常迷惑这些变化和新出现的工作方式和途径的依据何在。

"事、市、势"：一位专家描述了他眼中中国和德国管理者做事的差异。"我觉得就是从三个'shi'来说，就是做事情的'事'，市场的'市'和趋势的'势'。我觉得中国企业家和管理者看到更多的是市场的趋势，更会在市场上和这个趋势上下功夫。而德国企业家看的更多是事情的本身。我觉得在过去所有发展的中国企业，都是赚了市场的钱和趋势的钱。"（M. GC.先生，某商务中心总经理）

上面的区别还表现在，德国企业因为重视"事"，所以其生产更多的是专门化，包括很多家族企业，几十年甚至上百年专注生产某一类产品，而很多中国企业，因为要抓住市场、抓住趋势，往往会从某一领域换到另一完全不同的领域，顺市、势而变。也有专家认为中国人是更加战略性地看事情，而德国人更

① 关于斯图加特中央火车站项目耗资一千五百万欧元迁移蝾螈，造成该项目被延误 18 个月的报道详见 www.zeit.de/gesellschaft/zeitgeschehen/2017-05/stuttgart-21-eidechsen-deutsche-bahn-umsiedlung。

加战术性地看事情，由于他们想法和路径的不同，导致其做事方法的不同。

4.1.3　表层

在企业文化之树的表层是企业员工的外在行为以及由企业创造出来的产品和各种物质设施等所构成的人造物。与企业文化的核心层和中层不同，企业文化的表层一般是可以被观察到的。

笔者在德国的 42 家企业和机构做质性研究时，也实地观察到了中资企业表层的一些特征，包括中德员工的差别。在这些观察的基础上，再综合对专家访谈的分析，可以将在德中资公司企业文化在表层上的问题与挑战总结如下：

抱团现象：中国员工和德国员工各自抱团，一般很难进入对方的“圈子”。包括午餐时，中国员工喜欢结伴而行，且花较多的时间在午餐上，他们在午餐时也通过非正式的方式交流工作方面的信息；个别德国员工偶尔也与其他德国同事结伴去午餐，但大部分德国同事习惯快捷简单的午餐，即在办公室吃个苹果或带来的面包，也因此失去了通过午餐交流相关信息的机会。

前文中谈到的中德员工对加班的不同态度，在企业文化的表层也会表现出来：笔者在做实地访谈时，观察到这样的现象，德国时间 17 点，德国员工陆陆续续下班离开公司，这时候很多中国员工还在工作，到 18 点时，来公司食堂就餐的都是中国员工，个别员工的家属也带着孩子来食堂一起晚餐。食堂晚餐之后，家属带着孩子离开，员工留在公司继续加班。有受访专家对这样的现象解释道：

“因为我们整个团队就是从上到下都非常拼。然后像我们周末工作，德国同事是不参加的，都是中国人。我非常清楚自己想要啥，非常清楚自己怎么做才能达到自己的目标。”（M. Ic.先生，某 IT 公司销售部经理）

各说各话：与前面的抱团现象相关，在有的中资企业中，存在中国员工之间说中文没有照顾到德国同事听不懂、德国员工说德语也没有考虑到中国同事不懂德语的“各说各话”的现象，尤其在非正式或半正式的工作沟通中，当大多数人都能使用同一种他们擅长的语言（往往是母语）时，他们往往忘记了还有少数人并不懂这种语言，而听不懂该语言的少数人往往会有被隔离在外的孤独感。

秩序性与随意性：很多德国管理者和员工都重视秩序性和条理性，这一点反映在企业文化的外层就是，他们认为办公室的布置、物品的排放等，要显示出干净、整洁、井井有条；而一些中国管理者和员工认为，东西的摆放如果过于整齐划一，可能不利于在工作中获得创新力。相反，多一些随意性可能会给工作带来更多启发和灵感。

对文书重视度的差异：有一些专家提到，虽然无纸办公越来越普遍，但是很多德国人还是很重视文书，他们对纸上所书的内容更有信任感，包括一些文件，还是通过传统的邮政递送。有受访的德国专家表示，对于一些重要的电子文件，他们都要将其打印出来，分门别类地放在各文件夹里，以备将来方便查找。

这里值得注意的是，德语中“文件夹”一词为“Ordner”，该词从字面上可以理解为“整理者”或“维持秩序者”，该词也反映出很多德国人对上文所描述的对秩序性和对文书的重视：文件夹被称为“Ordner”，不仅仅是因为它们用来整理和归档文件，更是因为它们帮助维持办公环境的整洁和有序，同时也反映出德国人对文书的重视。

在德中资企业在企业文化表层上遇到的问题和挑战还表现在中德同事之间的相处、对产品设计的不同理念以及中德跨文化沟通等方面。笔者将在后续章节中，分别纳入这些方面进行详细分析，包括人力资源发展与管理、市场营销和跨文化沟通等内容。同时，将这些章节的内容与企业文化的讨论结合起来，从整体文化的视角探讨在德中资企业跨文化管理的问题与挑战。

4.2 人力资源发展与管理

在德中资企业在人力资源发展与管理方面面临诸多跨文化问题与挑战。在访谈中，不少专家指出，文化差异和跨文化因素是对中德人力资源管理的最大挑战。下文将基于对专家访谈数据的系统分析，对中资企业所遭遇的具体问题与困难进行阐述、总结与讨论。

4.2.1 人员招聘与结构

在访谈中，很多专家尤其是中方高管指出，中资企业在德国招聘到优秀专业人才不是一件易事，如一家大型中资公司驻德国分公司总经理 N. Yc.先生指出：

“人才是我们的痛点！德国人是不爱冒险的，他们大多愿意去那些熟悉的德国公司，德国公司本身有历史啊，我们公司在中国很有名，但在德国作为雇主品牌来说却不是那么有名，所以在争抢人才的竞争上与同行业一些德国公司相比是处于劣势的。”（N. Yc.先生，某电器公司总经理）

访谈数据表明，许多在国内享有盛誉的企业在德国却鲜为人知，这种情况相当普遍。此外，一些中资企业虽然在德国被认识为中国的大型企业或是世界500 强公司，但仍然面临招聘困难的问题。主要原因可以分为两类：第一，正如前文所述，德国人更倾向于选择熟悉的德国公司工作，因为他们更适应那里的企业文化；第二，这些中资企业在德国的历史较短，德国人对其未来发展持不确定态度。

一些在德国新近成立的、规模较小的中资公司，在创建和发展初期遇到的最大挑战就是招人，如一家物流公司的德国分公司经理所说：

“对于我们这样比较小的公司来说，在这边也没有知名度，然后又是一个新的公司。其实最开始最大的挑战是招人，非常非常难招人。本来我们作为中国的公司，可能跟德国的或者欧洲的相比，要有弱势，然后就是牌子，我们公司名不是很响。”（C. Yc.女士，某物流公司总经理）这里提到的雇主品牌问题，将在下文详述。

在中资并购德国公司后，亟待解决的是需要外派既懂专业，又懂德国当地商务环境包括相关法律法规的专家，但很多企业缺少这样的人才，如一家中德商务咨询公司的总经理谈道：

“如果一个公司在做并购的时候，没有足够的人才储备做后续的事情，那并购完一定会出问题的。为什么呢？中国企业就认为这财务方面我一定要全管。好了，派了一个财务人员，财务主管。问题是这个财务主管可能对德国这里的一些信息是完全不了解的，不懂德国的情况，更不要说会德语，那么在德国能用德语沟通，又是财务方面的人才，同时又能获得公司总部信任的人太难了！”（M. Ec.女士，某咨询公司经理）

中资企业在德国较难招聘到所需人才的另一原因在于，这些公司所需的人才不仅应具有较强的专业能力，同时还需要有跨文化沟通能力。招聘不到理想人才，很多公司只能“退而求其次”，降低招聘要求，或是较长时间处于“虚位以待”的状态，包括很多中资公司希望能招聘德国人做销售，因为他们能更好地与德国客户沟通，但是却未能招到合适的人。

另外，高端人才难招到，这也因为高端人才的争抢是所有公司都面临的竞争，而德国近几年就业率高，德国人普遍换工作的频率较低，这更是加大了招到高端人才的难度。对此，一位受访的中资企业高管指出：

“其实招 talents[①]永远是我们的痛点！因为目前整个德国失业率比较低嘛，所以招到好人才很难。现在德国整个失业率就是可能有 4 个点左右，那个是 100 个人 4 个人，可能这 4 个人他不想工作，所以说永远找不到工作，或者说他本身就能力很差找不到工作。那理论上他这个基本上只要有能力的人都有工作，所以我们现在也想招一些更多的 talents，更加有高潜力的人才。但这个招人他这个确实不仅仅是德国，像我们中资企业在德国，包括德国本地一些公司所面临的挑战。”（N. Yc.先生，某电器公司总经理）

高端人才期待高薪酬，而很多中资企业在德国刚起步，付不起高薪酬，这使得它们在人才抢夺的竞争中又多了一层障碍。还有一种情况是，中资企业因招聘不到理想的员工而被迫在失业者中招聘新人，但很多失业者是职业工作经验较少或专业水平较低的人。

在上述招聘难的情况下，中资企业能收到一些在德国刚毕业的中国年轻人的求职申请，并且它们也陆陆续续在中国留学生中招聘了员工，但有专家认为，与欧美的大学毕业生相比，中国毕业生的工作经验较少，一位中资公司德方总经理在谈到人力资源管理所面临的挑战时特别提到其遇到的挑战包括：

“那些年轻的中国员工，比如说大学刚毕业的，缺乏工作经验的中国年轻人，我发现他们与同龄的欧洲的年轻人还是存在着一定差距的。这些中国的刚毕业不久的年轻人，他们来我们公司工作，我们要花更多的时间向他们解释工作应该怎么做，为什么这么做？就是感觉他们还是很缺乏工作和社会经验。”（T. XD. 先生，某化工公司总经理）

在德中资企业在人才招聘过程中，即使有一定数量的应聘者，也会遇到一些不确定性，包括不能准确判断所挑选的新员工是否是公司所期望的人才，某 IT 公司人力资源部负责人谈道：

“在招聘新员工时，我们也让员工做一些测试，我们有很多的文化测试、心理测试，但是通过这些手段很难百分之百地获得应聘者真实的情况。所以说，有时候招聘新员工就像是赌博，我们期望在大多数的情况下，在 99%的情况下，

① talents：英语 talent 的复数形式，这里指人才。

我们招到的新员工是我们所期望的。但是你很难真正地确保，其他的公司也很难真正地确保这一点。”（Y. IE.女士，某 IT 公司人力资源部负责人）

除了初级和中级岗位之外，中资企业中的一些高级岗位也较难准确选拔出有跨文化胜任力的人才。某 IT 公司德方高管指出，她就职的中资公司就存在这样的问题：

“我也非常不理解，为什么我们的有经验的人力资源团队他们曾经选用了一些德国人来担任我们公司的高层管理人员，其中有些人他们根本就没有跨文化能力，他们的跨文化能力可以说是零。他们在我们公司感觉很不适应，他们最后离开了我们公司。”（C. YD.女士，某 IT 公司品牌及公共关系总监）

与一些中资公司尝试通过一系列常规的人才选拔标准与流程来挑选出合适的人才不同的是，另外一些公司尤其是民营企业存在“因用人唯亲而选外行”的现象，尤其涉及与公司财务管理相关的岗位，一位受访专家谈道：

“中资企业的老板，他基础的信任感如果没有那么好，其实就不会按常规来选人才。尤其是你在德国这边，要帮他的公司管财务管钱，这些事情那他就会很不放心［……］我们那时候，就是我上一个公司的老板，当时要选一个德国这边的总经理，我是备选之一。另外一位中国人也是一个备选，而他在业务这方面没什么经验，而且也没有多少在德国工作的经验，德语也不是很好，其实不应该去选他。但是呢，老板最后说了一句话，因为这个中国人是他的老乡，然后老板说‘因为他妈家住在我家旁边’，就是他跑不掉，所以老板在最后做决定的时候说：‘他妈住我们家隔壁，好吧，就他吧。’”（A. CC.女士，某航空公司原职员）

在德中资企业的人员结构多样化，不同类型的企业在人员构成上有显著差异。通过专家访谈，本研究总结了在德中资企业在人员来源和结构上的几种主要模式。下面将详细介绍这些不同的人员结构模式及其特点，以帮助读者更好地理解在德中资企业的管理现状和挑战。

（1）333 式：公司的员工有三类人组成，这三类人大致各占三分之一：第一类是中国母公司外派到德国的中国员工，一般为企业高管人员或具有专门技术的专家；第二类是在德国当地雇佣的中国人或其他华人[①]，包括德国高校毕业的中国留学生、已有工作经验的华人；第三类为德国人和来自其他国家的人。

① 本文中“华人”是指具有中华民族血统的取得德国或其他国家国籍的人。

对于一些中资公司来说，人员招聘的地方化也是受德国政策所驱。除了少量高管之外，一般中资企业三个月以上的外派很难获得德国的工作许可。而外派三个月以下的中国员工，在德国会遇到一系列的困难，对公司来说也增加了成本。这一情况带来的问题是，在德国当地招聘的员工往往对中国母公司的企业文化缺乏了解和认同感。

有受访专家谈道，在德国当地雇佣的中国人和已加入德国国籍的华人中，一些在德国生活时间较长的员工，比较难适应中资企业的工作方式。一位专家认为：

“这些中国员工中，我和其他的中资企业经理人交流的情况是，40 岁以下的中国人他们一般就是很适应中资企业的工作的方式；但是 40 岁以上的呢，他们就不是很适应到我们这样的中资企业工作，或者他们的工作状态不是很令人满意，因为他们的思维行为方式，完全接受了德国式的方式，他们中的很多人不太认同我们中国文化。我们不愿意与这样在德国待的时间太长的人打交道，我们更愿意雇用年轻的中国人。”（H. Mc.先生，某汽车配件公司总经理）

但是，部分受访企业更倾向于招聘具有丰富工作经验的华人。然而，这里存在两种不利情况。第一种情况是，一些华人在德国生活时间较长，已经不太适应中国式的企业文化，因此不愿意到中资企业工作。第二种情况是，虽然这些华人在德国生活时间长，但基本上都待在“华人圈子”里。这类华人往往觉得自己在德国社会被边缘化，因此缺乏与德国人沟通的跨文化交际能力。

（2）以中国员工为主：这类公司包括央企和其他国有企业，也包括一些中小型民营企业。在这类公司，德国员工占比很小，而且大都从事辅助性的基础工作，很少在管理岗位。有的中资企业完全没有雇佣德国员工，有的是因为企业领导觉得管理德国员工太麻烦，“还是中国人用起来更方便”，尤其是在涉及安排临时加班时。有的是因为企业领导为了节约人力成本而不愿意雇德国员工。一位受访的专家谈道：

“所以我现在这个企业，那老板是国内上了大学出来，这边上大学又自己开始做导游，所以他其实对于经营企业的理念有一些让我觉得不是那么现代，是停留在比较发展初期的小作坊那种模式。他不舍得请德国的销售，因为德国销售对收入的期待比较高，所以他请了两个中国人，相对成本会低。我经常会觉得他可以把这两个人都换了，换成一个德国销售就足够了。”（A. Cc.女士，某航空公司原职员）

（3）以德国员工为主：这类公司主要是被中资企业并购后的德国公司。在笔者访谈的公司中，有一家公司 265 名员工中只有一名员工是从中国总部外派到德国的高管（担任财务总监的工作），其他 264 名员工皆为德国人。

在被中资并购的德国公司中，有不少公司是德国历史悠久的家族企业，由于不能适应全球化发展要求、遇到经营障碍或是企业后继无人而被中资企业收购，有很多是在此前的公司中工作多年的老员工，他们对并购前的德国公司有很强的认同感，对于公司的“新东家”充满疑虑。他们在并购前对公司的前途未卜充满忧患，在被并购后又对曾经繁荣的“老东家”充满怀旧情怀。一位收购了一家德国百年家族企业的中资公司高管谈道：

“我觉得德国人非常骄傲，但是遇到公司破产时，他的心态一定会改变。所以我们当时收购 M.[①]公司的时候，整个公司的士气不太好，因为好多德国人觉得，我在公司干一辈子，我快退休了，结果公司破产了，这个确实有点就是说就突然感觉对未来没有希望了。[……] 我刚才说我们在工厂有些研发人员，他们在公司干了 40 年了，有一次我们一起吃饭，酒喝很多了，那个德国人 60 岁了，他在公司干了 42 年，他大概是 17 岁、18 岁学徒工的时候就进公司了。他当时抱着我说，他说很怀念 30 多年前，就是 M.公司的创始人还在的时候，他天天来工厂大家一起工作那种感觉，大家像亲兄弟一样，‘这种时候永远都不会回去了！’。就是他们好多人都很怀念原来那种时候，就是很鼎盛的时候，或者发展很好的时候那种感觉。就是在我们收购过后，虽然说公司慢慢走向正轨，走向流程化，但是他说：‘往日的那种感觉我觉得永远找不到了。’”（X. Hc.先生，某电器公司总经理）

一些中资公司会把因并购而不得不接下来的大量的德国老员工看作是公司的负担。有受访的专家认为，从积极的意义上来看，中资企业替此前濒于破产的“老东家”保住了大量的劳动岗位，但是从经济的角度来看，一些老员工的工作效率远不如年轻人。一位德方高管描述道：

“在并购之后，只有非常小的一部分德国员工离开了我们公司，有时我们甚至可以说这留下来的部分有点儿过大了，留下来的人太多了（笑）。因为这些留下来的员工很多都比较老了，都在 50 岁以上，甚至 55 岁以上了。在我们公司呢，很多的员工是得在生产部门工作。在生产车间里当然是年轻人工作效率更

① 这里隐去了公司的全称。

加高，更加有活力。尤其是在我们的组装线上，年轻人他的工作效率就更高，很多年纪大的人，他们的工作效率就是不如年轻人。”（D. OD.先生，某机械制造公司总经理）

在德中资企业不同的人员结构模式不仅反映了企业的管理策略和文化融合程度，也对企业在德国市场的运营和发展产生重要影响。

4.2.2 外派管理与适应

对于很多在德中资企业来说，外派人员是其重要的管理核心。但是在外派准备方面，却存在着不少问题，主要反映在企业的外派管理和个人的外派适应方面：

4.2.2.1 企业的外派管理

虽然很多公司尤其是大型企业有外派人员储备库，但这些储备人员并不是专门针对德国。在选拔外派人员时，也很少有公司会针对在德国的跨文化胜任力进行考察，而主要重视其专业能力，强调精通业务。虽然很多在德中资企业也要求外派员工具有一定的外语能力，但一般是要求英文能力，而不要求德语能力。不少受访者表示，到德国工作并非他们当初自愿，而是服从总部调遣。

很多外派人员不会德语，也缺少在德国工作的经验，不了解德国与其工作领域相关的法律规定和业务流程，比如有很多中资公司外派人员做财务、审计等工作，而对这类工作，德国有很多与中国不同的相关要求。外派人员不熟悉相关业务，就会影响公司工作的正常开展，甚至给公司带来损失。还有一些民营企业，由于其高管在外派人员中多任用亲信，而这些亲信往往缺乏管理和专业能力，从而对企业造成了负面影响。一位受访专家谈道：

“我觉得找到合适的人可能是他们的一个很大的困难，就是按这个信任关系来选人，[……]所以在同行之中就会听到类似其实都是跟老板的这个信任关系，就是会派一些亲信过来，而又不太懂行的，然后就会有冲突，这样的事情还挺多的。”（A. CC.女士，某航空公司原职员）

一些受访的外派员工提到，由于公司对外派人员的任用缺乏长期规划，他们很难对个人职业生涯做出长期规划。部分员工对于自己将来可能会被派到什么其他国家也一无所知。

许多中资企业，特别是国有企业，对外派期限有严格规定，通常为三至四年。到期后，外派人员必须回国，即使有些员工愿意长期在德国工作，也必须在国内待满规定期限（如三年）后才能再次申请回到德国。一位受访的中资企业员工形容自己的境况，“像悠悠球一样”。（M. Xc.先生，某银行分行行长）

然而，也有一些外派人员不愿在德国长期工作，因为他们认为外派时间过长会错过国内的一些晋升机会，正如一位受访的矿业集团职员所说：“在国内你离集团的管理层近一点，肯定机会比在这里多。”（M. Yc.先生，某矿业集团职员）

对于一些外派到德国工作三年的管理和专业人员，如果他们此前对德国的相关工作不熟悉，向他们移交工作并帮助他们熟悉工作也需要半年时间，而他们回国前又需要一定时间的准备，所以真正全身心独当一面地为公司工作的时间只有约两年。有的中资公司的外派人员到了德国之后，会遇到因为不熟悉业务而在德国员工面前缺少领导权威的问题。

“经常有像这样的外派管理人员领导不了这边的德国人，你知道吗？这边做了 10 年的德国员工根本不听他的，我就不给你上新系统，你怎么样，领导一点儿辙都没有。我们这边的员工，他在公司工作都 10 年了，他工作上又没有犯大错误，表面上的工作他也都做了，只是暗暗地抵抗国内外派来的领导；新来的领导都很难做工作，他又一想我两年就走了，算了，差不多就行了。”（A. Cc.女士，某航空公司原职员）

在德国的中资企业中，上述外派管理方面存在的问题往往导致外派人员无法有效地领导当地员工，从而影响到企业在德国市场的运营效率和发展潜力。

4.2.2.2　外派人员的跨文化适应

外派人员在跨文化环境中的适应过程常常充满挑战，跨文化适应涉及语言障碍、文化差异、工作方式和社会生活等多方面调整。对于在德中资企业的外派员工来说，成功适应当地文化不仅关系到个人的工作绩效，也直接影响到企业在德业务的顺利开展。根据对访谈数据的分析，在德中资企业外派人员主要面临以下四个层面的跨文化适应问题：

（1）个人层面的适应问题

有不少专家指出，被外派德国在个人层面上的挑战就是德国的生活比较寂寞，而有的外派人员因为耐不住这种寂寞，就提前结束外派回国了。还有很多外派中国人认为在德国吃得不好：

“在德国吃得太单调，远没有我们在中国吃得那么丰富，食品质量也不那么好，比如远没有我们国内那么多种多样的新鲜蔬菜。还有呢，就是在德国，缺少在国内的社交，而在德国的社交，在德国一般都是自己过自己的，嗯，社交也没有在我们国内那么频繁，嗯，当然，也有交德国朋友的，不过比较少。”（H. Mc.先生，某汽车配件公司总经理）

有受访者谈到自己本是一位性格开朗的人，但是在初来德国的那段时间，因为遇到各种适应困难，“从公司下班回家都觉得抑郁得不行”。（Z. Mc.女士，某机械制造公司财务总监）

对于外派女性来说，她们有时候可能还会遇到人身安全问题，有一位受访专家就曾经有这样的经历：

“这两年德国的治安比以前差一些了，包括我来的第二年就遇到过被人尾随，就是我在下班的路上，其实那个时候还不是很晚，大概是晚上七点钟。然后就有一个人他一直跟着我，[……]一直跟我到我家门口，是个男的，[……]不太像欧洲人。当时我太紧张了。进门第一时间就想起要报警，[……]第二天我们去了警察局，警察也给了一些建议，包括你可以准备一些安全防护的小工具啊，包括下次遇到这样的情况你应该怎么样去向路人寻求帮助啊，当然在德国你碰到路人的几率可能会比较小（笑）。[……]我现在外派来德国是第四个年头了，其实在那件事情后的很长一段时间，我心里都感到害怕。我都不太敢加班很晚、独自回家，而是会找同事结伴一起走。这种感觉就是，如果在国内，出了这样的问题，相对来讲，可能恐惧感就没有那么强了。”（M. Zc.女士，某IT 公司运营总监）

在访谈中，像上面这样女性因晚上被尾随而担心人身安全的现象并不普遍，但是还是有不少女性存在对自己人身安全的担忧，这种担忧也影响了她们对在德国的外派生活的总体满意度。

（2）家庭层面的适应问题

被提到特别多的是来自于家庭层面的困难。很多外派人员，为了工作，离开家庭，来到德国，他们需要面临与家人分离的痛苦。尤其对有些做母亲的女性来说，与孩子远距离、长时间的分离是非常痛苦的。

很多受访者的感受是，外派人员是否带孩子来德国是一个艰难的抉择。有的外派人员认为，如果家人来德国，会遇到一系列文化适应和融入的问题，因此他们选择独自来德国工作。

有些外派人员因为希望孩子接受系统的中国教育，选择没有将他们带到德国。如果外派期间携带孩子来德国，会面临一系列问题。例如，对于学龄前儿童来说，在德国找到幼儿园的位置可能会很困难。对于从国内转学过来的孩子来说，他们可能会因为离开熟悉的环境和朋友而感到难过，同时还要面对语言障碍和适应新社会环境的挑战。一位受访专家指出：

"[……] 所以反正就是来的小孩子各有各的忧虑的。我们这里中国同事的小孩子，在这上幼儿园的，都着急，每天回家问孩子：'今天干嘛了？''玩儿啊。'今天这儿玩儿，明天那儿玩儿，然后他就很焦虑，然后过段时间爷爷奶奶从国内来了，说'你小孩怎么啥都不会'，就开始着急了。然后听到有些德国的学生，数学都差得不行 [……] 我们家小孩在这里上七年级了，有一次他回家告诉我，说班上的一位德国同学，考完试特别烦恼，然后我家孩子就问他怎么了，他说 6 乘 7 等于多少，这道题没算出来。我家孩子特别无语呀，然后其他中国家长会想，完了，我小孩要在这儿到七年级，连 6 乘 7 都不会，那还不会焦虑了？"（X. Vc.女士，某银行分行部门主管）

对于一些员工来说，如果他们带孩子来德国上学，在德国就读三年甚至五年，孩子们再回到国内，就很难再接上国内的教育，尤其不能适应国内高考的压力，往往就得在国内上国际学校，这将极大地增加家庭的经济负担。

外派人员的配偶是否随行也是一个两难的选择。由于国内许多公司和机构很少提供停薪留职的机会，所以如果配偶选择随行来德国，大多数情况下就必须辞去原来的工作，否则夫妻将面临分隔两地的困境。一般来说，男性员工外派时，他们的配偶更有可能随行；而对于女性员工外派来说，随行配偶的情况相对较少。

（3）企业层面的适应问题

从国内外派来德国工作的中国员工，在公司层面也会遇到一系列的挑战和困难。公司里有的德国员工会对外派来的中国人比较戒备，认为是来监督他们的。有位外派高管描述道：

"一些德国同事 [……] 他们在我初来德国的时候，对我是蛮戒备的，而且他们觉得我是'间谍'啊，有什么我都会向中国汇报。就是有一段时间特别艰难，因为就是以前那个 CEO 他也是财务嘛，他就特别不喜欢我在这儿，他觉得我是来take[①]他的那个位子的，还有就是来监督他们。嗯，然后就觉得挺困难挺艰难的。”（Z. Mc.女士，某机械制造公司财务总监）

外派人员的角色往往是，一方面要代表国内总部来管理德国公司，另一方面又得帮助公司总部的领导和同事更好地理解德国同事。这样的角色有时候会让他们处于“左右不是人”的尴尬境地，在小组访谈中，一位中方外派高管谈道：

“总部他会误会，就是说尤其是在情况不好的情况下，如果你还一直在为德国说话，他觉得‘你被同化了吧？你的思维为什么已经变成德国人的思维了’？这个其实是很恐怖的一件事情。”（X. Hc.先生，某电器公司总经理）

另一位中德商务咨询公司的经理补充道：“所以我说这个工作是很不好做的，就是说德国人认为呢，你是总部派过来监视我的Aufpasser[②]，德国人心里有很大的提防。所以，如果是在某一些问题上做得不合他们的意，或者他们认为是有偏颇的话呢，他们会希望把这个人给挤走。然后呢，如果实际你对德国的一些管理啊各方面有了一定的了解呢，以中立的角度去告诉总部这边的情况是怎么样的，是什么样的状态，中国人呢又会觉得你被同化了。所以这个呢是很难，最后做得就是说左右都不是人。”（Y. Yc.女士，某咨询公司经理）

（4）德国社会层面的适应问题

很多从国内外派到德国的中国员工不会德语，这给他们在德国的生活带来诸多不便，这些外派的中国员工极少也很难与德国人交流，更谈不上与他们交朋友了。很多中国人看重集体归属感，到德国后会发现工作之余，缺少集体归属感，更多的是孤独感。一些初来德国的中方外派人员，在开始的阶段所接触到的德国人大多只有德国同事，而对很多德国人来说，工作上的同事，很难成为朋友，一位受访的外派高管谈道：

“我在德国觉得最困难的是融入，基本上很难跟德国人打成一片。怎么说呢，有的时候德国人会建一堵墙，好像就是告诉你，这块儿是我的，你别过来，别越界。”（Z. Mc.女士，某机械制造公司财务总监）

另外，即使有的外派中国员工尝试着融入德国社会，但他们往往发现德国人与中国人的生活方式有差异，喜好和兴趣点有很多不同。

“比如说德国人出去party[③]模式，就是喝酒聊天什么的，可能中国人就不太

① take：(英语) 这里指拿走、取代。

② Aufpasser:（德语）这里指监视者。

③ party：（英语）这里指聚会、联欢。

适应。当然你不喝酒，也可以喝点别的呢？主要还是时间耗不起，因为德国人尤其是年轻人聚会往往会持续到夜里两三点啊什么的，中国人就会困。”(M. Yc.先生，某矿业集团职员）

此外，中国人聊天时的很多话题对德国人来说太私密化，常会令他们感到不适，而如果要与德国人交流他们常谈的话题，则需要对德国的政治、经济、文化生活等有一定的了解，否则缺少谈话的共同基础。有受访的专家谈道，外派人员工作压力大，工作时间长，很少有时间去接触德国社会与文化。另外，还有相当一部分外派中国人，他们的想法是，“三年后反正就回去了，他们也不融入”，他们“不愿离开自己的舒适圈”，而是长期“待在德国的华人圈里”，造成“入乡却不随俗”的现象。这些人认为，现在有更多媒体途径，包括可以自己看手机或是通过手机与中国人交流。新媒体给人们提供了很多新的可能性，但人们却更习惯待在自己熟悉的圈子里，这是一个矛盾的现象。

此外，不熟悉德语和德国社会的外派人员在德国处理事务（如延签、看诊）时也会遇到困难。很多人不习惯于需要提前预约的德国办事方式，甚至包括理发。在德国社会的适应还包括能否融入相关企业和行业协会的圈子。几位长期在德国工作、致力于中德合作的受访专家认为，作为中资企业的中方人员，如果不能融入德国人的行业圈子，将会错失许多机会。

“是的，我们平台得到德国政治界、经济界的很大的支持，我们的这些资源是很难得的。[……]其实德国人他们也是有圈子的啊，你进不去他的圈子的话，你很多机会你就没有［……］另外一个就是刚才我说那样，他跑那么多的企业只能是通过参展的形式，他打不进这个圈子，他也搞不清楚。”（M. Mc.女士，某科技园总经理）

很多专家都认为，外派到德国工作和生活是个性成长的一个很好的机会，如果不利用这样的机会来促进跨文化学习是非常遗憾的。一位多年从事中德经济促进工作的受访专家指出：

“他们外派到德国，但还是完全自我隔离地生活，我觉得这样很可惜。他们外派人员离开中国到德国之后，不管到德国还是到什么国家了，如果你不跟当地的人融入在一起，理解或去试图理解他们的话，那我自己是觉得，你人生的定位是什么，你为什么要来这儿（德国）呢？你为什么不在中国待着呢？”（X. Rc.女士，某经济促进协会职员）

还有一个社会层面的适应问题是，有的外派人员归国回任后会在一定时期内感到不适应。专家在访谈中提到两种典型的情况，一种是由于个人性格，较难适应环境的改变；另一种是由于已经逐渐适应了德国式的工作方式，而不太适应中国式的工作方式。

4.2.3 跨文化培训

访谈结果显示，绝大部分中资企业外派到德国的员工在赴德前都没有接受过专门的跨文化培训，很多中方人员在被外派之前几乎没有对德国的了解，他们往往是在接到外派任务之后就直接赴德国工作，公司期待他们能到了德国之后，"Learning by doing，边做边学，边做边改，慢慢摸索"（X. Rc.女士，某经济促进协会职员）。即使是有多年德国经验的中国高管，大部分人对于跨文化交际并没有系统的理论学习和研究，主要靠个人相关经验的总结及领悟。

有个别受访的几十年从事国际贸易的大型央企的领导认为，只要有国际视野，就自然有在德国跨文化适应的能力，这类领导认为没有必要专门针对德国进行跨文化培训：

"出来的人呢，他对德国什么准备呢？这个我觉得不太需要做准备，因为我们×××[①]的人还是比较有国际化视野（笑）。我们集团的人大部分，就后来少了，以前我进我们集团的时候，很多都是对外经贸大学、北京外国语大学这样的高校毕业的，而且我们平时做业务都跟国外的客户有联系，然后你涉外比较多啊，所以就说这种，我觉得我们的人可以不谦虚地说，还是比较有国际化视野，他不需要做什么准备。"（E. Pc.女士，某矿业集团部门经理）

即使有的公司会为员工提供赴德前或在德国当地为中德员工组织跨文化培训，其培训时间大多也很短，大公司最多安排两天，而中小企业安排的时间则更短，一般是一天甚至半天。

有少部分企业在外派前为外派员工安排短期培训，但这些培训大多是针对业务或一般注意事项的，而且一般是针对多个外派国家的培训。有部分企业则是在出现了问题之后，才安排跨文化培训，如一位受访者提到：

"我知道有一个中资企业做了，他们因为中德员工之间出现了激烈的冲突，于是他们才痛下决心要做这个跨文化培训的，有点亡羊补牢的意思。"（E. Mc.先生，德国某经济促进局职员）

---

① 此处隐去了公司名称。

少部分受访者认为，组织中资企业的德国员工接受相关的跨文化培训，让他们来适应中国人，这就足够了，由此可以看出部分中方员工的民族中心主义思想的存在。

有专家认为，如果跨文化培训的时间较短，参加培训的学员只是期待获得一些普适性的与中德相处的行为指南的话，这样的“跨文化”培训往往只会加深和固化对德国或中国文化的刻板印象和偏见。

“在我刚开始来我们×××[①]那几年，我们也做了不少标准化的跨文化培训，可是后来我发现这样的培训没有太大的作用。我自己也曾经做过跨文化培训，也培训过德国的员工，包括向他们介绍一些中国人的思维方式、行为方式，某些特定的象征符号、某些商务习惯等等。后来我的感觉是，类似的培训有可能会固化人们对某一文化的刻板印象。就是说我作为跨文化培训的培训师，有可能在传递和加强对某一文化的刻板印象。当然，不是说所有的跨文化培训都必须是这样，但是有可能存在这样的风险。如果说在跨文化培训中只是谈及这些表面的文化差异，就有可能传达刻板印象。”（C. YD.女士，某IT公司品牌及公共关系总监）

大部分受访专家认为，在德中资企业应对外派员工做外派前和外派中的跨文化培训，包括针对德国的培训。在此，非常重要的是邀请专业的、对企业的跨文化问题有全面了解的跨文化培训师来支持培训。一位受访专家谈道：

“我们有讲师，这些讲师是我们的会员，是我们会员单位的成员。像今天下午这种短讲座或者是培训，这是两个系列的活动，我们是每个季度各一次。然后通过这样的短讲座或者长的培训活动，我们就特别强烈地感觉到，中资企业特别缺少跨文化方面的培训。就能清楚地感觉到中小企业在跨文化方面，特别需要是要培训。”（X. RC.女士，某经济促进协会职员）

4.2.4　中德工作方式的差异

在中德跨文化人力资源管理中，工作方式的差异是一个显著的挑战。通过对专家访谈数据的分析，可以看出中资企业在德国运营时，在工作计划、工作风格、对工作目标的理解以及时间观念与时间处理等方面存在较大差异。这些差异不仅影响日常工作效率，还可能导致团队内部的误解和摩擦。

---

① 此处隐去了公司名称。

4.2.4.1 工作计划

如前文中已经提到过，德国人普遍会花较长的时间来确定工作计划与方案，一旦做出，大家就都按这个来执行，他们喜欢按部就班地工作。即使周边有新情况出现了，也较少马上改变原定的规划。某 IT 公司德方高管 C. YD.女士描述了一家德国公司被中资企业并购后，很多德国员工对于新的工作方式感到惴惴不安的情景：

“特别是德国的管理层的人员，他们更感到不安，因为他们习惯了事情应该是按部就班地进行。德国人在工作中总是想事先弄清楚，下一步的步骤是什么，应该怎么进行？我们要达到的目标是什么？他们也想知道做事情的界限在哪里，包括应当怎样与中国同事相处。总之，他们总是想事先把所有的事情先弄明白再进行下一步工作。”（C. YD.女士，某 IT 公司品牌及公共关系总监）

与很多德国人精于计划并希望按照既定计划推进工作的方式不同，大多数中国人则善于适应变化，并在处理工作时经常有较大的灵活度。中德双方这两种不同的倾向，有时会带来工作上的矛盾冲突。

“因为德国人计划性比较强，他们很多东西都是时间计划好了的，有他们固定的节奏，你不能去催他们。你不能说：‘这个工作我很急，请你帮我尽快处理。’‘那不行，你急是你的问题’，他们可能还会想，‘这是因为你没有事先做好时间安排，所以你急’。另外，之前定下来的计划，他们（德国人）不愿意去临时改变。但是呢，咱们中国人比较灵活嘛，这种临时改动，时有发生的，这时候肯定是会有一些冲突。”（E. PC.女士，某矿业集团部门经理）

此外，德国人在工作中很重视既定的流程，他们一般不会脱离既定的流程，按照临时想出来的方式方法来处理工作中出现的问题；而中国人则偏向认为，事物在不断变化中，此前既定的流程和相关工作需要经常做一些小调整，以便适应新的情况。而德国人则偏向于在做计划的阶段，就把可能出现的各种情况尽量提前考虑，把整个的程序管理做好，然后再开始推进下一步的工作。在一次三人小组访谈中，一位专家描述道：

“德国人从骨子里头不认同临时改变而成的新计划，如果你强迫他一定按照这个新计划来工作，那我觉得他是有抵触的。今天早上我们在开会，开这个产品会，和市场营销部门的德国人说这个事情，他们好多人都觉得，为什么我们总部很多决定经常去改？今天做这个决定，明天你们怎么又改了？你们为什么变化这么快？他们不能理解，因为他们觉得决定一定是通过深思熟虑做出来的，而不是说拍脑门，我今天做个决定，然后我可能第二天我要改。他们觉得这个一定是比如说我做了详尽的调研，我有数据的支撑，我去做这么一个决定。”（X. Hc.先生，某电器公司总经理）

另一位专家补充道：“是的，我们叫它 Aktionismus[①]，就是说我今天这样说，然后明天我马上就变掉了。中国的企业觉得这很正常，在国内就是这么样，变化就是这么快的。但是对于德国人呢，他是没有办法接受的，他本身就是有板有眼地做事情，你给他这个指令呢，他可能正在进行当中，然后你马上又告诉他，哎，我们 180 度，我们叫他折回来，这个是他不能接受的。”（Y. Yc.女士，某咨询公司经理）

有专家指出，顺应外部环境的变化是有必要的，但是如果过于频繁地改变原定计划，就会带来一系列新的问题，包括会影响到德国人的信任感。一位中资企业高管认为：“这种随时地快速反应呢会造成很多的不完善啊，就是今天这样，明天那样。投机行为比较多吧，投机行为大于投资可能，一般是这种情况比较多。”（X. Hc.先生，某电器公司总经理）基于此，专家们的看法是，对外部环境的快速反应，并不能自动为企业带来利益。

很多专家都谈道，在企业内的工作中，德国员工习惯了各负其责，互不干预。“我们在这儿（德国）会经常碰到这种情况，就是当你打电话去找一个人谈工作的时候，遇到另一个人接电话，这个人说：‘他今天不在。明天再回复你。’他也不会问你是什么工作，有的即使问了，也经常会说，负责这工作的人明天再来，你明天再打来电话。”（X. Vc.女士，某银行分行部门主管）

德国人这种各负其责的观念也是基于尊重事先的规划。

4.2.4.2　工作风格

有德国专家还指出，德国人不但重视做长期的工作规划，同时也注重规划中的细节。而在工作过程中，一些中方领导或同事提供的信息往往不准确，或者计划太粗略，中国员工的工作风格往往特别即兴化，给人的印象是事情发展的随机性特别强。上述工作风格，常常让德国人感到困惑、不知所措甚至精神紧张。

---

① Aktionismus：（德语）行动主义。

还有德国专家提到，在工作中，如果涉及承诺，德国人注重留有保险余地："我上面说的关于德国人在做承诺的时候会留有一个保险余地，而中国人往往不会留这个保险余地，这个是非常典型的中国人和德国人在工作方式上的差异。我觉得这与德国人追求不确定性规避有关。比如说德国人在做成本预算的时候，如果他认为生产某一产品或完成某项工作的成本可能是 100 欧元，那他就会把成本预算定在 110 欧，如果最后他的成本只有 100 欧元，大家都会很开心；而中国人在做成本预算的时候，他可能会说生产这个产品的成本预算只有 90 欧，由于可能出现他没有预估到的成本，所以很可能他最后的成本是 100 欧。这是中国人和德国人考虑问题的不同的方式。"（T. XD.先生，某化工公司总经理）

在做承诺时留有保险余地，也包括在时间安排上留有空间，以应对可能出现的意料之外的情况，以便能确保按时交付。

4.2.4.3 对工作目标的理解

德国人在工作中强调目标导向，中国人也追求目标的实现，两者之间的区别在于，德国人对工作目标有精确的描述和理解，可以看作是一个"目标点"；而中国人对工作目标在初期大多是大致的描述，是一个"目标面"，在工作的过程中，再根据情况进一步明确目标。担任过多年人力资源总监的德国专家 P. QD.先生谈道：

"我们德国人工作中是有目标约定的，这些目标约定大多以书面形式固定下来，而且有量化标准。比如，如果我们人力资源部在确定下来的招新目标是，为某某部门新招 10～12 位符合要求的新员工，如果到了年底，只招到 9 位，中国同事往往会说：'9 位也挺好。'；但是德国同事就会偏向认为，'糟糕，目标没有达成'。"（P. QD.先生，某咨询公司经理）

P. QD.先生继续解释道，上述中德员工对达成目标理解上的不同表现为"精确与模糊"的差异。中国人认为，如果对目标进行过于精确的量化表述，则在工作过程中自由回旋的余地就少了。中国人对于工作目标的达成就像打太极一样，而不是一来就瞄准对手重拳出击。比如，你可以对业务开发部的员工说：'你的任务是拓展业务。'如果非得要量化，给他说：'你的任务是拓展业务，今年你得组织十场活动。'到了年末，这位同事举办了十场活动，但是很多其他的中国同事认为，这位同事虽然达到了量化标准，但是却不能自动认为他通过这十场活动拓展了业务。"（P. QD.先生，某咨询公司经理）

4.2.4.4　时间规划与处理

（1）时间规划

德国的大环境是对时间做长期规划，包括企业与其他企业、机构的合作。如果企业不了解或是不尊重这种文化特点，就往往会影响企业的正常运营。有受访的中方外派高管认为，德国人善于做好各项工作的时间计划，她谈道：

“在时间管理上德国人做得比我们更好吧，他们会很早就做一个规划，这个规划不会因为中间出现的任何事情而去做改变。但是对于我们（中国人）来讲，我们就需要接受各种各样的变化。比如我说今天临时有个会，我就会去协调，想办法把时间协调好。这方面也是一个差异吧！”（M. Zc.女士，某 IT 公司运营总监）

德国人习惯提前规划时间，所以他们惯常都使用约期日历（Terminkalender）。在很多德国人眼里，一个事业成功的人，他/她的约期日历应该是很早就提前约满了。如果与德国人约时间，他们习惯性地会说：“让我来看看我的约期日历。”同事之间谈工作，往往也会事先预约。如果公司的工作涉及外部人的参与，更是要提前较长时间去预约。

“比如说你要是去预约戴姆勒或者博世的高管，那你提前一个月恐怕都不一定行，有的时候是 3 个月甚至是半年，就得提前约了。因为有的时候说像我们在中国如果组织活动的话，比如说那种很大型的活动，希望我们德国客户去中国参加，那我是提前一年得把第二年的这种参加展会呀什么的活动给安排出来。如果你到了当年你再去找他，他会跟你说：‘我今年的安排已经排满了。’所以我们就会很被动。这种就是一个文化差异，就回到咱们刚才的话题，就是你必须是 333[①]，就是这样。”（M. Hc.女士，某银行分行行长）

与长期时间规划和提前预约相联系的是，一旦约好的日期，就要按期履行，而不是因一些不能被德方接受的理由而推迟甚至取消，尤其是当这些约期是涉及一系列人的工作安排的时候。一位中德技术合作咨询公司的德国经理曾屡次遇到中方合作伙伴取消事先约好的日期：

“很多中国人经常犯的错误是，他们经常约好的时间却临时取消了。这个给

① 详见前文“333 式”，指中国母公司外派人员、在德国当地雇佣的华人和德国人等各占公司员工总数的三分之一。

德国商务伙伴的印象特别不好。因为我们德国人为了与中国伙伴的交流，会提前做一系列的准备和安排，而临近约定的日期临时取消，不但意味着我们之前的工作白做了，还会影响我们在其他德国合作伙伴眼中的信誉。[……]比如说，有一次，我接待中国来德国的代表团，一家很大的中国公司，他们想看氢动力汽车，我就早早地去帮他们联系预订好，为了给他们展示氢动力车，让他们试驾，让他们去加氢，我做了大量的准备工作，但最后他们临时取消行程了。像这样的公司，以后他们再也别想和我合作了，再大的公司，我也没有兴趣了。”（T. DD.先生，某咨询公司经理）

上面这种临时取消约好时间的做法是影响中德合作的，但是不能因此误判中国式的灵活性对促进企业工作开展的积极作用。有一位受访的德国专家指出，不能笼统地认为，德国式的计划性比中国式的灵活性更好，因为他在二十多年与中国人的合作中多次经历过：“在很多情况下，中国式的灵活性和行动力比很多德国人那种需要太多太多的时间来思考，而不是抓紧时间来行动的习惯更好。”（P. QD.先生，某咨询公司经理）

（2）工作效率

关于工作效率问题，本研究总结出了不同的意见和看法。有几位中国专家指出，德国人在工作中，希望先做完一件事，再接着做另外一件事，这种时间处理方式在很多中国人看来太耗费时间，因为中国人善于同时间做着不同的事情。一位受访的中方高管描述道：

“在德国，生活节奏和工作节奏都比中国慢很多，我的德国同事工作节奏比我慢很多，虽然我到了德国工作八年了，但是我在这边其实我是慢不下来的，因为我得同时适应中国总部的工作节奏。我手下的德国员工都承受不了我的工作节奏，就是说我一下子我可以同时做十个项目，他们不行，嗯，他们就习惯了，先做A，做完A之后再做B，他们说‘我必须要把一个事情organize[①]好，然后还要去看这个流程合不合规啊’，然后他们才开始做。我们中国人的方式是说，‘我不管了，我先做起来，然后我有什么问题，我们随时解决啊’。我觉得有些时候呢，德国人太追求perfect[②]了，你太追求perfect，那么你的效率必须是损失的。”（Z. MC.女士，某机械制造公司财务总监）

① organize：（英语）安排。

② perfect：（英语）完美。

在一个与三位来自中国的专家同时进行的小组访谈中，他们都指出了德国人工作效率比中国人慢很多从而影响工作推进的问题：

“与中国人相比，德国人的工作速度反应比较慢，因为他们做决定需要的时间很长。所以，我每天的工作，就是如何把那个进度给加快，就是我们觉得一个星期做完的事情，他们可能要做一个月，这个是很正常的。”（X. Hc.先生，某电器公司总经理）

另外两位专家补充道，这个一个月与一个星期的中德差距还算说少了，还有更长的。

也有德国专家在访谈中多次提到德国人工作推进节奏过慢的问题：

“我们德国人要解决一个问题需要特别特别长的时间，这是我们中资公司在德国遇到的一个很大的挑战。因为中国母公司的领导和同事都习惯了快速解决问题，所以他们在听到我们在德国解决某一问题需要那么长时间的时候，特别不能理解。我举一个例子，比如我们公司想在德国建立一个独立的服务网络，我们需要征得有关部门的同意，我们做了80多页的计划书，并做了详细的展示，结果我们得到有关部门的答复是：‘这个可以做，大概需要3～5年。’我们中国母公司的领导得知后觉得特别不可思议，他们说类似的事，在中国最多需要3个月就能完成。”（J. Md.先生，某电器公司运营部经理）

有德国专家表示，中国人工作效率较高，但是质量常常不尽人意；而德国人非常重质量，质量需要以时间上的付出为前提，所以德国人做同样的工作所花的时间往往比中国人长一些。“如果不花应有的时间，不注重质量，就可能犯下错误，而纠正错误往往需要更长的时间。”（T. Dd.先生，某咨询公司经理）

另外，还有一位中资企业的德方高管认为，有的中国员工工作时间长，但工作效率并不高，他指出：

“我认为，中德之间一个很大的区别在于，很多中国公司的工作时间是比较宽泛的，没有特别严格的下班时间，就是说很多人他可能工作到晚上6点以后，而同时有可能一些中国员工在工作时间内所做的事情不一定都是高效率的工作。”（T. Xd.先生，某化工公司总经理）

这里，中德专家对“工作效率”的理解不尽相同。德国人眼中的效率是，在某一时间内能高质量地完成某一项工作；中国人眼中的效率是，在某一时间内能同时推进好几项工作，以达到预期工作目标。

（3）对加班的态度

在一般的德国公司，私人和工作时间的界限明确，企业没有加班文化。而在很多中资企业，加班是常事。也因为中德两国有时差，员工经常得照顾两边，因此延长了每天的工作时间。很多受访的中德专家都谈到，大多数德国人基本上就是按照公司规定的时间上下班，如果领导期待德国员工加班完成一些紧急的工作，他们大多不情愿。一位受访的中方经理谈道：

“我觉得中国员工和德国员工最大的不同是时间上，比如说我们中国外派来的这个小姑娘啊，基本上任何时候我都可以找她。周末我要是有什么紧急的事情，我也可以发给她，她会处理。如果今天说事情特别多，处理不完，那她主动就会加班，把事情全部处理完再走。那德国的员工就不一样了，他们认为，需要准时下班回家照顾小孩儿，或是要去学校接小孩儿，所以时间上卡得非常非常准。”（C. Yc.女士，某物流公司总经理）

这种德国员工拒绝加班的态度让很多对德国情况不了解的中方外派领导感到不适，甚至不满。一位经常为中资在德企业提供法律服务的律师总结了她处理过的案例后指出：

“想让德国员工加班或者让员工度假期间处理工作，这些问题在中资企业在德国的公司里，出现的这种冲突会非常的明显，可能中国老板就特别不满意。比如说，你员工在工作时间内没有处理的事情，然后需要他在工作时间外加班处理，要是德国员工拒绝的话，可能中国老板会心里非常不舒服。但是德国员工他本身就是在这样的文化里面长大的，他觉得时间一到，他根本就是属于他自己 private Zeit[①]，自己私人的时间就该由他自己做主，他根本不 care[②]你是老板，你怎么样。”（I. Sc.女士，某律师事务所高级法律顾问）

对很多中国的领导人员来说，他们看到员工在加班，这就让他们对员工有一个很好的印象，他们觉得员工愿意为公司付出。而有一位企业人力资源部的负责人则认为，中国的管理者应该转变思想：

“我们努力尝试要让中国的管理者转变思想，我们认为你不能仅仅看一个员工，他在办公室一直坐在电脑前坐到晚上十点，你就觉得他是一位优秀的员工。你不能确定他坐在那里是否真的是在工作，也许他只是在那里上网。尤其是对

① private Zeit：（德语）私人时间。

② care：（英语）这里指“关心。”

于在德国当地雇佣的员工来说，你不能仅仅看他们每天工作的时长，你应该根据他们的工作成效来衡量他们对公司的贡献。”（Y. IE.女士，某IT公司人力资源部负责人）

但很多中资企业为了适应市场变化与趋势，经常会有加班的需要。所以企业往往会安排中方外派员工或在德国当地招聘的中国留学生加班。

“我以前在前东家的公司，加班还挺多的，但公司一般都是安排中国人加班。刚开始是这种刚毕业的学生啊，可能是为了留下来，为了拿到这个工作合同啊，当然都比较拼，一样的，到后来你待了两年，拿到长期合同呢，肯定大家也就没动力了，不给你加班了，就是这样的。”（Y. RC.先生，某化工集团原职员）

德国人除了不愿意加班之外，也希望自己在休假期间不受工作打扰，包括他们提前做好的休假计划，也不愿意推迟，也因为他们的计划涉及其他家庭成员的时间安排。

“比如说德国人，他的度假计划可能早就安排好了，但是假如说今天突然来一个什么紧急的事情，你与他沟通说‘下个月你不要休假’，我只能说，这种事情成功的几率最多40%，对，这个很难去改变。”（M. ZC.女士，某IT公司运营总监）

度假中的德国人，也不愿处于时刻能被公司联系上的状态。他们往往在度假前就设置好了自动回复的邮件：“本人自X日到Y日休假，Y日之前将不能回复邮件。”这样的自动回复往往是对公司之外的，因为他们认为公司内部的同事知道他在度假，完全没有理由在他们度假期间给他们写邮件。一位企业总经理说：

“德国员工会很明显地向领导和其他同事表示，他度假期间没有义务一直处于erreichbar[①]的状态。”（N. YC.先生，某电器公司总经理）

4.2.5　中德跨文化领导

在德中资企业在中德跨文化领导方面也面临着问题与挑战。通过对专家访谈数据的分析，笔者发现，这些问题主要集中在三个方面：领导权威与决策过程、工作布置与责任范围以及病假问题。

① erreichbar：（德语）被联系上。

4.2.5.1 领导权威与决策过程

受访的很多中资企业的中方管理者都提到德国员工不好管理，包括德国员工有强烈的维权意识和参与决定的意识，并且不愿加班，也不愿接受临时安排的工作等。德国人这种将工作与休息时间严格分开的做法，让一些中国领导颇有微词。不少专家指出，中方外派领导到德国后，“他们很需要适应，就是德国的这种社会环境，或者说员工的权利保护，员工有很强的权利意识。这个是中资企业或者一个典型的刚刚到德国的中资企业的管理者需要一段时间去适应的。尤其是国内民营企业的老板，他们在国内习惯了可以让员工做这做那，但是到了德国，在企业里，领导发表意见之后，员工可以说‘我认为这样不好’，这一点确实会让很多中国的老板们不习惯。”（A. Xc.先生，某药材公司总经理）

很多德国员工认为，在企业里，领导和员工只是角色的不同，但是作为人，大家是平等的。对于员工来说，重要的是对自己所做的工作负责，而不是投领导所好，或是领导说什么就去做什么。

在德国，领导与员工的平等也体现在领导必须遵守规则，不能享有特权。在一次对德国一家中资企业的访谈中，笔者预定了一个小时与该公司的德国总裁和中方财务总监交流。我们的交流内容非常丰富，超出了预定的一个小时。到了会议室预定结束的时间点，几位技术人员模样的员工进入了会议室，其中一人说：“对不起，现在轮到我们用这间会议室的时间了。”德国总裁马上带着我们搬到了一个小办公室继续交流。在我们的对话中，他提到，他并不认为因为自己是公司总裁就可以享有特权，也没有觉得为员工让出会议室会减损他的权威。相反，他认为，如果不遵守规则，他的权威会受到影响。

德国员工还特别重视自己的权利，包括参与重要决定的权利。在德国有相关的法律——《德国共同参与决定法》（Mitbestimmungsrecht），也有工会制度。受访的专家谈道，在德国，与企业工会代表的沟通至关重要，尤其遇到与公司发展相关的问题时，这使得中德双方的沟通变得更为复杂和具有挑战性。

很多德国员工对领导的期待是：做重要的决定之前，需要将相关信息向员工披露，并且应有相关的沟通机制来听取员工意见。很多中方管理人员虽然认为这样的期待应该得到尊重，但是他们认为：

“在德国的企业里，大家往往讨论很多，你要把所有的声音都听到，然后才能做决定，按照这样来做，做决定需要花的时间就比较长。”（X. Vc.女士，某

银行分行部门主管）

在很多中国人眼里，德国人做决定花费时间较长的另一原因在于，他们倾向于在做决定时，把所有可能发生的情况和风险都预估到，他们甚至讨论很多极端的、在很多中国人看来根本就不会发生的情况；此外，还要为决定提供充分的数据，并进行充分的分析和讨论，这就使得做决定需要花较长的时间。

“有的时候，事情就摆在这里呀，对不对？就直接做决定就行啦！但是你比如说，你们认识我们那个（德国）CEO 哈，他是一个博士，然后呢，他就是比较喜欢拿数据说话了。他在做决定之前，一定要把所有的数据收集完，分析完大环境是怎么样、对我们有什么影响、我们未来要做什么决定，也许有一、二、三好几条路，然后大家坐下来讨论，然后讨论完没有结果，第二天再开会再讨论，所以每天他的会最多。”（X. Hc.先生，某电器公司总经理）

很多受访的中国专家指出，开会和向其他管理者和员工通报情况，征询意见是重要的，但是开会是为了解决问题，而不是同一个问题反复讨论，这个现象是很多企业的中国总部所不能理解的，他们认为开会讨论的时候可能时机已经错过了。

也有受访的德国员工谈道，中资企业的上下级等级森严，很多决定往往要等着中国母公司的领导来做，耗时较长。也有管理层的德国人抱怨，自己在中资公司缺少决定权，所以在公司工作不久就离职了：

“对，有一个德国人，是我们公司与猎头一起帮一家中资公司挖来的，从一个世界第一的美国公司里头挖来的一个专门做市场战略的。半年之后，我又见到那个德国人，那个人对我们非常生气，他说，给他‘介绍一个这么烂的企业’，他这么说的，半年之后就解约了。就是双方非常不满。他最大的不满是，他说作为在德国中资子公司的领导，他根本没有任何决策权。就是你说话根本不算数，你说完话都得回母公司跟‘你爸’再商量这商量那的。他作为市场战略的领导根本就不能正常开展工作。”（M. Ec.女士，某咨询公司经理）

4.2.5.2　工作布置与责任范围

很多受访的专家都指出，德国员工在接受领导布置工作时，往往会向领导提很多问题，后者往往想先了解相关的前因后果、详细流程、可行性等，之后才会去做相应的工作，甚至有时会提出反对意见，所以在前期沟通往往需要花费很多时间和精力。而中方领导大多不习惯下属过多询问。此外，有中国受访者认为，德国人这种在工作前需要详细了解背景情况和流程的做法，往往会造成他们工作效率过低、对客户需求的反应过慢，以至于贻误商机。

“中国的同事，一般接到领导布置的一项任务就扭头去做，不会就这个任务提出更多的问题。而德国同事他们在接到一项任务的时候，他们就要问这项工作它的背景是什么？为什么要这么做？这么做是不是能达到既定的目标？”（Y. IE.女士，某IT公司人力资源部负责人）

一些德国专家解释道，德国员工希望在接到工作任务时能获得更多的相关信息，并提出自己的意见，这是他们对工作负责任的表现。还有一些受访的中方管理者提出，很多德国员工在接到工作任务时，往往还没有做工作，就先撇清自己的责任，或者在工作过程中出现了突发情况时，就向领导直接提出，这是他们解决不了的，而不是像很多中国人那样主动地动用各种资源去寻求解决方案。一位IT公司的运营总监谈道：

“反正我的感觉是，德国人不是以目标为导向的。我说个最简单的一个小事情吧，比如说，我接到这个任务，首先考虑的是我怎么去完成它，可能在这个过程中会有一些各种各样的意想不到的事情发生，我要解决过程中出现这样那样的问题，一定要达到这个目标。但是可能对于德国本地员工来讲，‘好，我现在接到这个任务，那么过程中突然出现一个状况，这个状况可能是我无法控制的’，德国人就去向他的boss[①]讲：‘我在工作的过程中遇到这样一个状况，而这个状况是我个人控制不了的，那我所能告诉你的是，我只能做到这个地步了。’这是德国本地人的一个典型的做法。”（M. Zc.女士，某IT公司运营总监）

还有一些中方企业管理者谈道，很多德国人的目光过多地集中在问题上，经常发生的情况是，领导刚提到一项工作，他们就摆出一大堆可能出现的问题：

“我们中国人了解，领导想听的是，出现问题了，你有什么方案后面会更好。[……]那很多德国人他们做事情就是先看到问题，说：‘这个问题很严重，也许后面很糟糕。’然后就没有然后了[……]我觉得德国人有时候可能不能理解中国人说话的习惯，就是说，你提出问题，这个是没问题的，但是最后的落脚点得是我们把这个事情做好。这个是领导所希望，或者中国人喜欢听的，就是说有未来，有未来我才需要用你去做。那如果你说一堆问题，说未来可能很困难，那领导就会说：‘我要你来干嘛？’”（X. Hc.先生，某电器公司总经理）

① boss：（英语）老板，上司。

在任务管理方面，一些中方领导者认为，德国员工不善于处理既定程序之外的工作："我的感觉就是，他们就是做什么事情都很慢啊，什么都要按部就班，一步一步，当然这样也没错，因为他主要是程序化的东西，这样说其实有好的一方面。但是呢，就是你遇到那种那个比较特殊的情况，就是比如超出你这个范围之外的，他可能处理起来就可能就会慢一点。"（M. Yc.先生，某矿业集团职员）

不少受访的中方领导指出，德国员工在工作中，往往不愿意做他们所理解的工作范围之外的事："我们企业分行真正开始运转，各个岗位都已经有人了之后，就会出现这样的情况，就是你给德国人分配工作时，他会尽量把他自己做的事情和他当时的职位描述结合起来，比如平时他跟着主管工作，比如当主管有新的业务，你让他做的时候，他可能会表达出来是这个'我不会'。其实在我们看来有可能不是什么很复杂的一件事。但如果是他之前岗位描述里没有写的，非流程化的内容，他就问得更多，这时候主管就得一步一步告诉他。就是他对于那种非流程化的东西，解决问题的，他可能有些顾虑。他觉得没有一些东西可以去 follow[①]，所以他不会太主动自己去解决问题，他会一步一步地来问你。"（X. Vc.女士，某银行分行部门主管）

一些受访的专家认为，对于分配给员工的工作，领导不能不管，但也不能多管，中国领导往往很难在这两者之间找到合适的度："你既不能干预太多，你又不能完全不管，就是你这个度拿捏起来确实是困难。就是有时候你干预太多，他觉得如果这样的话，责任就全部交给你了。但是如果你一点不干预，你就发现那他依旧在走老路，就是说这个就是大家可能对一个方向，或者说对一个未来的规划的认同上还是有一些差异。"（X. Hc.先生，某电器公司总经理）

对人的管理在很多情况下是通过对事的管理体现出来的。在一些德国员工看来，中国领导缺乏对工作的长期规划，所以经常出现临时布置工作。此外，他们还指出，一些中国领导给他们安排工作时表述模糊，让他们不明白具体工作要求，从而影响了工作质量和效率。

4.2.5.3　病假问题

在访谈中，许多中方专家都提到德国员工休病假较多的问题，德国员工

① follow：（英语）这里指照着做。

的人均请病假天数远远多于中国员工。根据德国法律规定，如果员工每年请病假不超过 40 天，雇主必须支付其全额工资。在德国，获得医生开具的病假条比较容易。例如，在新冠疫情期间，德国政府为员工请病假提供了更多的便利：如果员工感到呼吸道不适，无法正常工作，即可通过电话向医生获得不超过 7 天的病假条[①]。实际上，即使没有新冠疫情，根据《薪资继续支付法》（Entgeltfortzahlungsgesetz，EntFG）的规定[②]，如果员工与公司劳动合同中没有另行约定，员工休病假不超过 3 天时不需要医生开具病假条。图 8 是 1991—2023 年德国员工每年人均因病缺勤天数统计数据[③]。可以看出，自 2015 年以来，德国员工每年人均请病假天数都在十天以上，并整体呈上升趋势。

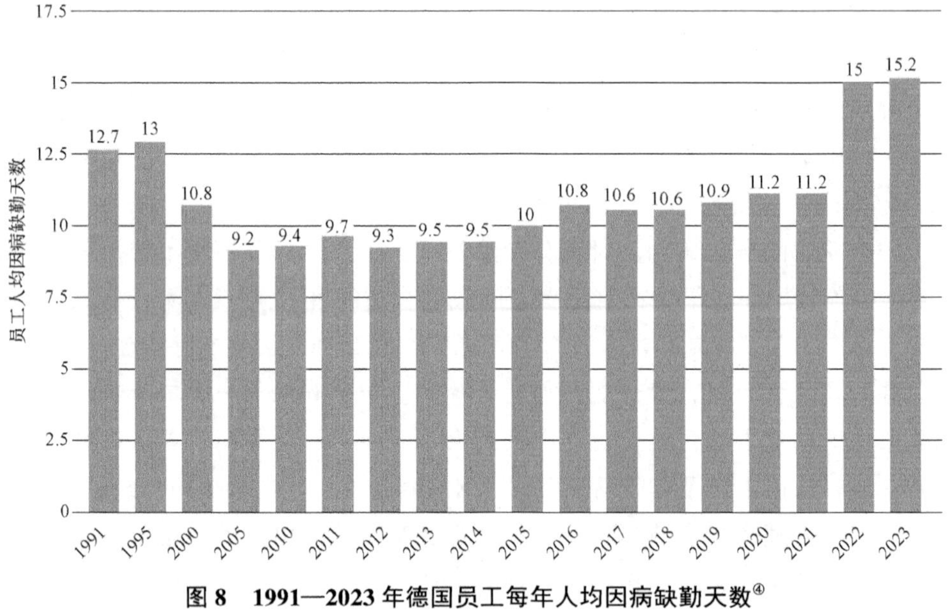

图 8　1991—2023 年德国员工每年人均因病缺勤天数[④]

① 来自：德国共同联邦委员会主页 https://www.g-ba.de/presse/pressemitteilungen-meldungen/1083/ #:~:text=November%202022%20%E2%80%93%20Der%20Gemeinsame%20Bundesausschuss,November%202022%20ausgelaufen.访问时间：2024 年 5 月 21 日。

② 来自：德国劳动法网页 https://www.arbeitsrechte.de/krankmeldung-ab-wann/。

③ 来自：德国经济研究所（IdW）https://www.iwd.de/artikel/krankenstand-in-deutschland-498654。

④ 来自：https://de.statista.com/statistik/daten/studie/13441/umfrage/entwicklung-der-jaehrlichen-anzahl-krankheitsbedingter-fehltage-je-arbeitnehmer/。

因为员工请病假都是临时发生的，所以给在德中资企业的人力资源管理带来了挑战。很多受访的中方企业领导都提到，他们经常遇到德国员工临时发邮件请 1～3 天病假。在请病假的人中，有一部分是“泡病假”的。据《德国经济周报》的报道[①]，德国有很多网上论坛或博客，专门指导读者怎样描述症状，以成功从医生那里开到病假条。一位受访的民营企业家谈道：

“如果德国员工要泡病假的话，你一点办法都没有。他泡的最大的限度就是法律上允许的最大的限度。在德国，要员工请病假超过 40 天以后，医疗保险公司才会承担支付工资的费用；在 40 天之内，都得雇主承担继续支付员工工资的费用。[……]德国医生开病假条很容易啊，没有任何第三方针对这个去打官司。很多私人诊所的医生他会主动问你，要不要病假条，要多长时间。虽然我不能确定我的那些请病假的德国员工哪些是在泡病假，但是我知道在德国故意泡病假的现象是蛮严重的。”（A. Xc.先生，某药材公司总经理）

有专家解释，我们中国员工受到的教育是“轻伤不下火线，感冒不请病假”，但是德国人受的教育是，如果自己得了流感还去上班，可能会传染其他同事，所以得了流感应该请病假。

“德国人的考虑是，你生病之后啊，你会不会传染其他的同事，他从这个角度啊，我觉得是从人性的角度，或者从人的角度上来讲啊，他这种考虑是没错的。在德国，人们并不是特别鼓励你生病了还来上班，这个我感觉是一种中德差异，所以在德国公司啊，真的生病的、请假的，一到春天这个季节，流感很多的时候，我看基本上 5%、6%的员工都不在，就包括生产线上的工人，这个时候你也没办法，你没办法，因为他们都生病了嘛，不能来上班。[……]你生产线有时候缺了人，产销你就走不动了嘛，这时候你就必须要去招临时工或者什么，要人去顶岗，也会导致你的成本增加。这块儿确实就是导致这个效率，它的产出不高的一个很重要的原因，包括人生病。”（A. Zc.先生，某机械制造公司总经理）

还有受访专家谈道，一些 60 岁[②]甚至 55 岁以上的老员工经常请病假。一家大型中资公司驻德国分公司总经理 N. Yc.先生谈道，这是令他常年困扰的问题：

---

① 来自“泡病假指南”，《德国经济周报》2021 年 3 月 9 日，www.wiwo.de/unternehmen/dienstleister/arbeitsunfaehigkeitsbescheinigungen-anleitung-zum-krankfeiern/22662030.html。

② 注：德国的法定退休年龄是 67 岁。

“比如那个55岁以上的有些职工经常请病假。你刚刚说的7天都说少了，我们有的员工一次性请病假就不止7天。一年本身就有30多天带薪年假嘛，是吧？这个再加上有的人请病假，一年要请一个月病假。当然这些人在我们公司，就是如果这个人经常这样做，可能就在淘汰他的范围之内。因为公司也考虑用人成本了。”（N. Yc.先生，某电器公司总经理）

也有专家认为，一般素质低的员工容易泡病假，尤其是在生产型企业，这种现象更为普遍。但是在新创企业，尤其在研发和设计岗位的员工较少请病假。另外，在管理岗位的员工较少请病假。

4.2.5.4 团队管理

跨文化人力资源管理的一大挑战在于对由来自不同文化背景的成员所组成的团队进行有效的管理，以增强团队成员之间的信任和团队凝聚力，提高其跨文化协同力。笔者在访谈中发现，在德中资企业的团队管理中存在一些亟待解决的问题，这些问题影响着中德团队工作的正常开展。

如前文所述，很多在德中资企业的员工是由外派人员、当地招聘的中国人或华人员工、德国人（也有少部分是来自其他国家的员工）组成。中德员工之间在团队合作中会因为文化的差异产生不少的误解，这种误解更多地体现在中德双方的思维和工作方式的差异上。有受访的企业领导指出，中德员工在工作方式、处理问题的手段和路径上往往存在很大差别，这导致很难以一个非常统一的工作流程或标准去要求中德团队。还有德国受访者批评道，对于一些因中德文化差异而引起的矛盾和冲突，中方领导往往只顾及尽快解决相应的表层问题，而很少去认真研究引起矛盾和冲突的深层原因。

很多受访的企业领导都指出了跨文化团队建设的重要性，但是他们认为，很难开展他们在国内较为熟悉的团队建设活动。中资企业总经理A. Zc.先生谈道：

“团队建设这块儿我们在做一些尝试，然后的话，感觉推起来也是压力比较大。最早的时候啊，我就希望在公司里面，比如说做一些文化的活动啊。我跟工会主席谈，我说我们能不能去成立一些，像运动俱乐部，[……]大家工作忙，压力挺大的，但是身体还是蛮要紧的，大家通过运动可以锻炼身体。第二的话，通过运动可以释放一下压力。第三，通过运动可以让团队呀，大家更好地去凝聚。我当时在那边去推那个，工会主席就跟我讲，这个在德国好像不是太容易，这个一方面来讲，大家下班都是自己有自己的时间。第二的话，这种统一的安排感觉他们从来没有过。”（A. Zc.先生，某机械制造公司总经理）

有受访专家表示，员工的多元化虽然可以为企业带来创新潜力，但是看问题的视角多了，统一起来需要较长的时间。总体来说，在多种文化背景的团队找到大家都能接受的管理方式、跨文化团队建构与协调是在德中资企业需长期面对的任务和挑战。

4.2.6　员工待遇与职业发展

中资企业跨文化人力资源管理存在的另一些问题是，一些员工因为对企业待遇不满意而影响到工作积极性，有的因为一系列原因而离开公司。员工待遇与职业发展的问题与挑战主要反映在以下几个方面：

4.2.6.1　工作条件与待遇

一些中资企业是在德国新成立的公司，其中部分中小企业“从零开始”，工作条件简陋，有的“连一个像样的办公室都没有”；有的新创建的小中资公司，招聘来的员工，没有清晰的职位描述，而是要一个人负责多个领域的工作（比如从办公杂务到营销业务）。在这样的情况下，很难留住人，更不用说留住人才，尤其是德国人：

“中国的一些老板总是想给你一个希望，说你如果帮我们一起来打拼以后的江山，你就这样这样那样那样。[……]德国人不会相信空头支票的。作为老板，你不能给德国人说：‘好好干，三年以后有好的回报。’我认识一个德国人，被一家中资企业聘为部门经理，可是等他去那个企业上班后，才发现，连个助理都不给他配，其他很多他需要的工作条件也没有，你让他白手起家吗？这个公司又不是他的公司。你让他跟你有兄弟情怀，能够帮你，把你的公司当他自己的，这个太勉强了！”（M. Ec.女士，某咨询公司经理）

还有受访专家指出，一些中资公司虽然有实力花几百万欧元投资一个项目，但是却不愿意花几千欧元来购买专业的办公软件，如德国财务人员通常使用的相关财务软件。对于德国财务人员来说，没有相应的软件，就很难正常工作。此外，一些中资公司不重视使用正版软件或是规范的软件系统，令不少员工感到不满，这也会妨碍日程工作的正常进行：

“我在×××公司[1]工作的时候，我们还用的是盗版系统，包括用 office 的盗版软件，而且还是 home 版的，这在德国如果被发现这个肯定是违法的，但是内部的电脑就基本上都是用国内以前下载下来的这些盗版系统，包括什么杀毒软件这种基本上全都是。关键我们全部靠系统操作，就是所有的货运就是大家几十台电脑联网的共同的这些数据，你用 home 版的根本就支撑不了，动不动就死机在那儿了，然后都没法工作，然后就乱套了。[……] 真的，在信息安全这方面基本上我们那时是很落后的，还赶不上国内，人家上海站的国内同事过来说：‘我们上海比你们这好多了，你们这太烂了。’就是鄙视我们得很。”（A. Cc.女士，某航空公司原职员）

一些受访专家表示，部分中资企业外派德国的人员对他们的薪酬待遇不满意，包括一些外派的企业高管，如果是来自国企，其工资待遇不能超过国家规定的外派人员工资指导线。这就造成了“一些外派的中国老总的工资还没有他们雇用的德国员工高，甚至低很多。我们公司一个帮我们做财务的德国人就说，德国人有这样的等级观念，认为工资代表着地位，你工资低，你地位就低，所以说这是一个比较奇怪的现象”（H. Mc.先生，某汽车配件公司总经理）。

对于一些在当地雇佣的人员来说，有的中资公司的薪酬待遇也不够有吸引力，在激烈竞争的人才市场，很难长期留住人才。

“说老实话，我们×××[2]的薪酬的吸引力没那么高，薪酬是造成我们人才流失的一个最主要的一个问题啊！我们在市场上，据我了解，应该是中等偏下一点点吧。但是现在我们领导层这边也在，就是不停地去向国内总部争取，去改善。因为如果长期这样下去，老是变成别的公司的培训机构，也是很头疼的一件事。[……] 因为德国人他需要一种安全感嘛！他要离开自己熟悉的德企环境要来一个中企，他需要克服，他肯定需要一些 added value[3]，如果你没有给他的话，他就很难长期在你这里工作下去。”（M. Hc.女士，某银行分行行长）

一位曾经在一家大型国企工作的受访者表示，一些中资企业给在德国当地招聘的中国留学生的薪酬比德国企业普遍低，她指出：“同样条件的中国人和德

① 此处隐去了公司名称。

② 此处隐去了公司名称。

③ added value：（英语）附加价值。

国人在纯德国企业去找工作，他们的薪酬待遇是相同的；而到在德中资企业找工作，则中国员工要比同样条件的德国人的税前月收入平均低 500～1 000 欧元。”（I. Zc.女士，某电信集团原职员）这样的现象不利于中资企业留住在德国当地招聘的中国员工。

由于一些中资企业的薪酬缺乏吸引力，它们往往只能招聘刚从大学毕业的缺少工作经验的中国留学生，或是此前失业的德国人。

4.2.6.2　员工激励

还有受访的中方领导表示，在德中资企业很难找到中德双方员工都接受的员工激励方式，比如组织员工参加集体运动或评先进等在中国企业通行的方式，在德国往往不被接受。中资企业总经理 A. Zc.先生谈道：

“然后我当时也跟他们提出，哎，那个评先进，优秀的员工啊，我们让他到中国去或者到美国去啊，就是公司去交流学习嘛。德国经理说：‘我们这边原则上不评先进。’他们不认可这种评先进的方式。”（A. Zc.先生，某机械制造公司总经理）

有专家解释道，如果企业评先进的话，一般只有一小部分人能被评上先进，这就意味着大部分员工不是先进；而德国人的思维是，作为企业员工本来就应该尽职尽责工作，做自己应该做的，所以不太理解为什么还要评先进。一位受访的中资企业德国高管表示：

“对于公司对员工进行表彰，比如给他们一些奖励或荣誉称号，有的时候我们德国人就会背地里偷偷地笑。我们把这种给甲一个 A 奖，给乙一个 B 奖的做法叫‘浇水法’，就是撒胡椒面儿的方式，我个人觉得这样的办法并不会取得显著的效果，我认为是没有必要的。[……]我们公司每年有不同的奖项，比如‘科技奖’‘未来之星奖’等等这样的荣誉称号，这个我也记不全。我个人的看法是，如果领导人与员工，他们用正确的方式交流，以合适的方式交流，并且及时地向对方反馈自己的看法，那么设这些奖是没有必要的。工资报酬让员工觉得满意，这个才是重要的。如果只有荣誉，但是工资报酬员工不满意，这也起不到什么好的效果。可能我们西方人就是这么想的，荣誉当然是好的，但是如果不在我的工资待遇上有相应的表现，那么荣誉对我来说也没有什么实际的意义。”（S. Id.先生，某中资企业研究所副所长）

4.2.6.3 员工心理健康状态与职业发展

一些受访的专家表示，一些中资企业，尤其是在德国运营时间不长的中小企业，领导大多是想着用人，希望员工能尽快为公司创造业绩，而很少与他们沟通其职业成长。另外，大部分到德国经营的中资公司，都是想在充满竞争的市场上取得成功，所以在这些公司工作的员工往往工作压力很大，也缺少职业进修的时间和机会。

还有受访专家谈道，他们很难做到家庭事业之间的平衡，尤其是外派到德国的中国员工，工作压力和心理压力往往更大。一位外派高管谈道：

“我们每年可以回国休假，每年只能休一次，假期加起来，可能有一个月。但是我们很难做到休假的时候不工作，至少对于我这份工作来说，我很难做到休假消失一个月完全不管工作的。[……] 这可能与我的岗位有关，因为我的工作接触的面非常复杂，而且基本是面向公司所有人的运营管理，我很难说我去消失一个月完全不管工作，我很难想象得到。”（M. Zc.女士，某 IT 公司运营总监）

4.2.7 人才流失与解聘

不少受访人指出，在一些在德中资企业中，工作压力与强度很大，很多当地聘用的华人或德国员工因受不了这样的工作环境而离职，包括有的德国员工因不适应中国式的企业文化而辞职。某 IT 公司人力资源部负责人 Y. Ie.女士谈道：

“有的同事，尤其是德国同事认为，在我们公司工作竞争太激烈，工作压力太大了，尤其是对非中国人来说，要适应这种新的企业文化是非常大的挑战。我们这里的很多德国员工，他们在我们公司工作了 3～5 年之后，他们表示的确接受不了这种紧张工作的节奏，所以他们就离开了我们公司，回到了他们之前更为熟悉的德国企业，回到了德国式的企业文化中。这是非常遗憾的事情，因为这些在我们公司工作了 3～5 年的同事，他们已经逐渐地了解和熟悉了公司的文化，他们的离开是我们公司的损失，这是我们目前要面对的问题之一。”（Y. Ie.女士，某 IT 公司人力资源部负责人）

此外，令一些德国当地雇佣的员工感到不适的企业文化元素还包括企业中较为分明的等级制度：

“有些德国同事最后还是离开了我们×××[1]公司，因为他们很多人不太习惯中国领导的这种过分强调领导权威、强调等级的做法，德国员工对此感到不适，他们不愿意改变他们德国式的行为方式，所以就离开了公司。”（C. YD.女士，某 IT 公司品牌及公共关系总监）

有一些在行业领先的中资公司，为员工付较高的报酬，但对员工的要求也特别高。很多德国人，包括在德国生活时间较长、已习惯了德国较为宽松的工作环境的中国人，也很难在这样高强度的公司中长期工作下去：

“除了德国同事之外，我也有认识的中国同事，他们说，×××[2]的报酬非常好，但是对我来说不合适，因为他们对我的要求太高了。我之前就有认识的中国同事，他最后放弃了在×××的工作。他认为，×××不太适合他。他说他现在的工作虽然工资少一些，但是可以更早一点下班。我可以说我不认识有其他的公司对员工的付出会有像我们公司这么高的要求、这么高的期待。”（S. ID.先生，某中资企业研究所副所长）

除了因不习惯某些中资公司的企业文化之外，还有部分员工是因为对中资公司的薪酬待遇或工作条件不满而离职。有专家指出，尤其是非管理岗位的在德国当地聘用的中国员工，他们对企业缺少归属感，往往会为了追求更高的薪酬而频繁换工作：

“这是中国员工非常普遍的一个心态，两年对他们来说不跳槽就感觉不太适应。但是其实对中国员工，对 40%的中国员工吧，转岗都是为了钱，这就是所谓的‘员工看价格，管理者看价值’，对吧？这就是一个价格和价值之间的区分。正是由于中国员工的这样的一个看价格的这种心态，所以导致中国员工的这种流动性、变动性比德国人要高一点。”（A. EC.先生，德国某州中资商会会长）

还有一些中资公司聘请猎头挖过来的德国管理人员，到了中资公司之后，发现很多期待的工作条件没有兑现，或是看不到升职和加薪的希望，最后就离开中资公司了：

“你对我的差旅费是什么样的一个报销？大家将心比心，你把一个在别的公司工作了 8 年、10 年的人挖过来，他肯定会跟原雇主比较，对吧？他去你那儿，

① 此处隐去了中资公司的名称，以下同。

② 此处隐去了中资公司的名称，以下同。

带着希望，'让你升职，升职的同时升薪'。为什么要来？要不然他不会来的。一般这种人 30 多、40 岁，有家庭，有房有车要养。可能他还有第二个孩子，第三个孩子在出生。那他需要一个稳定性，看不到希望他就会走。那你却留不住这些人，他好不容易适应了一年了，最后对你失望无比，就走了。"（M. Ec.女士，某咨询公司经理）

尤其是一些在德国新创的中小规模的中资公司，很难留住人才。某物流公司德国分公司经理 C. Yc.女士描述道：

"我们之前雇的一位德国经理，他在我们公司做了两年，后来他觉得看不到在我们公司的发展空间，就离职了。对啊，他如果看不到那个空间的话，可能就会跳槽。好多规模不大的这种中资公司，都会面临这样的问题。"（C. Yc.女士，某物流公司总经理）

此外，还存在同行挖人的现象。有受访者指出，对于竞争者来说，具有在挑战大且发展迅速的跨文化环境中的工作经验的员工是非常抢手的，所以有不少在德中资企业的员工被猎头公司抢到其他竞争对手那里去了。总体来说，在德国的人力资源市场上，对优秀人才的竞争是十分激烈的。

综合专家访谈的结果可以看出，一部分员工离职是某种因素突出作用所导致的结果，但很多人的离职原因是多种因素综合作用的结果，见下图（图 9）：

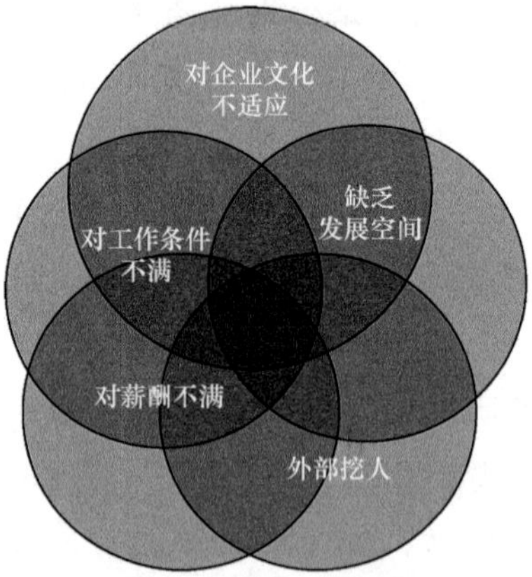

图 9　在德中资员工离职主要原因（作者自制）

除了员工主动离职外，中资企业也会解聘一些不合格的员工。在部分新建的中资企业中，解聘率较高，主要是因为这些企业在筹备期间准备不足，而往往是在德国成立公司后仓促招人，因此较难招到满意的员工。有受访的法律专家指出，一些中资公司在投资并购德国公司后，为了进行战略调整，希望解雇并购公司的一部分老员工。然而，德国劳动法对雇员有一整套严格的保护制度，一些中资公司对这些规定不够了解，在发出解聘通知后，一些员工选择起诉公司，最终导致中资公司付出高昂的代价。根据德国《企业法》，有五人以上员工的企业必须成立企业工会委员会以保护员工的利益。在一定规模的德国公司中，工会的力量非常强大，且会与当地劳动局联手保护员工的就业。这意味着，中资公司在解聘员工时，不仅要面对与被解聘员工的直接冲突，还要应对公司内部工会和当地劳动局的压力。德国劳动局有义务保障当地的就业率，特别是防止外国投资并购后导致的大规模裁员。受访的律师 I. Sc.指出：

“一些在德国的中资企业，特别是并购了德国公司的企业，觉得某个德国员工不合适，所以我就想不要他。但是让中国老板头疼的是，没有想到在德国解聘员工的法律规定得那么复杂，而且需要满足很多的条件。如果说不符合这些条件的话，可能你轻率地做出一个决定，要让这个人走，但是可能你要为这个决定付出比较大的代价，比如付出比较多的钱。还有一点，德国员工他毕竟是在这边长大的，他对德国法律体系的了解远远胜于你中国老板，德国员工知道怎么用法律这个武器来对付你，来作为他谈判的筹码。所以，现实的情况往往是，一边是基本不懂德国法律的中国老板，另一边是熟悉德国法律的德国员工，那么在那个对弈的过程当中，实际上中国投资人、中国老板最后的损失往往更大。”（I. Sc.女士，某律师事务所高级法律顾问）

本章节所探讨的在德中资企业的人力资源管理领域中的问题和挑战在多个方面对企业的经营和发展产生影响：人员招聘困境与结构不当可能导致团队配置不合理，影响企业运营效率；外派管理与适应问题则可能导致外派人员无法有效融入当地工作环境，影响团队协作和管理效果；缺乏有效的跨文化培训会加剧中德员工之间的文化差异，阻碍沟通与合作；中德工作方式的差异和跨文化领导力的不足，会导致管理决策的执行力下降，影响企业战略的实施；员工待遇与职业发展不平衡可能降低员工的工作积极性和满意度，增加人才流失的风险；最后，部分中资企业中的高解聘率和频繁的人才流失不仅影响企业的稳定性，还可能损害企业的声誉和在当地市场的竞争力，也会从整体上影响整个中资企业在德国的雇主形象。综合来看，这些人力资源管理领域的问题和挑战如果不加以有效应对，可能会对中资企业在德国的经营和长期发展带来不利影响。

4.3 品牌与营销

如本书第二章所述，营销是指企业通过一系列策略和活动，将产品或服务推广给目标客户，以满足客户需求并实现企业目标。在全球化背景下，跨文化营销对于海外企业尤其重要，因为它不仅涉及语言和文化差异，还包括市场需求和消费者行为的多样性。通过系统分析专家访谈的数据，笔者发现在德中资企业的跨文化管理问题与挑战主要集中在产品、市场开发、客户服务与维护、品牌建构与传播四个方面：

4.3.1 产品

中资企业在德国的产品要面临的一个很大的挑战是：有不少德国人对“中国制造”的产品有偏见，所以来自中国的制造企业要面对很多德国消费者对“中国制造”的偏见，而同时，国内发生的一些低廉产品事件加重了这些偏见。一位受访专家指出：

“现在中国的社会状况，或者是可以说，国内发生的一些产品质量问题的事件，在世界上、在国外产生的影响对我们是不利的。[……]因为中国产品，‘Made in China’这个标签对很多人来说就成了一个不可靠这个符号，就是一个廉价质量差。往往是这样，同样的东西，如果是从中国出来，很多人往往就不信任你。这是我们一个天然的一个很大的一个障碍。”（A. Xc.先生，某药材公司总经理）

事实上，一些急于到德国开发市场的中资企业，为了尽快推出产品，对产品质量的确没有足够地重视：

“德国人对中国制造的产品是有偏见，令人遗憾的是，的确是有中国公司制造的产品，他们不太重视质量，而那些质量不好的产品在德国是没有市场的。比如说我一位朋友以前代理的中国公司，他们是生产办公室家具的，包括办公室用的隔板、隔墙，他们生产的办公室家具设计还不错，但是他们产品的质量不够好，他们的生产工艺不好。可以说很多中国的公司他们在设计上都很不错，中国有很多好的产品设计师。但是对于工业产品特别是工业设备来说，产品的外形并不是很重要，产品的质量、可靠性耐用性是最重要的。”（I. Ld.先生，某机械制造公司营销经理）

在德国，有不少消费者认为“Made in China”的产品大多是质量不太好的低廉产品，因此，即使对于高端产品的中国生产商来说，对德国市场的产品定价很难，“价格提不起来”（N. Yc.先生，某电器公司总经理）。

有受访者指出，很多中国人推出一款新产品的时候，虽然知道这个新产品不是很完善，但往往希望通过市场的推广去不断完善它，而德国人认为这样的做法会影响客户对公司品牌的信任度。德国人对于新研发的产品，往往要多次测试和改进，直到他们认为产品没有缺陷，才推向市场，中国人认为这样的做法大大加长了研发的时间，很可能错过市场良机。因此，在德中资企业的中德双方往往在产品开发与市场营销的策略与路径上产生分歧。

在德国，产品的市场准入标准较高，包括不同的产品应达到相应的标准，并且在销售时需提供相关的第三方检测证书。一些中国投资人对德国市场未做充分的了解，就在德国投资建立贸易公司，把中国母公司现成的产品直接推向德国，而不针对德国市场做专门的产品开发与设计。有受访者指出，很多案例证明，这种不重视德国市场条件以及当地消费者需求的做法在德国市场不可能走得深远。比如一家在国内很成功的生产办公家具的中资公司，尝试通过其在德国开设的公司直接销售中国制造的办公家具，不到一年，就做不下去了。

“他的东西也没有专门为德国市场设计，只是把他现成的东西拿过来，想在德国来销售。确实是他那个设计呢，太复杂了，我觉得，安装起来特别特别复杂。我看到德国人喜欢的东西经常是很简洁的哈。设计的东西，简单装修得挺漂亮的。[……]就是说，在办公家具的审美方面，他们没有太去适应德国人的审美，他们设计的理念，我觉得可能跟德国的设计的东西还是有差距的。”（Z. Xc.女士，某家具公司原驻德代表）

新产品的开发往往需要中德团队的紧密合作，也需要企业与外部机构合作，如研究所、大学等。但在现实中，有的德国人过于保守和担忧，对中资企业缺少安全感或者存在着偏见，尤其对数据和高科技过于敏感，过度担心其核心技术外流到中国去，这样的信任缺失阻碍了中德技术开发合作。

事实上，的确有少数中资公司不尊重知识产权，仿制德国其他公司的产品。这样的做法，加深了部分德国人对中资公司的偏见。一位受访的专家谈道：

“比如，有一年在德国的一个工业展览会上，就有德国海关的警察，‘啪’一下把一个中国公司的展台全部给封了。因为有人去告，就说你那个参展的展品啊，是仿造他们公司，然后呢德国这个法律是允许这个海关官员啊，就是在没有做很详细的调查之前，先把你给封了。所以我们中国人就很吃亏的，经常有人花了钱来参展，还没参展，你第二天东西都给你没收光了［……］当然，现在我们中国人已经很重视知识产权了，但是偶尔还是有少数上面这样明目张胆去模仿、仿制人家的，尤其是你仿制了还在人家德国人眼皮下展览，这个是最蠢的。”（T. Hc.先生，某旅游公司总经理）

还有受访专家指出，中资并购德国企业之后，中德双方联合开发新产品新技术需要面对很大的挑战，现在合并为一家企业的中德企业，他们需要非常紧密的互动，需要沟通、协商与协调，而这并非易事。

4.3.2 市场开发

如上文所述，德国的市场准入门槛较高，市场开发的成本也比很多中资公司所预想的要高很多。初创公司民营企业家 Z. Vc.女士分析道：

“我觉得德国的比较有价值的地方就是说它的法律法规，因为是老牌资本主义嘛，比较健全。整个市场就是说没有太大波动，没有太大变动，但是又具有很大的挑战。因为毕竟欧盟市场就是欧洲每个国家都比较小，所以每个单一市场并不大，它是整体市场还可以，然后呢，每个单一市场又有语言的这个障碍，对吧？然后又有一些人文这个的障碍，就是文化差异，所以再加上它这个老欧洲都是大公司，人力成本非常高，然后那个规矩非常多，所以说其实对于新公司新的创业公司，进入欧洲市场，尤其是进入德国市场，其实都是高成本的进场。”（Z. Vc.女士，新创时尚服饰公司企业家）

还有一些在德新创的中资公司，虽然其国内母公司很有实力，但是在德国市场却是需要从头开始，尤其是当这类公司在德国处于新兴的行业领域时，其面临的挑战就更大了，比如与中欧班列相关的物流公司：

“我觉得，可能中欧班列这个行业当然也是，现在有很多的不稳定性，因为现在毕竟是一个靠补贴在做的一个服务。那国内的补贴方式，可能就是这个行业走向的一个决定性因素，包括现在各地有一些互相争抢货物啊，然后通过打价格战来争取客户啊那些。那当然，这个只是暂时的，我觉得可能是一个行业在发展之初都会走过的一段比较混乱的时期。”（C. Yc.女士，某物流公司总经理）

在新客户开发方面，很多专家认为，中资公司在尝试与潜在客户建立初次联系时，往往会遇到障碍。比如如果在网上找到某一家有可能成为潜在客户的公司的联系方式，发邮件或者直接电话联系，很难激发德国公司的合作意愿。

当然，见面交流比网上联系情况略好，但中资公司在德国要赢得新客户，要比德国公司面临更大的挑战，尤其在中资公司的产品涉及食品和药品时，德国人更是谨慎。

在服务领域，中国企业有赢得新客户的机会，但过程往往比较漫长，一位受访专家谈道：

“德国还是很传统的一个国家，就是当企业和一家银行有固定的关系之后，他不会是说因为另一家银行贷款利率更低，他不会因为这个原因而换银行。他首先需要了解你更多的背景。我觉得德国人做事，就是说双方的了解或者说一定的规定，你要把很多事情沟通好，然后再确定是否这样发展。在最初的时候他一般都是有些观望的，所以主动出去上门找到他，马上就谈成业务的情况很少很少，他是需要对你有一个较长时间的相互了解。”（X. Vc.女士，某银行分行部门主管）

相较纯德国企业，中资企业由于不甚熟悉德国人的消费习惯，如果要在德国开辟新市场赢得新客户，就需要投入更多的精力和资金，这包括需要设计出符合德国人消费习惯和心理的有特色的产品，并找到适合他们的销售渠道：

“你要设计出或者研制出很好的产品来让德国人对你的东西感兴趣，而这一点上我们是欠缺的。为什么呢？我们对德国人的消费心理啊，毕竟不是土生土长的人他不够准确，把握得不够准确。所以呢，包括他们习惯的销售体系、销售渠道，你也需要较长时间去找到，而这是其他德国公司熟悉和擅长的。那么在这些点上，我们自己又没有比较大的资金的投入进来，如果说我有很多的资金我可以做这个事，那我就可以先投下去。[……]但是你不知道就是你花钱花到什么程度了以后啊，你得到的效果是能够盖住你这个花销。每年花比方说五万欧元的这个市场（开发）费用下去，一直后来到花到将近十万欧元，我们依然没有找到这个平衡点，就是盈亏平衡点。[……]才能够把这个同样的这个客源带来，然后再有去研究客户评价这方面的费用，同时你要有足够的人上去。这些是我们一直面临的问题，第一也缺乏勇气，第二对这个市场不熟悉。”（T. Hc.先生，某旅游公司总经理）

对于家用电器或设备，德国人更换新产品的频率普遍较低，他们更偏好寿命长的产品，包括有的德国家庭，洗衣机、电视机甚至汽车可以用二十年以上而不换新。很多德国人不会因拥有一个新产品而炫耀，倒是常常为自己的某一家电用了特别长时间还没有丢弃而自豪，这也与德国人较强的环保观念有关。

很多中老年德国消费者换手机频率也很低。他们认为手机只要能打电话、发信息就可以了。相反，如果手机的功能太多，反而会让很多德国人尤其是中老年人觉得浪费。有一位德国专家谈道：

“我们德国是一个老龄化越来越严重的社会，所以很多老年人，他们不需要功能繁多的手机。当然还有一个原因，如果手机功能太多了，反而会让一些德国人产生疑虑，因为我们德国人对数据保护特别看中，特别敏感，对于自己的个人数据非常小心。”（S. ID.先生，某中资企业研究所副所长）

另一位受访的德国专家还谈道，她的父母为了保护自己的个人数据，直接拒绝使用社交媒体，给家人朋友发短信至今仍使用手机的SMS短信功能。

4.3.3 客户服务与维护

德国不仅市场准入高，德国客户的维护也需要很大的投入。一些中资企业认为在客户，尤其是在公司客户沟通协调方面面临很大的挑战，特别是供方在此前约定的方案基础上有新的变化时，与客户沟通新方案需要花费较长的时间；

“[……] 然后也有一些像采购的材料费用这块儿嘛，特别是涉及采购材料或者涉及产品相关的一些东西，你必须要得到客户的批准，这个也是属于效率低的另外一个方面。唉！这个批准啊，有时候在德国客户这边，我看有些项目要搞一年，可能客户才能够认可你提出的这个方案，这个事儿也是属于，真的是觉得与德国客户沟通效率低的原因。[……] 另外，有时候你一变，他就觉得有风险。然后的话，你把新的方案给他，他有可能一直不处理，放在那儿，就拖。这种事儿啊，整起来也是觉得特别麻烦。客户这个口子，他是客户，你还不能去要求他怎么办。”（A. ZC.先生，某机械制造公司总经理）

在支付方面，很多德国人还是偏爱传统的支付方式。德国人是欧盟人中最喜欢使用现金支付的人，很少有人愿意使用电子支付的方式。其中一个原因在于，很多德国人认为电子支付不够安全，同时也担心会泄露个人信息。专家们的这些看法，也得到了德国相关调查结果的证实。多家德国媒体都曾报道德国人在支付方式方面的保守，即使在新冠疫情期间很多国家的消费者都更多使用非现金支付的情况下，很多德国人仍然对现金支付“情有独钟”。根据2021年5月3日德国《世界报》报道的一项世界多国消费者支付习惯调查结果，现金依然是德国人最偏好的支付方式，只有38%的德国人在购物时愿意用银行卡支付，远低于其他国家的比例；此外，德国人对通过智能手表、人脸或指纹识别的支付方式更是谨慎，只有2%的德国人使用过此类支付方式[①]。

有不少受访者指出，在客户开发和关系维护过程中，德国企业的合规管理规定较多，这使得一些中资企业的中国员工感到不适应。他们对相关细节不够了解，导致工作上处于被动。比如在邀请德国客户或赠送商务礼物时，消费不能超过规定的额度，这个规定的额度在某些联邦州是单人消费不超过35欧元，而在另一些联邦州则是单人消费不超过25欧元。如果超过规定的额度，就会被视为不符合相关的合规规定，甚至可能被视为贿赂行为。

在产品售后服务方面，本研究发现，一些大型的有长期国际经营战略的中资企业很重视提供专业的客户友好的服务，但是一些缺乏长期国际经营战略的中资企业（尤其是规模较小的企业）没有对产品的售后维修和客户维护做系统的安排，这些企业很难在德国有长期可持续发展。比如在上文中提到的经营办公家具的在德中资企业就存在这样的问题：

“他这个应该是没有什么售后，但是如果是你这个质量，他这个应该是这个建筑行业，你这种东西修好了，肯定要验收吧？验收完了以后，应该有一定的保质期吧？如果在这期间有什么问题的话，他就应该为你提供那个服务，应该有一些的，但是他这个企业根本就还有没有做到这些。”（Z. Xc.女士，某家具公司原驻德代表）

4.3.4　品牌建构与传播

在品牌建构传播方面，很多在德中资企业面临的问题是，它们的品牌在德国没有知名度，要提升其在德国的影响力，需要企业较大的人力物力投入：

“我觉得我们品牌上，首先，不是很知名，×××[②]在德国还不知名。虽然说我们做的东西，渠道里面很多品牌是我们做的，但是别人不知道背后的是×××的，不知道这个制造厂商的。那个就像你用苹果，你不知道他的背后的制造商，对吧？这可以理解。所以呢，这是我们的短板，我们现在逐渐在补。”（N. Yc.先生，某电器公司总经理）

---

① 来自：德国《世界报》2021年5月3日文章“Deutsche zahlen immer noch am liebsten mit Bargeld”（“德国人依然最偏爱现金支付”），https://www.welt.de/wirtschaft/article230823765/Umfrage-Deutsche-zahlen-immer-noch-am-liebsten-mit-Bargeld.html。

② 这里隐去了所访谈的种子企业的相关品牌。

有的中资企业，因为早年没有考虑国际化营销，到德国之后才发现，他们在国内使用的品牌在德国已经被注册了。一位受访专家谈道：

“我们公司是 1988 年成立，但是成立之初也说我们怎么把中国做好，已经很不错了，根本就没想过有一天我们会走向欧洲。这也是为什么我们现在这个商标有问题的事情就是这个原因。我们 1988 年成立，但是我们的商标在欧洲注册得比较晚，就从来没想到，‘哎，我们有一天要卖到欧洲’。结果这个 sky 电视台，他是公司成立比我们晚，但商标注册比我们早，所以呢就是导致我们现在，他对我们提出来我们不能卖我们这个品牌，因为他的注册比较早。其实我们品牌名称并不与他们完全一致，他们叫 sky，而我们叫 sky×××[①]，但是呢他说，‘你比较雷同’，所以呢他就说，‘你不能用这个品牌销售’。所以这点就是我们公司成立的时候根本就没想到国际化这么一个过程，这也是后面带来的问题，确实是。”（X. Hc.先生，某电器公司总经理）

不少中资企业在德国做了一系列的产品和品牌宣传工作，但从跨文化营销的视角来看，还存在一些问题，比如在宣传方面未能有效触及德国人的关切：

“一些中资企业的确存在这样的问题，就是我们刚才讲到的去做宣讲啊，我们的企业可能会给德国人看上级或级别更高的领导来企业视察的照片，但是德国人看了这些照片，往往无感。德国人更看重的是，你的产品获得什么国际认证、达到相关的德国工业标准、产品有什么技术含量、有什么不可替代性等等，而你给他们看上级领导来视察的照片，往往就是一种一厢情愿的宣传，自说自话，就是没有触达德国人真正关心的东西。”（M. Mc.女士，某科技园总经理）

还有受访专家谈道，一些中资企业在制作企业宣传短片时，把为国内市场制作的短片直接翻译成德语，用于德国市场。比如包括宣传企业所在的城市在周朝的时候，就有著名的文人墨客在此吟诗作画，而德国客户没有这样的“文化记忆”，所以这类宣传很难引起德国客户的共鸣或共情。而有一内蒙古厂家的企业宣传片，提到成吉思汗的伟业，则可能触发德国人对于匈奴人占领欧洲的文化记忆，错误地强化了德国人对中国崛起的“恐惧感”。

除此之外，将用于国内市场的文案直接照搬到德国市场的做法还包括直接使用汉语拼音作为品牌名称的德语版本，没有考虑到一些汉语发音在德语中并不存在。此外，一些企业将其汉语名称直译为英语，并用这些直译过来的英语

---

① 这里隐去了访谈的中资公司品牌全称。

名称的首字母缩写作为其在德国的公司名。这种做法导致公司名大多由辅音字母组成，这让德国人很难发音和记忆。此外，一些品牌名称过长，同样难以让人记住。

在此之前提到的一些希望在德国市场边做边学的公司，许多并没有准备好品牌宣传方面的工作。例如，一些公司的网页没有提供德语版本，甚至连英语版本也没有。虽然一些中资公司已经为德国制作了相关的营销宣传材料，但质量不够仔细和专业，包括未聘请专业的翻译，导致宣传材料中存在很多德语错误。这样的宣传不仅没有提升公司品牌形象，反而可能给德国客户留下不良印象。

“比如说我发现我们×××[①]公司之前的产品宣传册，里面还有德语错误，包括拼写错误。可能对于美国人来说，他们不是很在乎这些。但是对于德国客户来说，如果公司产品的宣传册中还有语言错误甚至拼写错误，这给人的印象非常不好。虽然拼写错误与我们所生产的工业设备没有直接的关系，但很多德国人的思维逻辑是，如果连正确拼写这样简单的事情都做不好，那怎么能把大型工业设备做好呢？可以说这些看似形式上的东西其实是非常重要的。”（I. LD.先生，某机械制造公司营销经理）

对于注重细节和质量的德国人来说，品牌宣传册的质量和细节至关重要，因为它们直接反映了企业的专业水平。很多专家指出，如果宣传册的纸张质量不佳、产品照片分辨率太低，或者宣传册的排版显得过于花哨，这些问题都会严重影响品牌的宣传效果。一位受访的德国专家指出：

“一些中资公司他们不太了解我们德国人的审美，他们的宣传册往往是把一张纸排满了文字和图片，经常是三栏，甚至还有四栏的，一页纸上出现好几种不同的字体，用很多种颜色，让我们德国人看了觉得眼花缭乱的。你知道，我们德国人比较喜欢简洁，尤其是工业产品，应该突出产品本身，而不是给读者一大堆与产品本身没有直接联系的信息。”（E. MD.女士，某贸易公司职员）

对于中资企业来说，如果希望在品牌传播方面采取更多适合德国当地化的跨文化营销手段与措施，往往意味着营销成本的提高，包括德国广告设计与传播的费用都比中国高出很多。

“德国人做广告，这边的各种成本太高。所以很多时候一些小公司他并不会去找大的广告公司或者说这种营销公司去做，因为成本很高的。我们那时候要

① 这里隐去了访谈的中资公司名称。

做一个网页，就是包括说做这种的……（注：这里，受访者向访问者展示网页），他们的费用是非常夸张，都得要一万多欧元啊。同样的网页设计，在中国，你可能百分之三十的费用就够了。”（E. Ic.女士，某海运船务公司总经理）

中资企业在德国进行品牌营销时是否强调其来源国家，这也是令一些企业领导者感到困惑的问题，甚至是在一些“中国制造”有天然优势的行业，比如中药。某药材公司的总经理 A. Xc.先生表示：

“所以呢，我们也挺纠结的，你说我打不打‘中国’这个牌子呢？你这个不打，我中医本身就是中国的，就是传统文化，我们的道家思想，那别人是很羡慕的。但是呢，一旦中国的东西强调太多了，别人三聚氰胺呢或者是 baby 的奶粉啊什么这种，可能也会联想起来。[……] 当然知道你是排队买奶粉的，很多德国人都知道啊，知道你们中国人去德国超市抢奶粉，代购奶粉的这些，这就是个悲哀，悲剧就在这儿。”（A. Xc.先生，某药材公司总经理）

品牌形象与企业形象紧密相关。如前文所述，一些在中国耳熟能详的中国企业在德国却不为人知。要提升品牌在德国的形象，还需提升中资企业在德国的整体形象，包括参与德国当地社区活动，积极承担企业社会责任。然而，根据专家的访谈结果，总体上中资企业在德国的公益活动较少。一位受访的专家指出：

“在中国很有名的品牌，在国内做公益很多，但是在德国做得还很少。总体来说，中资企业在这方面目前是有欠缺的，[……] 我觉得企业在当地做公益当然有必要。你一个大企业，你在当地发展到一定程度，你肯定是做这个事。就像我们，我们在这儿发展到这个程度以后，我们花了相当的精力去做这个公益，或者说是为其他人做这些事情。”（T. Hc.先生，某旅游公司总经理）

因为在德中资企业中新成立的公司多，公司“还在爬坡阶段”，还未盈利。或者有已经盈利的公司，认为自己“现在还是创业时期”，希望“先把蛋糕做大，把企业做强”，再在德国当地做公益工作。一家在德中资公司总经理 A. Lc.先生谈道：

“我们在本地，就是说社会责任，我们是做的，但是说实话，做得比较少，因为我们在德国的公司还是属于小企业。但在中国，你知道，我们在中国做了很多捐赠啊，因为我们大老板还捐了 1.2 个 billion，12 亿美金啊！总共啊！从他创业到现在已经捐了 12 亿美金了。这个在中国做了很多这种社会的福利啊，或者改善公共生活环境方面做了很多工作。但是呢，在德国我们目前做得比较少，你说现在真正去做什么幼儿关怀，去做养老院啊或者捐赠什么东西啊，我们现在目前，因为确实这个公司的体量比较小。”（A. Lc.先生，某新能源车企总经理）

还有专家认为，有的中资企业即使希望能在德国当地更多地承担企业社会责任，但由于与德国当地社会缺少联系，不知道具体该做些什么公益工作以及从哪里做起。

如本书第二章所述，在跨文化背景中，营销的关键在于理解消费者观念、价值观和社会需求的差异。在跨文化市场营销活动中，文化的影响是全面的，涉及整个营销过程。在跨文化营销过程中，企业往往需要在标准化和差异化两种营销策略中进行考量并找到平衡，以兼顾经济效益和满足当地市场的特殊要求。

总结专家访谈的结果可以发现，在德中资企业的跨文化营销领域面临诸多问题，这些问题不仅仅是技术和管理层面的挑战，更是文化、社会和心理层面的挑战。这些问题不仅直接影响企业的市场开发和品牌建设，还可能对企业的长远发展产生深远影响。

4.4　交际与沟通

交际与沟通涉及在德中资企业跨文化管理的所有领域与层面，包括前文中描述的企业文化、人力资源管理和营销管理。有效的交际与沟通是确保这些管理领域顺畅运作的关键。通过对访谈数据的系统分析，本研究发现，中资企业在德国面临的很多问题与挑战，都与中德跨文化交际与沟通相关。鉴于此，在上文中从企业文化、跨文化人力资源管理和跨文化营销的角度分析这些问题与挑战的同时，下文也尝试从交际与沟通的视角，来对相关问题进行梳理。如一位受访专家指出：“只要涉及人的问题，都会有沟通的问题。”（Y. Yc.女士，某咨询公司经理）

很多专家的经验证实，在中资企业中需要频繁交流的领域往往是容易出现问题的地方，如中资公司德国总经理 D. Od.先生所谈到的：

“总的来说，如果是之前比较明确的，不需要中德双方太多交流的这些领域问题一般都不太大；而一些需要中德双方交流的、还没有明确还需要做决定、需要交流甚至反复交流的工作，往往就比较困难，而且是最困难的。事实上，我们中德双方之前都把这一块儿没有充分地考虑到，没有认识到这一沟通交流工作的难度和挑战性。由于之前低估了中德双方交流的难度，所以当真正问题出现的时候，我们都没有充分的准备，这就造成了更多的困难。”（D. OD.先生，某机械制造公司总经理）

对跨文化交际的认知在很大程度上影响到中资企业内部和外部的跨文化交际的成效。中资企业中的一些中国和德国的领导和员工存在自我文化中心主义的思想，他们将母文化惯常的价值观、思维和行为方式看作是通行的标准，以这些标准来评判来自另一文化的成员，因此往往得出这些成员的思维和行为方式是不可理喻的、错误的、需要改正的等结论。受访的德国高管 P. QD.先生指出：

“我认为企业内外的中德合作和跨文化沟通中存在的最大的问题是，中德双方都认为，问题总是出在另外一方，而自己总是正确的、总是更好的，或者一味坚持对对方的刻板印象和偏见。在工作中出现问题时，总是把问题和责任归咎于另一方，比如德国人说：‘这些中国人，这又是因为他们不重视质量而引起的。’或者中国人说：‘这些德国人，总是这么死脑筋，一点不懂得灵活应变。’”（P. QD.先生，某咨询公司经理）

上述自我文化中心主义的思想和行为往往阻碍中德双方的沟通，造成隔阂，甚至加重隔阂。

“很多中资企业的中国和德国员工都抱怨中德双方缺乏沟通，或是沟通不畅，没有得到透明的准确的信息，具体表现就在这些抱怨上面。比如说中国人抱怨德国人怎么怎么样，然后德国人抱怨中国人怎么怎么样，抱怨‘他们都有自己的小圈子，都不给我们说话’，什么什么的。”（X. RC.女士，某经济促进协会职员）

总体来看，交际风格与沟通方式的差异、语言障碍、非言语交际误解以及言语伴随和言语外交际等方面的问题，常常导致误解和冲突。这不仅影响了员工之间的协作，也对企业的整体运营效率和市场竞争力产生负面影响。因此，深入研究和理解这些交际与沟通问题，对于提升在德中资企业的跨文化管理能力至关重要。

4.4.1 交际风格与沟通方式

在访谈中，中德双方的专家都有人认为一些德国和中国同事缺少积极沟通的意愿。中资公司高管 Z. Mc.女士谈道：

“我感觉德国人就是，你很难与他们沟通。就是有的时候你跟他沟通对吧，你就会发现沟通不清楚。比如说我会意识到，我看他的脸没懂啊，那就再说一遍，他就会觉得：‘嗯，你还要说什么呢？你已经跟我说过了呀？’就是那种，不是很好沟通。[……] 因为我觉得我们中国人这样锻炼出来，我觉得我还是挺会沟通的。但是遇到他们（德国人），有时候我就发现大部分人，他们都不太乐意沟通。不是说他对你有意见，或者怎么地，就是包括他们（德国人）自己有的时候他们的沟通都不是很畅通啊，甚至最好玩的，就是我来了一年多左右吧，他们两个部门沟通上，是通过我沟通，他们自己都不直接沟通。”（Z. Mc.女士，某机械制造公司财务总监）

Z. Mc.女士所管理的中资公司在巴登符腾堡州的一个小镇，是生产型企业。从她和其他专家的访谈结果分析中，可以发现一个值得注意的现象：总体来说，基层员工比管理人员更不善于沟通，小地方的生产型企业的员工，跨文化经验较少，他们大多没有像 Z. Mc.女士这样作为高管外派到德国的中国人那样乐于且善于沟通。可以想象，如果是一位德国高管，被派往中国一小镇的德资企业，这位德国高管可能也会认为当地中国员工“缺少积极沟通的意愿”。

本研究通过访谈还发现，一些中资企业的德国员工期望更多地获得关于公司发展的信息，但他们的印象是，中国领导不愿意向员工们透露太多关于企业发展的想法，某 IT 公司品牌及公共关系总监 C. Yd.女士在访谈中提到这样的现象，并尝试解释其原因：

“在大会上，员工也可以向中方总经理提问，有的德国同事在与中方领导交流的时候，特别直接，有时候甚至不那么礼貌，让中方领导感觉不愉快。就是说他们的表达方式有时让中方领导感到他们不给面子。虽然如此，我们的中方总经理还是说，既然德国员工有这样的期待，那我们就每三个月开一次全体大会。通过这样的方式，我们的中方领导或多或少地消除了一些德国员工的疑虑。但是总的来说，也没有百分之百的达到德国员工预先所期望的那种效果。就是说，中方的领导，他们的风格是先把事情做起来，边做边摸索，在做事的过程中来去寻找解决问题的办法，而不是在工作一开始就有非常清晰的路线和策略。因为很多工作，还需要向中国母公司的领导沟通，很多事情是需要临时改变的。所以很难像那些德国员工所期待的那样，把公司所有的重要的事情都事先向员工交代清楚，这个在中方领导看来是不可能的，也是没有必要的。”（C. Yd.女

士，某 IT 公司品牌及公共关系总监）

专家们指出，尤其是那些在中资企业工作时间还不长、对中国人的交际风格不甚了解的德国员工，他们期望公司发展的重要信息对所有员工应该是透明的，且认为员工应该可以通过官方的渠道来获得这些信息；而不少中方领导从心底里并不认同这样的做法，虽然他们有时候为了走形式，给员工通报一些公司发展的情况，但这种方式并不是他们心里很乐意的，因为他们往往并不情愿向员工全盘托出他们心里所想，也因为他们往往并不会且认为没有必要在做事之前就制定出周密的长期规划。

还有德国专家指出，很多中国同事认为反复向德国同事解释和与其沟通费时费力，应该把时间和精力集中在做事上，所以他们可能常常在德国同事还不知情或没有完全理解的情况下，就把工作做了。这让很多德国同事觉得自己被置身事外，没有受到尊重，而且一些看似小的问题如果没有得到及时沟通，将来可能会积累成大问题。

有不少专家都指出，在企业内外的中德交际所面临的挑战，一方面是语言的问题，但更主要的是中德交际风格的差异，包括在很多时候，双方即使“听见”了对方所讲的，不一定就明白了对方真实的想法；或是虽然没有理解或是并不同意对方，但是却没有即刻向对方反馈自己真实的想法。中资企业德国高管 S. ID.先生谈道：

“中国人不太习惯在交际的过程中，在听的过程中就直接给我们反馈。[……]如果中国同事在听的过程中能直接告诉我们他们的反馈，我们的交际就会变得更透明更有效。但很遗憾，大部分情况不是这样。[……]。当然，我在这几年的×××[①]公司工作的过程中，也慢慢习惯了中国同事那种委婉地间接表达意思的风格。但是总体来说，我觉得这种委婉间接的表达方式的确对我们的工作效率和质量是有影响的，因为它有可能妨碍我们对工作的真实情况和具体问题及时做出正确的判断。”（S. ID.先生，某中资企业研究所副所长）

德国人更倾向于直截了当的语言表达方式，而中国人在语言表达时则比较间接委婉。因此，当习惯就事论事明明白白地谈工作的德国人与注重通过恰当含蓄的表达维护良好关系的中国人打交道时，往往很难领会到后者隐含在字里行间的真实想法，S. ID.先生补充道：

① 此处隐去了公司名称。

“还有一个比较典型的问题是，一些中方同事，他们往往不直接地说事情，而是比较委婉地描述事情。如果对中国人比较熟悉且具有敏感力的德国人，他也许能够听出来中国同事所想间接表述的意思。比如中国同事说：‘也许我们可以朝着这样的方向来想？’只有了解中国人说话方式的德国人才能判断出，实际上中国同事的意思是‘我认为我们应该朝着这样的方向来想’。就是说，中国同事说‘也许我们可以……’实际上他想的意思很可能是‘我认为我们应该……’。如果不熟悉中国人这种说话方式的德国人往往就不能理解中国同事的真正意图，就会影响双方的工作进程。就是说中国人习惯在表达愿望时把自己的愿望弱化，而不是强调。”（S. ID.先生，某中资企业研究所副所长）

对于上面这种中式委婉表达的方式，中资企业中方高管 A. YC.先生的看法是：“对，就我们说的可能觉得很礼貌，然后他们德国人可能经常会觉得，‘哎，你含含糊糊的老是说不清楚，说不到要点上’。他们会说：‘你到底想说什么？’他就反而很着急。然后反过来说，就是他们（德国人）在表达一些东西的时候，可能在我们听起来就非常尖锐。”（A. YC.先生，某中资企业研究所所长）

对于在高语境的中国文化中成长的人来说，大家能很快听懂那些委婉的表达背后真实的想法，但是对于来自低语境文化的德国人来说，他们往往会照着字面的意思去理解。多年从事中德技术合作与交流的德国某咨询公司经理 T. DD.先生描述道：

“在德国，做生意的方式与在中国不同，比如说一个德国公司的 CEO 与另外一个德国公司的 CEO 就一收购案进行交流，他们会很务实，谈一些细节，指出一些问题，坦诚交换意见。如果一方说对方的东西好，而价格也在预算中，那么这个生意就谈成了，不需要给对方一种想购买的印象，但同时又在谈着另外好几家，这是德国人做生意的方式。而中国人往往同时谈多家公司，他们的关系网很大，很复杂，对于我们德国人来说，简直太复杂了！很多德国人的思维是，‘这个是我们公司的产品，这个是我们的报价，好吧，你看看是否合适，如果有什么问题，我们可以解答问题’；而中国人往往会说‘没问题没问题，你们的产品很好’等等等等，德国人就会理解为，中国人会买他们的产品，他们不知道中国人还会同时去和好些其他的德国公司谈，而对他们之前说‘产品很好’的德国公司就没有后期反馈，没有下文了。”（T. DD.先生，某咨询公司经理）。

在中德交际与沟通中，德国人还特别不适应的是，他们认为很多中国同事或合作伙伴，经常改变事先约好的沟通方式或日期：

“他们认为中国人太灵活了，他们事先约好的那个沟通的形式老在变。德国人他喜欢有一个 Struktur[①]，然后他就知道比如说周一开会，周五开会，然后中间三次 email 什么的，他可以按照这个事先约好的时间来提前安排工作。但中国人老根据现实情况变更日期，这会让很多德国人对中国伙伴失去信任。”（M. Gc.先生，某商务中心总经理）

如前文所述，很多德国人在时间安排上是长期性的，包括提前较长时间确定下来的事，一般不会改变；而中国人因为常有临时的改变，所以平时工作中需要高频率的互相沟通，以确定目前的最新状况。一家中资企业的总经理 X. Hc.先生谈道：

“[……]因为这个其实跟习惯有关系，你比如说国内的人习惯不停地在push[②]你，因为怎么说呢，就是我们在国内工作是很习惯在短时间内我们要有个结果，所以我发邮件你如果不回，我就打电话，我就发微信，然后要不我就跑过去追着你要，然后你就给了。但是德国人习惯不一样，德国人是，用我们的话来说，就是很佛系，就说你发了邮件，他们不回，你等，你等一个星期他不回，你再发一个邮件，但是他可能还是不回，他有他的时间节奏，你催他也没用。[……]所以呢，在这种沟通的时候，德国人是这种很佛系的沟通。中国人呢就是说，唉，你不 push 我，我就不回复你，所以导致双方在沟通的时候会有一些脱节。”（X. Hc.先生，某电器公司总经理）

X. Hc.先生上面谈到的问题，也得到了其他几位专家的证实，比如中资企业德国总经理 T. Xd.先生指出：

“[……]另外一方面的挑战，我觉得是，在管理层方面，如果是与中国的管理层的同事交流的话，很多工作我们往往要追问三四次。这个与我们在德国比较熟悉的管理风格还是有差别的。在德国，如果是你给对方写了邮件，提出问题，那你就不用再三催他，你会在你期望的时间内得到明确的回复。”（T. Xd.先生，某化工公司总经理）

① Struktur：（德语）结构，这里指双方约定的沟通时间的规律性。

② push：（英语）推动，这里指“催促”。

4.4.2　语言方面的问题

语言是文化的表现和载体。在跨文化交际中，语言表达起着重要作用。中资企业德国高管 S. ID.先生指出：

“我在×××[①]公司工作已经好几年了，你问我中德跨文化合作最大的挑战是什么？我觉得首先不是因为笼统的文化问题，首先是语言的问题，是语言沟通的问题。”（S. ID.先生，某中资企业研究所副所长）

有专家强调，语言问题是影响中德跨文化沟通效率的关键，尤其是在非面对面沟通的情况下，如邮件沟通和电话会议时。还有专家指出，本来跨文化理解就难，如果语言不通，要达成中德双方的理解就更难。中资企业在跨文化沟通方面的语言问题主要涉及德语、中文和英语三个语种：

4.4.2.1　德语问题

在访谈中，专家们几乎一致认为，对于在德国的中资企业的内部和外部交际来说，德语起着不可忽视的重要作用。很多中德跨文化交际问题的产生，皆源于企业中的中国领导和员工不会德语或是德语沟通能力未能达到工作和生活所需要的水平。有的专家甚至强调，中资企业要在德国取得成功，中方人员必须会德语。德国某咨询公司经理 T. DD.先生基于他多年从事中德技术合作与交流的经验指出：

“我可以给你举一些例子，比如一些中国公司，这里我不提他们公司的名字，他们到德国来，他们到德国来开公司设办公室，在法兰克福、斯图加特等等等等，但是办公室本身是不能为公司工作的，你在这里可以看到，你看到这里有多少空着的办公室。重要的是，中国公司来到德国，必须懂得德国人的语言，必须懂德语。因为只有懂德语，才能更好地与德国人沟通，促进中德双方的了解和理解。[……]一家中资公司如果有精通德语的中国员工，说明他们也是全面了解德国文化的，说明他们之前与不同的德国人交流过，了解过德国人的思维和行为方式，就不会出现上面我提到的沟通问题和冲突。”（T. DD.先生，某咨询公司经理）

① 此处隐去了中资企业名称。

对于在德国的中资企业工作的中国人来说，是否能用流利的德语与德国人沟通，在很大程度上影响着彼此之间的信任和工作上的默契。而语言上沟通的不畅会形成中德团队中的隔阂感。一位受访的中国专家谈道：

“第一个语言问题是什么呢？就同样的我跟德国同事说一句话，或者是我给他介绍一种模式，他的理解度会很低。一方面可能是我德语表达能力是有限的，第二点原因就是他对这个问题的理解，中国人做事的那一套跟德国人做事那一套，中国市场投资环境跟德国市场投资环境，这个是完全不一样的。所以说他对中国这种商业模式的理解很低。第二点呢，就是说在一个既有中国人，也有德国人的团队中会比较难，我跟我另外的两个中国同事说几句话，他们就有很感同身受的感觉，他们就很快能明白。[……]但是对于德国人，我给他们同样内容的解释，同样的话，他们对我的认同感或者理解会比中国人低很多。这就是最大的问题。[……]所以说时间一长大家在一起做事，德国人会有一点落差，情绪上会有落差感。[……]所以说这后来就会产生了一个，大家相互之间的一个由于语言问题与理解问题，然后会产生这样的一个隔阂。”（A. Ec.先生，德国某州中资商会会长）

很多专家强调，如果不懂德语，就很难与德国人建立长期的信任关系，很难推进中资企业在德国的发展。某汽车行业国企德国分公司总经理 H. Mc.先生认为：

“如果你不会德语，你只是说英语，你很难跟德国人建立私人关系。对于在德国拓展业务来说，建立私人关系也是非常重要的，包括有的时候一起吃饭聊天。那么有了这种私人关系，建立了一定的信任，德国人就可以告诉你一些重要的背景情况，包括一些商业生意伙伴他们内部的一些想法。嗯，这样对于我们企业，我们中资企业在德国拓展业务是非常重要的。”（H. Mc.先生，某汽车配件公司总经理）

如果交际双方都是在用非母语交流，就较难建立深入的合作关系，也很难进入德国的行业圈。德国某科技园总经理 M. Mc.女士谈道：

“你不会德语，你很难真正进入到德国人的企业和行业圈子里。我问过一个英语说得很溜的，就是杭州来的那个代表，他说：‘我每周有指标的，要见 10 个德国企业。’我说：‘你怎么拜访呢？’他说他呢就是参加展会，各种展会，一天他就能见 20 个企业了。这样呢，就回去以后整理名片，然后再给人家发 email。后来我问他：‘那你再回访的记录有没有？’他说：‘很难遇到了。’他就是靠在展会上、展台上跟人家，或者是他约 Termin[①]，就在展会上可以约 Termin，有那些在展会上的会议间歇，然后给他半个小时聊一聊啊，介绍一下他们开发区，但是他再想去拜访这些德国企业的话特别的难，特别的难。”（M. Mc.女士，某科技园总经理）

不仅在工作中，在生活中，不会德语的中资企业员工也会遇到许多不便。许多中资企业位于德国的中小城市，这些地方的大部分居民不会讲英语。外派人员在政府机构办理手续时，如果不会德语，就必须带翻译。有时，不会说德语甚至可能遭受德国人的歧视。T. Mc.女士是一位在德国生活和工作了二十多年的受访专家，她认为：

“这个跟德国不是移民文化有关系。美国反正哪里都是外国人，你英语说得不好他们也不会马上戴着有色眼镜看你。但是在德国，如果你德语说得乱七八糟，人家马上就把你当成另类来对待了，这个是有可能的。甚至还有以前遗留下来的对外国人不友好的传统。”（T. Mc.女士，某咨询公司经理）

虽然德语对于在德国工作和生活至关重要，但是通过访谈发现，一些中资企业外派到德国的人员，由于认为自己在德国的任期较短，只有两三年，就没有动力学习德语；有的外派人员是认为德语太难（这里值得一问的是：“没有学，怎么知道其难？”），而没有开始学德语；还有一些华人，在德国生活很多年了也不会德语，他们习惯于在德国的中资企业工作，平素也大多待在中国人的圈子里，不愿意离开自己的文化舒适区。受访专家 T. Mc.女士补充道：

“他没有这种开放的心态。你一定要说你去多跟德国人交朋友，他就说：‘怎么跟他们交朋友啊，我说德语说得结结巴巴的，我觉得我跟他们交往得不到乐趣。’”（T. Mc.女士，某咨询公司经理）

另外一些外派人员认识到了德语的重要性，但是他们工作忙，还要兼顾家庭，因而没有学习德语。

“如果这个语言你不是一直在学习的话，慢慢地你就会失去对这个语言和这个文化的敏感性。那你还会退回到你原来的母语，这是很自然的一件事。但是越是那种，就是说，他的路越多的，一定是他的语言掌握得越来越好。因为语言是沟通的最基本的条件，我觉得我最不好的地方就是我没好好学德语，因为如果我好好学德语，我在这里生活的圈子可能会更大一些。因为我也是一个愿

---

① Termin：（德语）这里指约见面时间。

意去学习的人，但因为我一个人带小孩，还有工作也挺忙，就没有去学德语。”（X. Vc.女士，某银行分行部门主管）

在访谈中，本研究发现，有一部分外派员工，尤其是年轻的员工利用业余时间学习德语，有的是参加语言班，但是中资企业很少组织安排员工学习德语，且大部分公司也不会承担员工德语学习的学费。

4.4.2.2 中文问题

在很多中资企业中，本来公司规定的工作语言是英语，但是在中高层管理会上，与会者绝大部分是中国人，尤其是在与中国总部的视频会议中，经常大家“说着说着就说成中文了”，这让与会的不会中文的德国同事感到自己被忽视或未受到应有的尊重。

一些企业内需要与德国人进行交流的文件有时全部是中文的，大部分德国员工看不懂，不能及时发表有针对性的意见，这些德国员工们感到很难融入企业的集体。此外，以中文为母语的员工在公司内常常用中文交流，很多德国员工也有受到排斥的感觉。在公司内部的邮件沟通中，也有一些中国同事缺乏跨文化敏觉力，把与其他中国同事的中文邮件抄送给了不懂中文的德国同事。

“我们的一位德国同事他不懂中文，但好几次一位中国同事给其他中国同事写的中文邮件都抄送给他，每次收到这些他全然读不懂的中文邮件，他都很抓狂。终于有一天，他实在受不了了，就用德文给那位发中文邮件的同事写：‘我不懂中文，你别再给我发中文邮件了！！！’”（X. Ld.女士，某房地产开发集团职员）

在德中资企业中有部分高管是德国人，他们很多是曾经在中国工作或是有过与中国人合作的经验，但是他们大多不会汉语，并且认为学习汉语非常难。中资企业德国高管 S. Id.先生谈道：

“在我们的公司，我们同时用着中文、德文、英文来做工作语言。我不会中文，我估计我这一辈子也学不会中文了。这是我们公司的现实情况，因为我们是一家中资公司，又是在德国的公司，还有来自其他国家的员工，很多工作文件是中文的，这个没有办法，因为我们是一家中资公司。”（S. Id.先生，某中资企业研究所副所长）

4.4.2.3　英语问题

很多中资企业内部的主要交际语言是英语，但英语对中德双方都是非母语，在交际过程中往往会出现语言表达和双方理解上的偏差，也由于中德双方都有英语水平不太高的员工（包括在生产一线的德国员工，他们大部分不会英文），在阐述的过程中，本意都有不同程度的损失，尤其是涉及较复杂的问题，用非母语沟通就更为困难。总体来说，在偏生产型、偏传统领域、位于德国中小城市的中资企业，非管理层的中德员工的英语水平普遍较低，中德双方用英语交流往往效果不佳。中资公司德国总经理 D. OD.先生强调：

“我觉得重要的是人们就具体的问题、具体的工作来充分地交流，而不是来主观推断我应该这样做或那样做，或者是推断对方的意图和期待是什么。我们公司的确也还是有这样的部门，他们不善于就具体的问题进行具体的沟通，可能有时候是因为他们不愿意这么做，而有的时候主要是因为语言问题。可以说，在大部分时候的确是因为语言问题。在中层管理层还算好，但是在执行层比如在中国，我们中国的公司在执行层很多同事他们不会英语或者英语比较差，而在我们德国的公司在我们×××[1]小镇的执行层很多同事的英语也比较差，如果两方的英语都差的话，沟通的质量肯定不好。”（D. OD.先生，某机械制造公司总经理）

还有受访专家认为，中国人如果不了解德国的社会文化，不了解德国人的思维方式，即使他们和德国人说英语时双方能听懂对方字面的意思，但“往往双方都感到始终是隔着一层的，就是不能说透，沟通不到位”（M. MC.女士，某科技园总经理）。

语言上的沟通不畅，往往会影响工作效率，而如果不针对沟通上的问题进行及时的交流，则会造成更多的工作上的障碍。一家中资企业的总经理 X. HC.先生描述道：

“[……] 这里面确实有语言的关系，因为好多的话，中国人说的比较中式的英语，然后德国人呢，他们理解起来有困难，但是呢他有困难，他不直接问，就是这我也是很讨厌，这边工作习惯就是他会自己内部去说、内部去讨论，讨论完之后没有个结论，再开会。所以他这个就是导致了就是他们每次去做的一

① 这里隐去了公司所在小镇的名称。

些无效的开会，都是基于总部这边可能不一定完全准确的信息，造成这样的情况，其中一个重要的原因就是语言问题。”（X. Hc.先生，某电器公司总经理）

中国人说的“中式英语”包括一些中国同事先用中文把想说的意思想一遍，然后把中文的字面意思直译为英语的情况。

“在书面沟通中，语言也很重要，特别是在理解上。因为有时候大家都很忙，特别是我们做操作、做客服的同事，很多时候都是一封邮件，必须在短时间内必须回复的。或者是供应商那边急着要等一些消息、等一些回复。那有时候德国同事看到一封中国同事写来的邮件，根本就不明白中国同事想说什么，耽误了及时回复。可能等处理了其他两件事情之后，就完全忘了，这件事情就过去了。那很多时候有可能还是挺重要的一件事情，就被这么耽搁下来了。所以确实有一些，因为我自己也有看到那个国内同事发过来的邮件，用英语发过来的话，我因为能从中文的思维去理解他们想说什么，但有时候我也不理解他们到底想说什么。他们就是把中文直接翻译成英语，然后可能用词上用的也不太对，就造成从英语的语境来说就不明白他想说什么。”（C. Yc.女士，某物流公司总经理）

上面提到的问题比较具有普遍性，在跨文化交际中，发出信息者不仅应该思考自己想表达的意思，还应该有足够的跨文化敏觉力来判断交际的对方是否能从所使用的语言表达上充分理解自己的意思。

4.4.2.4　翻译问题

有时候中德双方的沟通，尤其是企业与其他企业或机构的重要谈判，需要借助翻译，但绝大部分在德中资企业没有专职翻译，而需要临时雇用翻译。有受访专家指出，一些在德中资企业在雇用翻译时，一味节约成本，不注重译员的专业水平，使得很多重要的谈判因翻译质量低而受到很大影响，为公司造成损失。

“其实翻译挺重要。但是有的企业不是特别重视，就找一个中国留学生翻译一下。但是后面他如果出了错的，就说这个是翻译的问题。”（M. Gc.先生，某商务中心总经理）

除了面对面的沟通之外，网络沟通也越来越重要。对于在德中资企业来说，其公司主页是展示其公司形象的重要平台，但是很多企业没有德文版的公司主页，有部分公司虽有德文版主页，但其德文版的文字表达方式不够恰当贴切。一位受访专家谈道：

“一些在德国的中资企业的网站很不好的一点是文字写得不好，可能就是直接用中文写，找了个翻译把它翻译了一下。这个翻译往往不太了解中德两国的文化差异，反正就直接翻译了。我觉得如果你一定要翻译中文的东西，你一定要让一个德国人看过，看你这个书面表达方法啊，是不是符合德国的商务表述方式。包括有的企业网站上的表达说得太夸张，或者让德国人听起来觉得太空泛，所以要请一个合适的人对你的文本进行编辑。”（T. Mc.女士，某咨询公司经理）

除了公司主页之外，公司的宣传册、产品说明书等都是重要的对外沟通的材料，但一些中资公司在制作这些材料时不够重视，没有为德国市场专门制作相关材料，而是请人直接把中文版的材料翻译成德文，并且为了节省成本，也没有请专业的翻译。一位德国专家谈道：

“我认为如果要做德语的产品宣传册，必须要让德国人在德国做。我们公司之前的产品宣传册是请一位中国工程师从中文翻译成德文的，他的翻译很多地方译得不好。[……]如果不是专门研究德语的中国人，就很难翻译得好。因为如果德语水平不高，那么在译文中所使用的德语，那种语言表达的方式大多不地道。[……]我的确是遇到过一些中资公司的产品宣传册，一读就像是谷歌机器翻译出来的。这样的产品宣传册在德国是完全行不通的。[……]总的来说，很多中资公司他们可能愿意为购买技术、为设备付很多钱，但是他们不愿意为好的服务，包括专业的翻译服务来付合理的费用。这是我觉得特别遗憾，也特别不理解的事。”（I. Ld.先生，某机械制造公司营销经理）

总结专家们的看法，造成上述翻译问题的主要原因在于，一些中资企业对翻译问题缺乏应有的重视。尤其是在人工智能翻译普及的今天，这些企业更加倾向于依赖机器翻译，而不是聘请专业能力强的专职翻译员来处理重要文献的翻译工作。这种做法不仅增加了沟通误解和风险，还可能导致公司经营受到严重影响，从而损害企业的利益和声誉。

4.4.3 非言语方面的问题

非言语交际指在交际中由信息发出者自觉或不自觉发出的，对信息发出者或接收者双方都存在潜在信息价值的刺激。非言语交际不是通过口头与书面言语在沟通中传达信息的过程，其形式包括语音语调、眼神交流、身体接触、脸部表情、空间距离、行为举止等方面。很多研究表明，沟通的大部分含义不在语言表达之中，而在语言之外。非言语交际是文化习得的结果，是影响跨文化交际的文化基本因素（潘亚玲，2016：61）。

在中资企业的内部和外部（如与其他商务伙伴或客户）的交际中，由于中德文化的不同，在非言语交际中存在一些差异，这些差异可能会影响中德跨文化交际与沟通的质量和效果。在德国的商务场合，一些惯常的手势、体语、面部表情等与中国人所习惯的形式有差异。在德国工作生活二十多年的 T. Mc.女士谈道：

“在商务礼仪方面，很多在德国的中国公司里工作的中国人，他们如果没有多年在德国生活过，或者没有经过这方面专业的跨文化培训，他们往往就做得不好。比如我举个例子，很多德国人就说：‘你们中国人跟我们握手，怎么很多人都是软绵绵的？’那你这样的让他觉得‘软绵绵’的这种握手，你给他的感觉就是你不够有信心，或是不够有诚意；德国人的握手是满手掌把你握住，然后再使劲捏住你的手上下晃动几次。还有比较重要的是，握手时要目光对视，要有 Augenkontakt[①]。但是中国人经常会避免视线的接触，就觉得我一直盯着你看好像不礼貌。但是德国人会觉得：‘你不敢看我是为什么？你想隐藏什么？’这是一个文化的差异。”（T. Mc.女士，某咨询公司经理）

在企业内外的人际沟通中，穿着也是需要引起重视的。尤其在初次商务访问时，德国人往往会穿着很正式，他们把这种正式的穿着看作是尊重对方的表现。但是有的中资企业的领导习惯了比较随意的穿着，他们甚至在一些比较重要的与德国商务伙伴的谈判中也穿着休闲服装，让德国人感到不受尊重。一位受访的专家谈道：

“我们有的中国老板，是很大的民营企业的老板，到德国，想收购一家百年家族企业。他穿着牛仔裤、旅游鞋就去跟人家谈判。结果人家德国人觉得很受屈辱。没谈多久，就匆匆结束了。”（E. Mc.先生，德国某经济促进局职员）

在访谈中，还有专家指出，在交流中，德国人很注重专注，包括上文所提到的，在交谈时目光注视着对方，也包括在同一时间专注同一项工作；而很多中国人则习惯同一时间同时做几项工作，包括开会时看手机，甚至会在会议中间离开去接电话。这样的行为举止往往会被德国人看作不尊重他人，或者认为中国人不够专注或缺乏合作诚意。

① Augenkontakt：（德语）目光接触。

4.4.4 副言语方面的问题

交际中的副言语也被称为言语伴随，在口头交际中主要包括语音、语调、声音大小、停顿、沉默等，在书面交际中主要包括字体、插图、排版、格式规范等。在副言语方面，专家们提到的问题包括，一些中国人尤其是女性在工作场合交际时，讲话声音对德国人来说偏小，可能他们认为这样显示出谦逊以及对对方的客气和尊重，但这可能让德国人听起来觉得缺乏自信。相反，一些德国人讲话的声音，在一些中国人听来则过大，有时候他们认为是正常表达意见，但在中国同事听来，可能显得有些咄咄逼人。

在副言语方面还存在的问题包括商务信函的格式问题。在德国，正规公司的信函都采用正式的公函格式，这些格式大多是有设计好的固定的格式模板，包括有公司的徽标、名称、地址、联系电话、邮箱、主页网址、公司的法院登记号等。甚至有一些公司，其对外公函的字体和字号都是统一的。有不少专家指出，一些中资企业在对外商务沟通中，对公函的格式不够重视。一位受访的德国专家描述道：

"比如说，我们在工作中写公函的时候，也要符合相关的形式上的要求。包括我们写信的格式，包括我们每一段的第一个词应该都是左对齐的。这也包括如果我们要使用一张插图，那么插图下面的标题应该与插图在同一页，而不是跳到第二页上去。我之前的经验是，像这些细节上的东西，我们向我们公司的中国同事们讲了很多次，但是他们往往还是不重视这些细节上的、形式上的东西。我们就得不厌其烦地反复向他们解释和强调。总体来说，很多中国人并不是重视这些形式上的细节上的东西。"（I. LD.先生，某机械制造公司营销经理）

一位受访的律师专家特别强调，在德国，以公司的名义对外发出的相关法律文件里，必须包含法律所规定的有关公司的信息，她谈道：

"就是说，你（的相关文件）如果没有包含这些信息的话，那么你可能就要受到相应的行政处罚。[……]在我的工作中，虽然接触到很多中资公司，但是好像我很少收到这些中资公司给我发的正式的信函，[……]从我收到的那些（中资公司的）信函中，我的印象是，这些信函要么是看起来格式特别不规范，要么是公司信息不全。反正给我的总体印象就是，很多人都没有这个意识，就是说，'我公司发出去的那个商业文件需要在格式上达到相关的要求'，他们没有这个意识。"（I. SC.女士，某律师事务所高级法律顾问）

4.4.5 超言语方面的问题

交际的超言语层面一般是指交际的时间、空间、渠道、交际各方的关系建构等。总结专家访谈的内容，可以发现在超言语层面主要存在以下的问题：

未对正式沟通渠道做事先约定：对访谈结果的分析发现，在一些中资企业中，中德双方领导和同事未对正式沟通渠道做事先约定。关于同一项目的沟通，有时候是用公司的公共邮箱，有时候又是用社交媒体沟通，因此，很多人经常困惑，此前是通过什么渠道发送或接收了什么信息，这增加了沟通的工作量，并降低了沟通效率。

非官方沟通渠道：不少受访者尤其是德国受访者指出，在中资企业的工作沟通中，中方领导和同事喜欢用微信，但是在很多德国人看来，微信不是企业正式沟通渠道，尤其是在与其他企业和机构的沟通中，用微信沟通不具有正式性和法律效应。一位受访的德国专家指出：

“在公司外部沟通中，如果我们的客户用微信发来询价，这个询价就会被看作是非正式的；在公司内部的沟通中，如果大家用微信发工作信息，那么这些信息就不可能被保存在公司的服务器中以便在将来需要备用，而且我们的工作往往需要我们与不同的同事沟通，用微信很难快捷地将过去的信息与其他同事共享。”（P. QD.先生，某咨询公司经理）。

一些受访者认为，可能有中国同事觉得用微信沟通短期来看比较快捷，但从长期来看，对于公司来说，微信沟通不能确保相关工作信息在较长时间的回溯性、正式性和保密性，因此，很多受访者都强调了用公司官方邮箱进行工作信息沟通的重要性。

“在我们公司，我们的公务交流上是不能用微信的。中国同事他们之前也希望用微信与我交流，我让他们改变了做法。因为写邮件才是官方正式沟通的形式，邮件中有公司的地址，而且邮件我总是可以把它打印出来，根据我的归类，放在我的相应的文件夹里。如果两年以后遇到什么问题，我可以很快地找出相应的邮件。而微信就缺少这个功能，而且微信是不正式的。”（T. DD.先生，某咨询公司经理）

缺乏正规性和专业性：还有受访的德国专家指出，一些中国同事有一个不好的做法是，见到德国伙伴就与对方加微信，然后把自己的名片用微信照片发给对方，这种方式在德国商务交际中显得很不正式，不专业。

还有受访专家指出，在德国，一些商务上尤其是法律上的正式沟通是采用邮政信函的形式：

“一些小规模公司的中国投资人，他可能过来就是一人股东或者是一个总经理，有可能都没有其他员工，唉，这种管理就特别不规范了。而且他们不重视在德国的邮政信件啊什么的。在德国它实际上是一个 Papierland[①]嘛，对吧？它是所有的东西它这都是通过寄信呀，反正一定要通过纸面的方式来确定的。你如果不及时去开信箱看你的邮政信件，这就有时候就会带来很多的一些严重的后果，比如你没有及时看到一些设定回复期限的律师函，就可能因一些小事被拖延处理而造成企业的大损失。”（I. Sc.女士，某律师事务所高级法律顾问）

很多习惯了国内高效率工作节奏的中国人，把这种依然通过传统的邮政方式来传递商务信息的方式看作是德国人办事效率特别低的表现。

在商务沟通中，关系建构至关重要，这里被提到两个最多的问题是送礼和商务宴请。首先，在德国，根据相关法律和企业合规规定，对于可收受的礼物有严格的金额限制。在访谈中，专家提到的受限金额在每人每年 25～35 欧元之间，商务宴请也受到同样严格的限制。

在给德国伙伴送商务礼物时，有的中国人为了显示礼物的珍贵或是出于疏忽，在礼物上还留着价格标签，这在德国是非常不礼貌的。还有受访的德国专家指出，一些中国人在送商务礼物前没有做好功课，他们送给德国人自己认为不错的礼物，但是很多德国人往往并不喜欢：

“比如说很多中国人喜欢送很大很大的红红的中国结，很多德国人不知道这个是什么意思，还有一些动物，德国人也不知道它们的寓意，比如说中国人的蟾蜍。就是说很多的文化象征在中国大家都知道，但是很多德国人并不懂，像这样的礼物也不太合适。另外，很多私人朋友之间可以送的礼物，并不一定适合在商务场合送。”（I. Ld.先生，某机械制造公司营销经理）

综上所述，在德中资企业在交际与沟通方面面临的种种挑战贯穿企业的多个领域，包括前文所述的企业文化建构、人力资源发展和跨文化营销，这些问题不仅可能影响到日常业务的运作和团队的合作效率，还可能损害企业的声誉和员工的工作满意度。因此，企业需要制定有效的跨文化沟通策略，加强中德文化的理解和融合，以提升企业的管理效率和市场竞争力。

---

① Papierland:（德语）这里指德国是一个惯于用大量书面文件的国家。

4.5 本章小结与反思

本章基于专家访谈的数据分析，从多个方面和视角，描述和总结了在德中资企业在跨文化管理方面面临的问题与挑战，主要涉及企业文化建构、人力资源发展与管理、品牌与营销，以及交际与沟通四大部分。

企业文化构建的困境与障碍

企业文化是组织的灵魂，它影响着员工的行为、管理的方式以及企业的整体氛围。中资企业在德国的发展过程中，深层文化、中层文化和表层文化的构建都面临着巨大挑战。在深层文化层面，中德员工在自然观、价值观、生活观、工作观等方面存在差异。很多中资企业强调员工对企业的“主人翁”精神、“奉献”和奋斗精神，德国员工虽然很敬业，但是他们同时也很注重生活－工作平衡。在企业的中层文化层面，中德员工在企业规章制度、组织结构与决策流程、思维方式、工作风格与方式方面存在较大差异，这些差异给中资企业的管理带来了较大的挑战。在企业的表层文化层面，一些企业存在中国同事与德国同事各自抱团现象或在交际时“自说自话”而不关注对方是否理解的现象，另外，中德同事对于在与工作相关的“外部审美”上也存在差异。这些文化差异使得企业在运营和中德协作过程中容易产生冲突，进而影响企业的发展。

人力资源发展与管理的挑战

人力资源是企业最重要的资产之一。在跨文化背景下，人员招聘与结构、外派管理与适应、跨文化培训、中德工作方式差异、中德跨文化领导、员工待遇与职业发展以及人才流失与解聘等方面的问题，都会直接影响企业的运营效率和员工满意度。

在人员招聘与结构方面，中资企业在德国招聘到适合的本地员工并非易事。由于文化陌异、安全感的缺失和中资企业雇主品牌知名度的缺乏，很多德国人才对中资企业持观望态度。此外，外派管理与适应也是一大难题。派驻德国的中方管理人员需要很长时间适应当地的工作环境和文化，同时还要处理家庭和工作的双重压力。

跨文化培训对于企业员工的适应和融合至关重要。然而，很多中资企业在这方面投入不足，导致员工在跨文化环境中难以有效沟通和合作。中德工作方式的差异也不可忽视，德国员工注重计划性和规范性，而中方员工更倾向于灵活应变，这种差异常常导致工作中的摩擦和误解。

中德跨文化领导是管理中的另一个重要问题。中方领导在德国需要面对不同的管理风格和文化背景，如何平衡中德员工的需求和期望，是他们必须解决的难题。员工待遇与职业发展也是企业管理中的关键，德国员工对工作安全感和职业发展的要求较高，中资企业需要在这方面做出相应的调整，以提高员工的满意度和忠诚度。

品牌与营销的挑战

品牌和营销是企业在市场中立足的关键。在德国市场，中资企业在产品设计、市场开发、客户服务与维护、品牌建构与传播等方面面临诸多挑战。首先，不少德国人对“中国制造”的产品存在偏见，尽管有些行业的中国产品具备天然优势，但质量问题仍然是中资企业需要解决的重要问题。

在市场开发方面，德国的市场准入门槛较高，中资企业在赢得新客户时需要付出比本土企业更多的努力。德国消费者的消费习惯和偏好与中国市场有显著不同，中资企业需要投入更多的精力和资金进行市场研究和营销策略的制定。客户服务与维护同样需要大量投入，德国客户对售后服务的期望较高，中资企业需要建立完善的客户服务体系，以提高客户满意度和忠诚度。

品牌建构与传播是企业提升市场影响力的关键。中资企业在德国的品牌知名度普遍较低，要提升其影响力，需要进行大量的宣传和推广活动。然而，很多中资企业在这方面的投入不足，宣传材料缺少对德国消费者的差异化策略，无法有效触及德国消费者的关注点。此外，很多中资企业在承担社会责任和公益活动方面的参与度也较低，这在一定程度上影响了品牌形象的提升。

交际与沟通的影响

交际与沟通在跨文化管理中扮演着重要角色。中资企业在德国面临的许多问题与挑战，都与中德跨文化交际与沟通相关。交际风格与沟通方式的差异，语言障碍，非言语、副言语和超言语层面的差异，都会对企业的内部管理和对外合作产生深远影响。

在交际风格与沟通方式方面，德国员工期望信息透明、流程清晰，而中方领导则更倾向于保留信息，注重结果导向。这种差异常常导致双方在沟通中的不理解和不信任，影响团队的协作效率。语言障碍是另一个显著问题，中资企业在德语、中文和英语三种语言的使用和翻译上常常面临质量不高和沟通不畅的问题。

非言语、副言语和超言语方面的差异也会对沟通效果产生影响。德国的商务场合中，手势、体语、面部表情等与中国习惯的形式有差异，容易导致误解。此外，口头和书面交际中的语音、语调、声音大小、停顿、沉默等细节，也需要中资企业在沟通中加以注意和适应。

通过对本章内容的综合分析，可以看出，中资企业在德国面临的跨文化管理挑战是多方面的。这些挑战不仅影响企业的内部管理和运营效率，也对企业在德国市场的竞争力和可持续发展产生深远影响。

在本章受访者的“直述”和笔者的“转述”中多次出现类似“很多中国人”和“不少德国人”的表达。需要明确的是，这种表达只反映一种趋势和偏向，应该结合中资企业在德国具体的跨文化情境来理解。此外，如第二章所述，文化影响下的人在解决跨文化问题时，应该根据具体的个人和情境进行处理。

基于上述反思以及对企业中的中国人和德国人的价值观、行为方式的趋势性勾画，可以大致认为，中国人倾向于认为世界处于不断变化中，人应当顺应这些变化，通过“做事”将自己更好地置身于这种变化中，理解“市场”与“趋势”。因此，中国人在工作中强调灵活性、不断学习、求新应变，重视经验并有试错精神。然而，很多在国内有效的方法和经验在德国的新环境中可能并不适用。

而在企业环境中工作的德国人大多认为世界可以被理性认识，外在世界是有规律可循的。人们可以通过批判性的理性思考，更好地认知和改造世界，在这个过程中需要专注和长期坚持（敬业精神），并且需要大家一起遵守规则（“规则面前人人平等”）。德语中有“Nichts dem Zufall überlassen”（不留任何事让运气来决定）、“Gut geplant ist halb gewonnen.”（计划周详即成功一半）、“Sorgfalt ist der Schlüssel zum Erfolg.”（仔细是成功的关键）等谚语和智言，这些表达强调了人们应主动掌握和控制事情的发展，重视周全计划和仔细严谨的重要性。

在中资企业工作的德国人普遍认为，要认识世界，需要信息透明、流程清晰、理性处事。世界是可以被认知的。他们重视事物的规律性和结构性、工作的程序化和制度化，事物之间需要明晰的界限，以便按部就班，规避不确定性。

在访谈中专家谈到的“(做）事”“市（场)”和“(趋）势”对于中资企业在德国取得成功都至关重要。“事”强调专注与敬业；“市”强调在着眼企业内部工作的同时，还要注意企业外部的大环境；“势”提醒人们关注事物和环境的变化。三者都重要。德国人专注的一个原因是，许多德国企业通过专门化成为行业里的隐形冠军，这是因为德国市场较小，且德国消费者愿意为精湛的工艺付费。然而，在全球化时代，市场竞争也全球化，消费者需求更加多样化。如果仅仅专注于“事”，忽略“市”和“势”，就可能出现前文专家所批评的“刻舟求剑”的行为，或是出现类似于被德国人斥巨资迁移到几公里外的人造新居的蝾螈又自动爬回故园、造成资金浪费和工程延误的现象。

通过本章的综合分析，希望我们能更全面地理解在德中资企业所面临的复杂的跨文化环境，以便有针对性地讨论和提出有效的管理策略和解决方案。跨文化管理是一个不断学习和适应的过程，只有通过持续的努力和改进，才能在全球化竞争中立于不败之地。

第五章

在德中资企业跨文化管理机遇与策略

跨国公司是一种多元文化的组织，成功运作的公司将组织内部的文化多样性视为其全球竞争力的来源之一。对于跨文化经营的企业来说，不仅要包容文化的多样性，而且应该利用文化多样性的价值。本研究通过专家访谈发现，尽管文化的差异性可能为“出海”的中资企业带来一系列的问题和挑战，但这种多样性也蕴含着巨大的潜力。正如王朝晖（2009：150－151）所言，通过合理利用文化差异，反而能够为跨国经营提供新的竞争优势，而利用文化差异必须依赖于合理的跨文化管理方法。

总结专家访谈的结果可以发现，中资企业在德国的发展过程中，多元文化在为其带来挑战的同时，也带来了不少机遇。一些中资企业合理和创新性地利用在德国的组织内外条件，包容并积极利用文化多样性，从跨文化的视角组织和改善管理，取得了令人满意的成果。这些企业通过深入了解和积极适应德国当地文化，灵活调整管理策略，有效提升了自身的竞争力。

本章将基于对 55 位专家的质性访谈，总结在德中资企业所面临的机遇和积累的最佳实践。笔者希望这些内容在展示文化多样性如何成为企业发展的助力之外，也能够为更多已出海或准备出海的中资企业提供启发和指导，帮助企业更好地理解并利用文化差异，实现成功的跨文化管理，从而在国际市场中实现可持续发展。

5.1 跨文化企业文化建构

基于第二章所讨论的潘亚玲（2016：20）的文化树模型和 Schein（2017：29－33）的文化三层次模型，追求长期发展的企业可以被看作是一棵有生命的树，该树可以被理解为有根部、干部和冠部三个主要层次。在德中资企业在其组织内部和外部的多元文化性，就像企业之树的根部、干部和冠部吸收新的养料一样。合理利用这些养料，可以促进企业之树的健康成长。本章节将基于对专家访谈的数据分析，从企业之树的深层（根部）、中层（干部）和表层（冠部）探讨在德中资企业如何通过多元文化融合、共享价值观、跨文化的组织设置、跨文化制度管理、跨文化空间建构，以及和谐氛围的构建，来推动跨文化企业文化的建构与发展，帮助企业更好地适应和融入当地市场，并在全球竞争中建立独特的优势，实现企业发展目标。

5.1.1 企业中的多元文化融合

中资在德企业，其企业文化根植于中国文化。清楚地认识到这一点，是企业跨文化融合的重要一点。这也意味着，除了来自中国的员工之外，企业帮助德国当地员工更多更深入地了解和理解中国文化是非常重要的。一些公司在德国当地招聘的新员工入职培训中就融入了对中国文化的介绍和讨论。一位受访的人力资源部负责人指出：

“对中国文化、对我们公司的企业文化了解越深入，不同文化的成员之间的合作和创新就会越成功。上面提到的新员工入职的培训一共是四天。当然这四天是完全不够的，这仅仅是一个开始，就是要让大家有一种意识，因为你总得开始。”（Y. IE.女士，某 IT 公司人力资源部负责人）

在德中资企业根植于中国文化，还包括在工作过程中保障员工足够的自由空间和柔性，这往往让很多此前习惯于典型德国企业按部就班的外国员工感受到更多能发挥个人才能的空间。某科技园总经理 M. MC.女士认为：

“×××[①]公司的优势在于，它给外国人提供了很好的平台，就说他那个技

① 这里隐去了受访者中资公司名称。

术研发啊，他们发挥的空间特别大。有时候你在德国公司一板一眼的话，他做不了这些事情，而他到我们×××以后就感到很自由，或者他做管理的或者Marketing[①]的，他觉得，‘哎，我现在这个约束很少，我可以自由发挥我的想象来做很多事情’。这个是很多中资公司特别吸引人的地方。所以说，有了这种自由发挥的空间，他就变得很愿意加班，因为加班，他觉得他能自由，他想做这个事情，又能做这些。在这种情况下多投入时间也是乐意的。”（M. Mc.女士，某科技园总经理）

中德文化融合包括促进中德工作观念的融合。在访谈中，有专家强调，中资在德企业要建立健康的企业文化，需要培养德国员工的“主人翁精神”。一位中方高管指出：

“之前我们公司的很多德国人就是这样子，就是你给他安排个工作，他觉得这个工作是我的这个范围，我把它做完就行了。但是其他的事情不是我这个里面的，跟我没什么关系。但我们现在强调什么呢？我们现在要求这里所有的人要take ownership[②]，[……]你不要说这个东西不是我的，但是这个东西虽然不是你的，但是它会影响到你。”（N.Yc.先生，某电器公司总经理）

通过培养主人翁精神，企业鼓励员工为企业的发展主动分忧，不仅看到问题，更要主动寻找解决方案。即使遇到“分外之事”，员工也愿意去承担。当德国员工体验到其他同事在其“责任范围”之外主动提供帮助的好处时，也会更愿意越过界限，主动承担工作。这样，作为团队的一员，他们共同为企业的大目标而努力。这种文化的融合和责任感的培养，促进了员工智识与能力的“流淌性”与“交融性”，有助于提升团队协作，促进企业整体发展。

还有中资企业尝试将其积极向上、充满活力的奋斗文化注入企业文化，并取得了初步的成效。

“就是我所在的Team[③]啊，[……]我在我们公司八九年的工作经验的感觉，就是整个公司的这个氛围是非常非常努力向上的。[……]这就是我们每天在做的事情，我们每天都在想怎么做、怎么完成目标，然后不断地去尝试。可能十个方法里面只有两个成功了，那我们就是胜利嘛，然后不停地去做计划、思考、执行，然后再去复盘，哪些东西成功了，哪些失败了。失败了不可怕，然后重

① Marketing：（英语）营销。

② take ownership：（英语）当家作主，这里指员工对企业的主人翁精神。

③ Team：（英语、德语）团队。

新再来改善重新做嘛。我们这些人真的是，都是很拼的［……］然后虽然辛苦吧，但是你的这个业务是每天都在增长，然后自然而然的就不觉得累，年轻的时候就应该多拼一拼啊！”（M. Ic.先生，某 IT 公司销售部经理）

很多中资企业在德国是新创建的，其员工普遍年轻化。这些企业所践行的“奋斗精神”让许多年轻员工，包括来自德国和其他国家的员工，感到耳目一新。他们受到这种精神的感染和鼓舞，工作活力和动力大大增强。中资企业的奋斗文化提倡积极进取、勇于挑战、打破陈规和“边做边改进”，这种文化不仅激发了员工的潜力，也营造了一个充满活力和不断创新的工作环境。员工在这样的氛围中，不仅提高了工作效率，还增强了对企业的认同感和归属感，进一步促进了企业的整体发展和团队凝聚力。

上面所描述的奋斗精神也包括女性职场奋斗。本研究所访谈的企业中，也有几家是女企业家在德国创建的民营企业。这几位受访的女企业家谈到，中国式的奋斗精神、中国女性的吃苦耐劳精神以及“刚柔并济”，可以很好地与德国注重女权保护的企业环境结合，促进中资企业的女性在职业上的成功。

在德中资企业的管理不仅需要根植于中国文化，还必须尊重和融合德国当地文化，形成中德文化相融合的企业文化。一位受访的公共关系部总监谈道：

“在我们公司大的方向、大的文化的影响，肯定是中国式的。我们的中方领导，我们很难从根本上去改变他们。我们的高级管理层是中国式的，因为我们是一家中资公司。同样道理，我们也是一家在德国的公司，所有我们的企业文化肯定也需要适应德国文化。”（C.Yd.女士，某 IT 公司品牌及公共关系总监）

如果完全将另一文化中的企业文化元素照搬到德国，企业文化之树就会“水土不服”。成功的在德中资公司通过有效地融入德国当地文化，避免了这种情况。一位受访专家用美国沃尔玛败走德国的案例阐述了这一点：

“你要进入一个新的市场，就要理解当地的文化。美国的沃尔玛公司为什么在德国失败了，就是因为美国的文化在这边水土不服啊。你总是按照美国的方式，每天早晨我们要排队喊口号，德国人都要笑死了，觉得把他们当幼儿园的孩子对待。‘我们都是成年人，不用我们喊口号，我们还是会把自己的工作做好。’”（T. Mc.女士，某咨询公司经理）

中德文化相融合的企业文化还体现在控制与自由、计划性与应变能力的结合方面。企业需要找到平衡点，以适应当地员工的工作方式和节奏。

值得补充的是，中资企业提倡的“奋斗精神”并不意味着员工必须加班加点，而是要充分保障员工有休养生息的时间。有专家认为，**促进中资公司在德国的跨文化融入还需要放慢工作节奏：**

“要了解德国这边的工作和文化氛围［……］总之，这一点可以概括成一个词吧，就是‘慢一点’，业务上面也要慢一点。总之我觉得在德国生活环境是慢，德国员工也是慢，然后德国企业也是相对慢一点。所以说在这个整个‘慢’的大环境下，中国企业想要以快博慢很难，大家必须找到一个平衡点。慢一点，然后多沟通，这个很重要。”（A. Ec.先生，德国某州中资企业商会会长）

有专家进一步解释**在德国需要“慢一些”**的原因在于，作为发达的工业国家，德国人已经形成了一整套按部就班的工作制度，所以很多事情需要耐心走流程；另外，如果时间仓促导致工作上的失误，纠正起来也需要花费比国内更多的时间。

还有专家指出，“慢一些”的含义还包括，建议那些计划并购德国公司的中资企业不应操之过急。其中一个可行的路径是先在德国设立办事处，招少量德国员工，积累初步的跨文化经验。有了这些经验，而且有了处理这些经验的人，再考虑去投资或是收购德国公司。这种循序渐进的方法可以帮助企业更好地融入当地市场，减少因文化差异带来的风险。

企业融入德国文化还需要接受当地的实际情况和做事方式。在访谈中，可以发现，成功的中资企业不仅尊重和适应德国文化，还能够在这种文化中找到适合自己的发展路径。这些企业的文化也充分体现了中德双方互相尊重、互相学习。中德文化的融合不仅表现在企业的制度和管理上，还体现在日常的沟通和互动中。通过尊重德国的工作节奏和工作方式，中资企业可以更好地融入当地社会，建立起良好的企业形象和声誉。

中资企业融入德国文化，还包括通过适当的方式融入当地的社区文化。例如，参与或赞助当地的社区活动可以体现企业作为当地社区一员的责任感和归属感。一位化工公司总经理谈道：

“我觉得重要的是，我们公司要通过努力能长期在德国站住脚。公司如果要在莱比锡或者德国的其他地方建立新的工厂或者公司的话，一定要充分了解当地情况，做相应的准备，以便能够更好地融入当地社会和文化。比如，我们可以为当地的足球协会，或是为当地一些重要的活动提供赞助。这样，在当地人的眼里，我们的公司就是一家当地的公司，而不是一个外来者。”（T. Xd.先生，某化工公司总经理）

除了根植于中国文化并融入德国文化外，在德中资企业如果要寻求长期成长与发展，还必须**吸纳欧洲文化，形成中欧融合的企业文化**。因为在许多企业中，不仅有来自中国和德国的员工，还有来自欧洲其他国家的员工、客户和合作者。事实上，一些在德中资企业往往是其母公司在欧洲的总部，因此企业想要在欧洲成功，就必须愿意和善于融入、适应欧洲文化。一位IT公司的人力资源部负责人阐述了这一点：

“我可以说我们是一种糅合式的企业文化，是一种混合体，是多元文化的一种，是中国文化与西方文化融合，是东西文化的相遇，这个也是我们乐于看到的。我们期望能在×××[①]德国创建一种中式欧式相融合的企业文化，我们在寻找一种理想的平衡。一方面，保留我们企业的中国文化元素，一方面要完美地与欧洲的文化融合在一起。[……]在这里工作的中国同事他们也必须有思想准备，就是他们对于欧洲的文化必须持开放的态度，他们应该学会把他们中国式的工作精神与欧洲文化相结合，包括把他们奋斗的精神与欧洲的文化相结合。”（Y. IE.女士，某IT公司人力资源部负责人）

在访谈中，专家们强调，中资企业在并购德国企业后要实现长期发展，必须进行中德文化融合。因此，**并购前需要进行详细的尽职调查，包括文化尽职调查**：

“[……]其实说，文化差异和管理方面的差异，也还是可以反映到尽调[②]方面。你尽调做得越细，你体现出来的东西越多。虽然它并不直观地跟文化相关，但是很多事情是跟文化差异相关。[……]那你就得事先把这些工作内容或目标把它分解成更细更细，那一直分解到底，那最终就落到了文化了。”（M. HC.女士，某银行分行行长）

成功的并购案例证明了这一观点。正如专家所说：“并购就像结婚，你需要一段时间的相处了解对方。”在这些案例中，中资企业并购的德国公司通常是其长期合作伙伴，双方通过多年的合作建立了全面的了解和深厚的信任，这为并购后的文化融合奠定了坚实基础。尤其是在注重专业化和专门化的德国，这种双方长期了解显得尤为重要。

此外，**并购后的企业文化融合是一个长期过程，需要逐步进行**。一位专家

① ×××：此处隐去公司名。

② 尽调：指尽职调查。

指出，文化整合过程需要实施一系列整合措施，不仅是整合企业高层，还需要对企业各层面进行整合，以保障企业目标的实现。有专家建议，企业应组建专门的“整合团队”来负责相关工作，包括制定和落实整合策略和目标。专家们认为，**在文化整合过程中，中德双方的开放和积极态度，以及各参与方的持续沟通至关重要**。某机械制造公司总经理 D. OD.先生谈道：

“收购以后呢，就是一个中德企业文化在并购后的公司的融合的阶段。在这个阶段，我是以咨询公司咨询师的身份参与了这个收购和之后的过程，就是说不仅仅是做了一次性的买卖，不是今天一次性收购一个公司，明天就一切按新的方式来做，而是花时间来进行详细的规划。[……]与中国母公司也要不断保持沟通，然后按照各个主题范围进行详细的探讨和规划，[……]然后向所有的员工非常详细地阐述公司今后的发展规划。”（D. OD.先生，某机械制造公司总经理）

文化整合过程中，中德双方需要共同努力，找到适合双方的平衡点，促进中德文化的“流淌”和“交融”，**促进形成一种“交互式”“流淌式”的企业文化**。本研究所访谈到的并购成功的案例显示：在包容文化差异的基础上，中资企业可以实现中德文化的融合，打造出具有竞争力的跨文化的企业文化，这种新的企业文化促进了企业在德国的成功，也为中资企业在全球范围内的持续发展奠定了坚实基础。

5.1.2　共享价值观

企业文化的根基在于共享的价值观。企业只有能与来自不同文化背景的员工共同建立和分享这些价值观，才能赢得员工对企业的认同感。**在这些共同的价值观的指导下，企业文化得以根深叶茂，为企业的长期健康成长提供了新的更强大的生命力**。

中资在德企业由于所处的领域、企业历史和目标的多样性，展现出**多元的企业哲学和价值观**。根据专家访谈的总结，那些已经在德国市场站稳脚跟并取得中期甚至长期成就的中资企业，它们在企业哲学和价值观上表现出一些共同点。**成功的在德中资企业的共享价值观主要包括：企业的国际化和文化多元化，保持企业的行业领先和可持续发展，面向未来、“随机应变”，“大家庭”理念，开放、柔韧与包容，透明沟通、齐心协力**。

企业共享价值观之一：企业的国际化和文化多元化

很多受访专家都强调了其公司的国际化、全球化定位对其企业文化的重要性，认为该定位更具有包容性，并将这一定位充分地体现在公司的企业文化中，包括一些公司为了体现这一定位，“特意不把中国团队做大”：

“我们特别骄傲的是，我们是一个最国际化的团队，我这 180 个人里边来自 30 个国家，平均年龄 34 岁。而且我们特别注意，就是我在建这个团队过程中，特意不过度地把中国团队造得太大。所以在我们这 180 个人里面，中国人只占了 12 个人，只有 8%。[……] 在这 30 个国家里面，人最多的还是德国人。因为我们在德国嘛，对吧？他们占了四分之一左右。”（A. Lc.先生，某新能源车企总经理）

还有受访人谈道，为了实践公司的国际化定位，也为了更好地促进中资企业在德国的跨文化融入，除了国内总部外派人员之外，公司在德国当地尽量不雇华人，而是促进文化多元化，其原因在于：

“我们把办公室从中国搬到海外，不是希望我们通过一群中国人在这边工作，去同化这些德国当地的员工，反而我们是更希望能够借助德国人的一些比较扎实的基础知识或研究方法，或是一些他们的研究精神，[……] 另外呢，如果中国人多了之后，很多中国人就在一起扎堆，一起讲中文。外方的员工就会说，‘哎，你们又在嘀咕什么东西啊，就不跟我讲啊’。或者是会有担心形成一些小的文化圈子，到时候一边是中国人结伴一起去吃饭了，另一边是德国人中午一起吃沙拉，这样就不是特别好。所以我们更多的希望就是，能够大伙儿团结起来，不同的文化一起交流”。（A.Yc.先生，某中资企业研究所所长）

企业的国际化也表现在员工的文化多元化方面：

“除了中国人德国人之外，我们还有很多来自其他国家的员工。当然，我们公司的文化不可能完全针对所有不同的文化，我们公司还有法国人、英国人、阿尔及利亚人等。如果您一会儿到我们公司的这层楼走一圈的话，你可能会遇到来自十个不同国家的员工，这就是我们公司的企业文化，非常国际化的企业文化，我们整个行业都非常国际化的。”（C. Yd.女士，某 IT 公司品牌及公共关系总监）

专家们强调，来自不同文化的同事之间的交流可以带来新视角和新的灵感碰撞，从而提高中资企业的创新力，也促进其企业文化之树在德国新环境中更好地成长。

在访谈中，还有专家指出，为了贯彻国际化的定位，也为了更好地融入德国社会，为企业创造新的价值，一些中资公司在德国当地往往并不强调自己是中资公司，尤其是考虑到近几年德国出现的过分政治化的趋势，全球化的定位可以较好地帮助中资公司在德国可持续发展。

“我觉得在德国的中资企业不应该过于强调自己是中国公司，而是应该作为一家国际化的公司，应该更多地融入到当地的文化中，要更多地尊重当地的具体情况，这样才能更好地取得成功。如果我现在在建立莱比锡的工厂的过程中，我们过多地强调我们是一家中国公司，我担心可能我们就很难招到好的员工。我的意思是说，如果我们过于强调我们是一家中国公司，一味推行我们中国母公司的各种做事的风格和方式，那么可能很多当地的德国人，他们可能会非常地不适应。”（T. XD.先生，某化工公司总经理）

还有专家指出，企业的国际化也体现在，企业努力将在德中资企业的员工纳入全球化的企业“大家庭”。通过企业 Newsletter、基于项目的跨国团队合作、跨文化会议等，让在不同国家工作的企业员工及时了解企业在全球的发展，也促进其与母公司和在其他国家分公司员工的交流，了解全球市场新要求新变化，培养其全球化视野。

企业共享价值观之二：保持企业的行业领先和可持续发展

企业的领先性和可持续发展是企业文化之树长期健康成长的基因。**促进中资在德企业的企业文化之树长期健康成长的重要因素还包括企业的行业领先性、长期稳定发展、美好的前景以及不断强大的企业实力。**企业（包括母公司及其在海外的公司）的不断发展和不断前行的趋势增强了其对员工的凝聚力和员工对企业的认同感。

一些受访专家指出，公司发展的实力体现在“公司的底蕴很强”，包括公司的经济实力雄厚、研发能力强、创新能力突出、市场竞争力强。**尤其在德国这样科技发达的国家，中资公司的实力和可持续发展要表现在行业领先地位上：**

“其实我们做的每个行业都是走在这个行业的最前面，包括技术也好，客户也好，商业模式也好，一定是这个行业里面最前列的东西。[……]我们的行业在不断地往前走，而我们一直走在最前面。”（M. IC.先生，某 IT 公司销售部经理）

企业的长期可持续发展往往是基于企业雄厚的实力，包括有足够的资金保障，所以，很多在德国成功的中资企业，往往是因为这些企业在国内就已经成功，显示出足够的耐心，并愿意为企业的发展投资，而不是急功近利。

中资公司的行业领先和可持续发展还体现在中方的投资给德国企业带来了

新生机。本研究采访的并购案例充分显示，由于中方的收购和投资，一些先前陷入危机甚至濒临破产的德国企业得以重生，同时挽救了一些德国知名品牌。并购后的新公司焕发生机，逐步进入佳境的“势气”带动了员工的“士气”，但这种成功案例却很少被德国媒体广泛报道：

“[……]现在实际上德国就我们仅存的一个还在做高端电视的这么一个公司。[……]这仅存的德国公司被我们中资公司收购了，所以呢在收购之后，我们其实给原来的德国公司做了很多的转型，[……]整个公司的运营，由原来一直在亏损能迅速把它带盈利，然后能把德国员工的士气给提起来。当时我们是希望通过这么一种办法，让德国人慢慢地意识到，中国的投资者过来不是说就是单纯为了收购你的公司，收购完就走了。而是来帮助你们，不管是对你个人，还是说对你这个公司的整体，还是说对当地。因为我们在一个小镇，我们在当地算是一个大的一个企业吧，所有的这些员工都是在公司附近生活。所以我们也是希望让他们感觉到能看到希望。”（X. HC.先生，某电器公司总经理）

中资公司的并购和投资不仅为先前的德国公司注入了新活力，还扩展了德国公司的生存空间，促进了它们的可持续发展：

“[……]我们的做法是，我们保留老的品牌，继续在德国生产，同时把在中国的生产增加进来，把这些结合在一起。就是说，我们德国的×××[①]公司也是从中国的母公司中受益的。就是我们通过这个收购，拓展了德国公司原来的产品范围，包括对以往的产品进行了必要的技术革新。[……]如果没有并购之后的中国公司的投资的话，原来的×××公司就没有经济能力来进行必要的技术革新。就是说新的产品、新的投资、新的销售渠道，这个对于×××公司的发展非常重要。新的销售渠道包括我们公司收购了法国的一家公司，由此也改善了我们在法国的销售渠道；在营销方面，也增加了投资。另外，我们也改善了在美国的销售渠道，因为我们的中国母公司在美国比之前的德国×××公司有更好的销售渠道和系统。[……]这就是所谓的双赢。”（D. OD.先生，某机械制造公司总经理）

另外，也要让员工看到公司发展的可持续性，尤其是收购了德国公司的中资企业，D. OD.总经理补充道：

“要让（德国）员工看到公司发展的可持续性，而不是向员工展示，我现在

---

① 此处隐去公司名称。

想来对以前的德国公司进行彻底的改变，[……]所以在收购后，我们公司采取了一定的措施来保障员工的信任，比如公司给大家工作岗位保障，[……]我们这家德国公司此前是被一家美国私人投资公司收购，但这家美国公司在收购之后不但没有投入资金来发展公司，而是从原来的德国公司抽出资本，这就让本来就状况不良急需技术与设备更新的公司雪上加霜[……]而中资公司收购之后，投入大量资金来更新IT系统，更新生产线，给此前的员工工作岗位保障，这些措施让员工们看到了公司可持续发展的希望。”（D. OD.先生，某机械制造公司总经理）

企业的可持续发展还让员工充分体会到工作的意义，并在工作中获得满足感。一些专家指出，德国员工通常认为工作是为了实现自我（Selbstverwirklichung）：

“德国员工认为工作本身要给人一种满足感。他们不仅注重工作带来的收入，更看重工作带来的自我实现感。”（A. EC.先生，德国某州中资企业商会会长）

企业展现出行业领先和良好发展的态势，这不仅给员工更多的动力和获得感，也鼓励了越来越多的德国当地员工积极为企业的发展付出更多努力。

企业共享价值观之三：面向未来、“随机应变”

在可持续性发展的同时，一些成功的中资公司在其企业文化方面还体现出**面向未来的前瞻性**，包括公司设立了专门的“未来研究”（Zukunftsforschung）团队，致力于探索未来的发展方向。一位德国高管谈道：

“我们的研究工作是涉及未来发展的，这是我觉得中国公司非常好的地方，就是有非常长期的面向未来的规划。我们现在研究的技术，不仅仅是面向两三年之后的发展，也是面对十年、二十年后的发展。”（S. ID.先生，某中资企业研究所副所长）

此外，中资企业面向未来的前瞻性还表现在领导层清晰地了解行业战略方向，并能指引整个团队朝着正确的方向前进。专家们强调，及时研究企业发展环境、市场现状与未来趋势，并制定切实可行且面向未来的规划，是促进企业长期稳定发展的重要基础。这些规划大多是从底层到领导层自下而上制定的，以确保其基于真实的数据和情况：

“每一年我们都会花很长的时间来研读当前市场上的情况，并对未来5年有个预判。我们会把这些信息材料等自下而上地传递给企业领导，并做出每年的规划。[……]这个路径一定得是自下而上的。[……]我们现在对自己的未来发展方向，自己从 local[①]层面，我们一定是用最真实的数据去展示最真实的情况，然后来制定我们未来的发展方向。我们知道现在要干什么、明年要做什么，要达到什么目的，而且我知道怎么样子做才能达成这个目的。”（M. Ic.先生，某IT 公司销售部经理）

对于中资在德企业来说，在塑造企业文化时，需要**引导中德员工积极看待和快速应对各种变化**。一些公司已经做得相当成功：

“现在是员工愿意跟着公司一起来改变，这个是我们公司做得比较成功的地方。”（A. Zc.先生，某机械制造公司总经理）。

中资企业的前瞻性和灵活性帮助企业在快速变化的市场环境中保持竞争力和创新力。通过相关策略与措施的实施，企业能够预见并应对潜在挑战和机遇，确保其在行业中的领先地位和可持续发展。此外，这种文化还激励员工积极参与变革，提升整体士气和凝聚力，从而推动企业在德国市场的稳健成长。

企业共享价值观之四：“大家庭”理念

在德中资企业要取得成功，不仅需要强调其国际化定位和在技术上的创新，还需要**成为一个健康的生态系统，一个充满活力的“小社会”或“大家庭”。这种基于中国文化的“家文化”对企业的发展具有重要意义**。从“大家庭”的角度来看，企业员工之间就多了一些“预支的信任”（Vertrauensvorschuss），可以增强团队凝聚力和合作精神。“大家庭”的理念也帮助来自不同文化的员工能同舟共济面对暂时的困难，例如，一位中资企业总经理在谈到并购后的德国企业时说道：

“我们公司在并购德国公司之后，没有解聘过一位并购前的德国公司的职员，我们主张这样的概念，就是一个家庭的概念：对于一个大家庭来说，虽然兄弟姐妹孩子多，你不可能给他解聘掉。在一个大家庭中，也不是所有的孩子都一样好，也有一些表现不好的孩子，你要慢慢改变他，要慢慢磨合。”（O. Cc.先生，某机械制造公司总经理）

总体来说，**员工们共同创建和认同的跨文化的企业文化是大家共同协作的重要基础，而这种企业文化也是在共同做事的过程中不断发展和建构起来的**。在这一过程中，来自不同文化的同事不断加深了解和理解，并增进共识。随着共事时间的增长，大家形成了一种默契，有了越来越多可靠的经验和直觉，学

---

① local：（英语）这里指“当地的”。

会了如何更高效地处理工作和更顺畅地交流，彼此知道对方对自己的期待是什么，有一种心照不宣的感觉，就像在“大家庭”一样。有专家认为，在这种企业“大家庭”里所形成的一种不需要用文字来清晰描述的默契，对企业来说是一件好事。

将“大家庭”理念纳入企业共享价值观，意味着**企业要以人为本，关爱员工**。企业不仅要期望员工“以企业为家”，也要重视员工的心理与身体健康，更要**照顾员工的工作－家庭平衡**，这也是融入德国文化的重要体现。例如，按照德国法律，父亲可以与母亲共享“育儿假”[①]。基于人性，**爱家和爱生活是工作的动力，企业应该尊重这一点**：

“我不认为应该把公司看得比家庭更重要。一个正常的人应该首先爱家，因为工作的动力之一是为了家庭更幸福。如果有人把公司当成家，而忽略了家庭，这种人对我来说是不正常的，也是不安全的。”（A. Xc.先生，某药材公司总经理）

只有在家庭得到充分照顾、个人身心健康得到保障的情况下，员工才能全身心投入工作，为企业的可持续发展贡献力量。“利物，足以和义”，义与利是可以和合的（张立文，2018b：24），企业多利于员工，员工自会对企业有“义”。**在健康发展的企业中，企业与员工之间的爱是双向的。企业关爱员工，提供良好的工作环境和福利，尊重员工的工作－生活平衡，员工也愿意为企业的发展做出更多贡献。**

“我们公司提倡工作生活平衡（work-life balance），并不断向我们各部门呼吁重视员工健康。我们的办公大楼在星期天就是关闭的、锁上的。（笑），谁都不许进来工作，毫无例外。即使偶尔星期六有紧急工作需要处理，也尽量避免长时间加班。我们提醒同事们，如果需要加班，偶尔为之可以理解，但不应为了加班而加班。”（Y. IE.女士，某 IT 公司人力资源部负责人）

“大家庭”理念不仅仅强调企业内部的合作与信任，还**鼓励员工在面对临时工作或困难时，少分“你”和“我”，更多地强调“我们”**。这种理念倡导员工为企业多分忧、多贡献，形成一种共同进退的团队精神。

---

① 德国的 Elternzeit（父母育儿假）是一项法律规定的权利。在子女出生后，父母双方可各自享有最长达三年的育儿假，父母可以同时或分开休假。育儿假结束后，员工有权回到原职位或同等职位。在育儿假期间，雇主不需要支付员工工资，父母可申请由政府支付的 Elterngeld（育儿金）。育儿金通常为员工之前净收入的65%～67%，但有最低和最高限额。更多相关信息参见德国联邦政府家庭、老年人、妇女和青年事务部官方主页（www.bmfsfj.de/bmfsfj/themen/familie/familienleistungen/elternzeit）。

“大家庭”理念不仅促进了企业内部的合作和信任，也增强了员工的归属感和工作积极性，为企业的长期健康发展提供了强大的动力。

企业共享价值观之五：开放、柔韧与包容

本研究所采访的企业中，一部分“年轻的”中资公司收购了百年历史的德国企业，为传统型的德国企业注入了新活力。这些公司**展示了开放、柔韧与包容的企业价值观，成功地融合了不同文化的特点和优势**：

“当然会有个别的德国人觉得一下子不好接受，怎么会是一家中国的公司收购了我们？但是更多的人呢，也看到了由此对×××[①]公司所带来的发展新动力。[……] 我们的中国母公司 yyy[②]是一家非常现代的、非常开放和有活力的公司。所以现在，我们公司的很多人都很喜欢非常开放的充满活力的 yyy 企业文化。”（D. OD.先生，某机械制造公司总经理）

这些企业价值观的共性还包括**尊重文化差异、互相理解、互相包容**。对于并购了德国企业的中资企业来说，需要中德双方以开放的心态，面对和接纳文化差异，并通过不断沟通和共同协作，积极利用文化多元性，促进企业的发展。

专家们指出，不应该只关注来自不同文化的同事之间的差异，也要看到他们的共同点，求同存异，允许和包容差异的存在，并且学习将文化多样性转化为企业的生产力。为此，**企业应具有开放性、灵活性和韧性**。通过这种方式，企业不仅能够更好地应对全球化市场的挑战，还能够在多元文化的融合中不断创新，保持行业的领先地位和可持续发展。

企业共享价值观之六：透明沟通、齐心协力

对于在德中资企业，定义明确的企业价值观对于跨文化企业文化的建构至关重要。明确的价值观不仅能促进中德员工的理解与协作，减少文化冲突，增强团队凝聚力，还能树立一致的企业形象，通过统一的企业价值观驱动各领域、各层面的发展，提高整体运营效率和市场竞争力。某新能源车企总经理 A. LC.先生谈道：

“我们企业当时在还没有干活之前，老板就把我们这个高管聚在一起，花了三天的时间在伦敦开 workshop[③]。干什么呀？定义公司的价值观是什么。所以我们从公司一成立就定了四个价值观，一个是 honesty，一个是 care，一个是

① 此处隐去被收购的德国公司的名称。

② 此处隐去中国母公司的名称。

③ workshop：（英语）研讨会。

vision，一个是 action[①]，这些就是我们公司的指导原则。”（A. Lc.先生，某新能源车企总经理）

很多在德中资企业的实践证明，除了领导层对企业哲学和价值观达成共识外，一些成功的中资在德企业还通过企业沟通机制与员工充分交流公司的愿景、使命和价值观，以取得普遍的共识。实践表明，通过企业沟通机制向中德员工诠释跨文化的企业文化非常重要。通过这一机制，一方面可以帮助员工更好地理解中国和德国文化，理解企业的价值观、企业哲学等；另一方面也让员工参与企业文化的建构。相关的沟通可以以正式（如员工大会、团队会议、团队建设、员工培训等）和非正式的形式进行。

“我现在负责的工作之一是对所有的新员工进行上岗培训。每个月进行一次。每个月都有新的员工的上岗培训。我的培训内容主要不是技术方面的，而是文化方面的，包括帮助新入职的员工更好地了解我们的企业文化，以便他们更好地融入企业；也包括帮助中国员工更好地了解欧洲文化，包括德国文化，因为这里工作的中国员工是在德国工作。公司要保住好的员工，员工要长久地留在我们公司，这就需要长期的双方的相互理解和信任，这就是我的工作，就是帮助尤其是非中国的员工来更好更深入地了解和理解中国文化。”（Y. IE.女士，某 IT 公司人力资源部负责人）

在自下而上的基础上，企业领导与员工沟通企业发展的愿景、理念和规划也非常重要。通过这样的沟通，可以营造积极的企业文化氛围，增强员工对企业未来发展的信心，也帮助员工认识到自己可以为企业发展所做的贡献：

“在并购这家德国企业之后，我们要跟那些新加入我们公司的德国员工、德国同事说未来，就是说未来我们的规划是怎么样的，我们会有哪些措施去帮助这个企业扭亏为盈，或者做一些改进，然后他们可以看看他们能为此做什么具体的工作，看看他们能不能达到。”（X. Hc.先生，某电器公司总经理）

为了促进中德双方的透明沟通，部分中资企业还派遣德国管理者和员工到中国母公司工作一段时间（可短至一个月，也可长至两年），以便他们更深入全面地了解母公司的企业文化，同时也可以促进母公司的中国员工了解德国文化。此外，这样交互沟通的形式还包括中国员工短期到德国公司访问（可签三个月以下商务访问签证）。

① honesty、care、vision、action：（英语）分别指真诚、关爱、远见、行动。

“我们母公司的中国老板很注重我们的企业文化的建设，所以老板希望德国的同事能到我们中国母公司去亲眼看看，去亲自体验我们母公司的文化，看了之后能够对我们的企业文化更了解。[……]在正式并购之前，我们就第一次邀请德国管理团队到中国母公司去，[……]，他们去看了，回来之后，确实还是比较正向，[……]对他们来讲，有一些震撼吧，所以回来之后的话变化还是挺大的，所以老板也认为这种方式挺好的。”（A. Zc.先生，某机械制造公司总经理）

为进一步加强透明沟通和齐心协力的企业文化，企业可以通过定期全员会议、透明的反馈机制、团队建设活动等，加强内部沟通，促进团队合作，**建立更加开放、透明和包容的企业文化**，助力企业的可持续健康发展。其中，**定期举行的员工大会是企业文化建构的重要途径**，借此，领导可以与员工分享公司（也包括母公司集团）整体发展的最新状况，与员工一起阐释公司文化：

“在全体大会上，我们会及时地跟我们的员工分享我们集团发展的最新状况[……]因为我认为呢，大家其实都有兴趣知道公司整个的发展情况。尤其是我们在中国的发展。因为这是我们的主要市场，虽然这个跟他们在德国的日常工作往往没有直接的关系，但我们可以用公司整体的发展来激发大家，让他们对我们公司有自豪感。”（A. Lc.先生，某新能源车企总经理）

中资企业的领导风格和沟通方式对企业文化的建设至关重要。跨文化领导力需要领导者传达信任和支持，促进员工对企业文化的理解与认同。中国母公司高管定期访问德国企业，与中德员工直接沟通，就企业的重要价值观、愿景和现实状况进行交流，可以极大地促进员工对企业文化的理解与认同。

随着企业的快速发展，企业更多地呈现出前文所描述的“国际化、文化多元化、开放性、包容性、柔韧性、积极看待和快速应对各种变化”等价值观，或者也可以说，正是这些价值观推进了企业在全球的快速发展。

5.1.3 跨文化的组织设置

在跨文化的企业环境中，特别是在中资企业并购德国企业的情况下，构建健康的企业文化和有效的组织架构是至关重要的。由于德国人普遍注重专业性和专业能力，**中资企业的领导需要具备高度的专业能力以及强大的跨文化领导力，包括用德语和英语进行工作沟通的能力**，以便“以能力赢得信任”。

对于中资企业并购德国企业后的领导架构，有专家认为，**不应在并购后急于更换领导层**，而是建议在并购初期保留德方领导层，以维护公司的可持续性，稳定员工的情绪：

“在收购后不久，当时的策略是，尽量保障公司的连续性，所以当时是保留了德方的管理层，确保德方员工对企业的信任。如果并购后马上换管理层，则可能失去德方员工对管理层的信任，公司发展也失去连续性，所以当时那样的策略是重要的。”（D. OD.先生，某机械制造公司总经理）

在文化整合初期之后，企业可以根据新的发展状况对管理层进行调整。对此没有普适的统一模式，关键在于领导层需要具备将中德文化相融合的能力。中德合作的领导团队应形成协同力，而不是各行其是。为此，**中德领导应充分了解和理解对方，包括彼此的优势，以便通过明确各自的职责来协同这些优势，实现共同的企业目标**。

部分中资企业在并购德国企业后，采用了中德双领导制，并取得了初步成效。例如，在并购后的文化整合初期，中国母公司外派一位财务总监到其德国子公司，同时保留收购前的德国财务总监。这种安排利用了德国管理人员对当地具体情况和法规的熟悉，同时也借助了中国财务总监在在德中资公司与中国母公司之间的桥梁作用。类似的，中资企业还设置了中德双总经理，通过双方的努力，取得了良好的效果。**中德双方总经理通过开诚布公的沟通，彼此表达善意和包容**。中方总经理避免过多干涉德方总经理的管理工作，从而赢得了德方总经理的信任。中方总经理秉持中立和客观的立场，积极为德方经理向母公司争取资源，德方总经理则通过身体力行，显示其对公司的认同和工作能力。这些努力促进了中德双方的合作与理解，推动了企业的平稳过渡和高效运营。

许多受访专家强调吸纳德国人进入中资企业领导层的重要性。**在建构中德领导团队时，应努力“选拔志同道合的人”**：

“中国人讲究的就是做事情，要找志同道合的人。这样大家更能够很快地一起高效做事。所以呢，既然我们是中资企业，是中国人主导的企业，你（德国人）来需要认同我的文化，你必须要了解我的文化，认同我的文化，这样的话你才能够减少冲突和不必要的误会。[……]有的德国高管认同中资公司的文化，变得比我们中国人还爱加班。中资公司就得找这样的认同我们文化的德国人，才能志同道合，才能在中资公司长期发展。”（M. MC.女士，某科技园总经理）

这也印证了曾仕强（2015：82）强调的：中国式管理的特色之一，“因道结合”（曾仕强，2015：82）；亲贤远佞，志同道合才能合理应变（同上：98）。

有专家指出，成功的中资并购企业通常是放心放手让德国管理人员管理，但不是不闻不问，而是保持密切沟通：

"一些并购德国企业成功的中资企业，很多时候其实还是说，管理层放手让德国的管理人员去做，就是他充分信任。但是信任的同时，他这个直接管德国管理层的人必须非常密切地跟德国的管理人员进行很频繁的沟通，去了解事情的进展是什么样，是不是达到了阶段性的目标。如果没达到，那么具体困难是什么，他要有这种意识，不停地去跟德方的这个管理者去沟通。[……]而好的德国管理人员，他也愿意保持与中国母公司的这种沟通，比如通过这样的沟通，他可以增强母公司对他的信任，也可以及时从母公司获得必要支持。"（M. Hc.女士，某银行分行行长）

有专家建议在德中资企业**积极提拔融通中德文化的人到管理岗位**：

"这个非常重要，因为如果这些通晓中国和德国文化和当地情况的人到管理岗位，这些管理人员，他们到中国总部时，因为他们的相关职务，会获得重要的信息，否则则是不可能的。因为在中国，对中国人来说，职务头衔和职位是非常重要的，等级非常重要，所以对我们德国公司来说，需要有精通德语、了解德国情况的中国人，他们有相应的管理职务和头衔，就能为中德之间做很好的沟通协调工作，特别是在我们德国公司和中国总部之间做协调工作。"（T. Xd.先生，某化工公司总经理）

中资企业管理层的文化多元化不仅显示企业的国际化，同时也让德国和其他国家的员工看到自己在中资企业晋升到领导岗位的可能性：

"在管理层的设置上，刚才讲管理层只有我和另外一个同事是中国籍的，其他的都是外国籍的。那也就是说，大家在我们公司觉得我工作是一种，用俗话讲是有奔头的，他们能看到有发展的空间，而不是像在日本公司，从课长以上，全是日本外派的。"（A. Lc.先生，某新能源车企总经理）

有专家建议**设置"中德沟通官"**，特别是对于新近并购德国公司的中资企业，这一职位至关重要：

"在我来之前，中德双方的沟通完全是脱节的。就是说，每次就一个人沟通所有的东西，比如说产品、供应链、市场、销售，所有都是一个人在跟每一个部门沟通。所以我来后，我就想说能不能我们把这个所有部门拉平，每个部门沟通自己的问题，不要通过一个窗口去传。[……]所以我们就可以学习其他公司的做法，在企业内部设置一个职位嘛，叫做沟通官，或者叫首席沟通官。"（X. Hc.先生，某电器公司总经理）

本研究表明，**团队中需要通晓中德文化、善于沟通协调的关键人物，这些人起到桥梁作用**，帮助德国同事更好地融入中资公司，也帮助中国同事更好地融入德国文化，促进跨文化理解与融合。通常，这些关键人物在中德两国都有多年工作经验，对其他文化有亲和力，并能很好地理解他人。有专家建议，中资企业应该促进这些来自中国和德国的跨文化桥梁人物加强对话，互相学习：

“我认为，中资公司中了解德国文化的中国人和了解中国文化的德国人，他们是文化中介者，是中德文化的桥梁，他们之间也应该加强相互了解，比如了解一下对方对自己文化的‘图像’是什么样的。他们双方不仅要相互了解，还应该更多地直接对话，包括一起来探讨，作为文化中介者，怎样更好地促进企业中来自不同文化的同事们更好地沟通，以达到更好的跨文化理解和融合。”（Q. ND.女士，某咨询公司经理）

在德国的企业架构中，工会的特殊地位也应得到重视。专家建议将工会主席的级别设定为比部门经理高半级，以凸显工会的作用。企业管理层应与工会负责人保持定期沟通，以便获得工会对企业重要决定的支持，同时更多了解员工的诉求：

“我们在德国的公司规模不大，所以我们的工会代表目前只有一个人，他是代表所有员工来跟 management[①]对话。[……]每个月我们会坐在一起来 review[②]下，比如我们会有一个 business lunch[③]，然后中午吃个饭，大家聊一下［……］大家有什么诉求啊关切啊之类的。[……] 在我们有预算情况下提高员工福利。然后当他们看到一些东西逐渐改善的时候，他就会觉得，‘我的意见被公司重视了’，那么就会对公司更加认同。”（N.YC.先生，某电器公司总经理）

团队设置方面，**当团队成员的经验、能力和视角能互补时，团队更具活力和生产力**。中资企业在组建团队时，尽量使各团队成员在年龄、性别、种族和教育背景等方面多样化，确保中德同事共同参与，提高创新力和跨文化协同力。

许多专家指出，**各团队里中国员工的人数不宜过多，以免形成小团体**，影响团队创新力的形成和提升。此外，专家认为，中资企业在构建跨文化团队时，应注意团队规模不要过大。**在具有文化多样性的团队中，小规模团队（如十人以下）往往比大规模团队更富有活力和生产力**。

---

① management：（英语）这里指公司管理层。

② review：（英语）这里指回顾。

③ business lunch：（英语）工作午餐。

总的来看，跨文化的组织设置对在德中资企业的发展至关重要。通过合理的组织架构设置和相关的跨文化整合措施，可以有效促进中德企业文化的融合，增强员工认同感，从而提高企业的整体运营效率和市场竞争力，推动企业在德国的成功发展。

5.1.4 制度管理

在中资企业并购德国企业或在德新建企业之前，充分了解当地法律制度并在此基础上制定和推行企业的制度管理是至关重要的。专家们指出，虽然这一过程耗时耗力，但有助于确保企业在德国的长期稳定和健康发展，避免因不了解相关法律规定而付出“学费”的问题。例如，许多成功的中资企业都非常重**视企业合规管理**。

“应该说我们公司在海外合规都管得非常严，不仅仅是在德国。当然我们也注意到，德国本身的各项法律法规很全面很详细，德国人的法律意识很强，这就更促使我们重视合规管理。[……]当地的法律法规，你首先要应知应会，然后遵守。[……]在实操方面，我们得严格遵守一系列的合规管理的规定。”(A.YC.先生，某中资企业研究所所长)

此外，很多中资企业在德国设有专门的法律团队，由熟悉德国法律法规的专业人员组成，以**确保企业在法律和知识产权方面的合规性**。例如，某公司在其 180 人的团队中设置了法规部，并聘请专业顾问处理 GDPR（一般数据保护条例）评审。这些严格的合规管理措施帮助中资企业在德国运营得更加规范和顺利。

德国对于企业送礼有严格的规定，不同联邦州的送礼价值上限略有不同，但一般不超过 25 或 35 欧元。**德国的税务和审计制度也非常严格，企业在文件管理、合同、发票和单据归档方面需要严格遵守规定**，确保所有文件都有存档，以避免在审计过程中遇到麻烦。

“德国这边做事情的作风，就很多东西，不能简简单单地走个形式，或是说可以糊弄过去的。像是比如说我们在（德国）这边碰到的税务方面的问题啊，然后公司的在文件管理上，比如说合同啊，跟客户的那些进出的发票啊，各种各样的单据的归纳整理上面，这些都是有规定的。那当然说我们从开始就是，所有的东西都有书面存档，所有的东西都是按照德国当地的规矩来做。”(C.YC.女士，某物流公司德国分公司总经理)

除了合规管理，中资企业还需要**制定一系列规章制度以保障企业的长期健康运行，如员工休假制度、父母休育儿假制度和轮岗制度等**。尽管有德国员工抱怨中方领导更换频繁，但轮岗制度有助于促进跨文化融合，为公司带来活力。通过轮岗制度，员工有机会在不同领域学习，增进对公司运作的全面了解，增强对企业文化的认同感，同时促进员工之间的经验交流和知识碰撞。

多元化管理的另一个工具是**促进流动性**。受访者表示，**流动性为个人和企业的发展创造了更多自由和机会**。工作轮岗让员工能够在不同领域贡献技能，推动公司的多元化发展，在不同领域工作过的员工往往表现出色。

“我们的企业文化是，我们认为，为了推进我们企业的迅速发展，需要不断地让领导人加入新的岗位，以促进各项工作的不断发展。我们认为，如果一个人长期在一个岗位上，他可能就会有惯性思维，这不利于创新，他可能就没有刚刚来到一个工作岗位之初的那种对成功的热情和渴望。我们公司是希望通过这种轮岗来保持公司所必须有的一种高速的运转以及公司的一种内驱力，保持公司的活力，也保持人们思维和行为上的活力和动力。从商务运作的角度来看，这种轮岗的策略是非常好的，也是非常成功的。我们公司过去 30 年的迅速发展可以印证这一点。”（Y. IE.女士，某 IT 公司人力资源部负责人）

通过轮岗制度，员工有机会在不同的领域学习，帮助他们对公司的运作有更全面的了解，也可增强他们对企业文化的认同感，同时也有利于员工所积累的经验和智识在企业中的碰撞和交流，也促进组织内的跨文化交流和学习。

在制度管理方面，企业还需要有应急预案，确保在关键人员缺席时工作能够顺利交接。例如，企业应设有备份岗位，确保任何一个人不在时，如出差、休假或生病的情况下，有人能够接手其工作。

员工参与在公司文化建设中至关重要。在德国的企业，工会是员工利益的重要代表，**员工可以通过工会参与企业的决策过程**。尽管建立工会的初期可能会遇到挑战，但随着时间的推移，中方领导逐渐适应了工会的作用，并通过不断的相互了解打消双方的顾虑和担忧。

“我们在十年前，我们×××[①]德国公司刚成立的时候，按照德国的相关法规，我们公司也成立了工会。[……]刚开始的确很不容易。但是到后来我们的中方领导也慢慢熟悉了德国的工会是起什么作用的，他们也慢慢习惯了，公司

① 此处隐去公司名称。

的工会会为员工说话。如果员工的权益受到了限制，公司的工会代表就会代表员工来发出声音。[……]像这样的沟通方式，我们的中方领导现在也适应了。他们不再担忧了，因为他们熟悉了对方做事的方式，通过不断的相互了解可以打消双方的顾虑和担忧。”（C. YD.女士，某IT公司品牌及公共关系总监）

评估与反馈制度是企业制度管理的重要部分。定期评估公司的工作环境和领导能力，邀请员工对公司和领导进行匿名打分，帮助企业不断改进管理和运营方式。

在工作时间管理制度方面，许多中资企业采用德国普遍流行的弹性工作时间模式，规定每天的核心工作时间和每周的工作总时长，允许员工自行记录上下班时间，不设打卡机。**这种灵活性和自由度不仅促进了中德员工的创新力和工作效率，还体现了企业对员工的信任**。

“我们因为实行的是弹性工作制，所以员工想休息，比如说他可以从这儿拿本书在外面坐坐、晒晒太阳，或者到顶层的露台，这些都是frei gestalten[①]。[……]因为不用打卡嘛，那你愿意干嘛就干嘛吧。但是你的工作任务是需要完成。”（A. LC.先生，某新能源车企总经理）

在疫情结束之后，居家工作模式得以延续，很多企业允许员工每周有部分时间可以申请居家工作。受访专家谈到，上述灵活的工作时间受到中资在德企业员工的欢迎，被证明是对员工差异化管理的行之有效的方法，也能更多地促进员工工作与家庭生活的平衡。

总体来看，通过严格遵守法规、有效的合规管理、健全的规章制度（包括程序管理、工作时间、休假制度等）、积极促进员工参与和评估制度、采用轮岗制度、保障制度透明性，以及确保预案和应急措施的实施，显著促进了企业文化的全面建设和持续发展。

5.1.5 跨文化空间建构

公司的公共空间往往是展示企业文化的重要窗口。公司的大堂、主楼以及欢迎橱窗等设计不仅展示了企业的形象，也体现了中德文化的融合。在笔者走访的在德中资企业中，**这些空间不仅仅是外观上的展示，更是企业文化与员工参与的具体体现**。例如，一些企业在欢迎橱窗中通过展示中德政治家、行业名

① frei gestalten：（德语）这里指“自由安排”。

人以及诺贝尔奖获得者等的到访来彰显其政治背景和专业实力。另外，一些企业鼓励中德员工共同设计企业标识，或组织员工摄影竞赛，并将其作品在欢迎橱窗中展示，以此体现员工参与企业文化建设的过程。此外，有受访专家强调，公司橱窗中的文字介绍用中德双语可以更好地展现跨文化的企业文化。

办公空间的设计也是企业文化的体现之一：开放式的办公室布局体现了上下级之间的平等关系；精心设计的地板、人体工学家具、照明系统以及办公室采光等细节体现了企业对员工的关心和关注。很多中资企业还设计了供员工休息的大露台，使员工在工作之余能够享受到优美的景观。

跨文化的空间也指物理意义上的开放的大空间。许多受访的中资企业都有过开放式办公室的良好经验，企业管理人员和员工在同一个开放的大空间里办公，真正体现了透明度与平等，也促进了人际沟通，加强了相互信任。

“就比如说这就是我们的办公室，我们这个管理层的办公室，每个人都一样的家具，不分贵贱。那不管你是什么级别大佬，也不会独享一个办公室，而是与团队共享一个大办公室。[……]这是我刚才说的就是透明嘛，就每个人的办公室的都是透明的啊。”（A. Lc.先生，某新能源车企总经理）

公司食堂、咖啡间或咖啡角是公司员工关怀的重要体现，很多人将此也看作是公司实力的表现。此外，如前文所述，对于公司的企业文化建构来说，除了官方的沟通途径之外，半官方和非官方的沟通也不可或缺。因此，很多工作在做空间设计时，充分考虑为员工提供这类沟通的空间，如上文中提到的公司食堂、咖啡间等：

“比如我们现在所在的我们公司的食堂，是 2017 年启用的。你可以看到这里也可以喝咖啡、喝茶，我们的员工可以随时到这里来，不同文化的员工可以坐在一起，进行交流和沟通。[……]当然这种交流和沟通并不是非常官方和正式的。但是这种形式同样重要。[……]而在同事之间非正式的交流中，人们会变得更加放松、更加开放，可以打破文化的屏障。大家可以互相分享一些非正式的信息，分享他们的想法。在这样的交流中，人们可以获得更多的背景信息，更好地理解公司的工作，更好地理解公司处理问题的方式方法。在这样非正式的交流中，人们更加地专注于个人、专注于关系，而不仅仅是专注于工作。”（Y. Ie.女士，某 IT 公司人力资源部负责人）

另外，许多中资企业注重公司内外艺术展览的设计，特别是与建筑内外的艺术展示相关，这些展示不仅体现了公司的实力，也包括了对来自不同文化员工的尊重和欣赏。

“这儿呢专门有一个 Kunst im Bau[①]，就是这个他们每半年会跟我商量，比如说我们今年做两次展，然后选什么样的题材，这次的题材就是抽象画。[……]然后我就相当于一个 leasing[②]，每天展，每天付钱的方式，这个在欧洲很普遍。”（A. Lc.先生，某新能源车企总经理）

还有的中资企业在租赁艺术品时，会特意挑选德国当地年轻艺术家的作品，以表示对他们的支持，体现企业社会责任。

除了可见的空间设计之外，还有专家强调**不可见但可感知的“自由空间”的重要性，这种空间为员工提供了灵活性和安全感，从而促进了创新和团队合作**。

“所以说在我们公司工作必须要具有一定的灵活性，要去认可和尊重文化的差异，尊重那些与自己不同的想法。而不是认为‘哇，他怎么这么想？真是可笑’。如果是这样的话，他早晚在我们公司都会感觉不适的。”（C. Yd.女士，某IT 公司品牌及公共关系总监）

自由空间还包括给部门经理、团队领导各自负责的工作领域，给他们足够的自由发挥的空间，使他们在各自的领域里都有足够的自由的空间。

良好的办公条件和友好的工作环境可以显著提高员工的工作效率和创新能力，例如宽敞的办公室、符合人体工学的座椅、可调节的办公桌、充足的采光等。

在德国的中资企业中，跨文化空间建构通过公司的公共空间设计体现了中德文化的融合和企业文化的多样性。开放式办公室、精心设计的食堂和咖啡间、艺术展览以及自由灵活的工作环境，不仅展示了企业的实力和关怀，也促进了员工之间的交流和团队的协作。这些空间设计不仅是文化的体现，更是企业文化建设中不可或缺的重要组成部分。

5.1.6 人际和谐氛围建构

人是企业之本，**企业文化的健康发展离不开和谐的人际关系**。在中资企业工作时间较长的德国人都认同好的关系可以促进工作的开展，甚至大幅度提高

① Kunst im Bau：（德语）建筑内的艺术。

② leasing：（英语）租赁。

工作效率，包括跨部门同事之间的良好关系，往往可以事半功倍地推进工作。受访的德国专家表示，对于倾向于重工作轻关系的德国人来说，他们在与中国同事共事的过程中也学习到了建立与维护与同事的良好关系的重要性：

“我们的很多德国人在向他们的中国同事学习，他们学习到了人际关系是极为重要的，因为我们在一个企业工作，我们不仅仅是在各个职位上像机器一样发挥作用，各司其职，[……]。在这一切之上，我们首先都是人，我们需要人与人之间的和谐相处，所以，我们可以在午餐前，自然而然地对某同事说：‘嗨，咱们一起去吃午饭吧！’这样一种暂时抛开工作、沉浸在与同事的友好愉快相处中的做法，在很大程度上是我们向中国同事们学习来的。”（P. QD.先生，某咨询公司经理）

在典型的德国企业中，领导与员工之间的权力距离较小，但在中资企业中，人们更强调领导的权威性。德国专家认为，**以适当的言语和非言语形式认可领导的权威，是一种尊重，有助于维护良好的企业文化。**

“具体来说，我总是让我的中方领导有面子，就是‘给面子’。这包括我在社交场合总是让我的中方领导走在我的前面，以便向外人表示他才是领导，因为中国人比我们德国人更重视领导的权威。像这样的细节，对于德国的领导来说，就远没有那么重要。而我懂得这些细节不仅仅是因为我是汉学专业毕业的，不仅仅因为我会说中文，并且在中国生活过。在我们公司，包括在其他中资公司工作了一段时间的德国人，他们都会逐渐地了解和认识到这些中德文化之间的差别。”（C. YD.女士，某 IT 公司品牌及公共关系总监）

上述例子也反映出了，在中德文化中，表示尊重的形式往往是不一样的。有专家提到，中国人重视待客之礼，比如中国母公司或是其他来自国内的合作方代表到在德中资企业访问，表示对这些同事和伙伴尊重的方式是安排足够的给他们吃午饭的时间，或是邀请他们午餐。**待客文化也是公司文化的一部分。**

跨文化尊重需要注意的是，**在表达尊重的同时，也要关切来自另一文化的对方是否感受到了受尊重。**

在德中资企业的员工往往来自不同的文化背景，在工作方式层面，很难也没有必要要求大家有一个统一的做法。相反，成功的可持续发展的企业非常尊重中德员工的差异性和多样性，包括尊重德国员工的时间观念：

“在很多时候，我们没有内部沟通过，我们中方的领导他们就自动地这么做，自动地尊重我们德国人的工作习惯。我们的中方领导，他们知道，对于我们德国人来说，周末是神圣的，不在万不得已的情况下，他们不会因为工作在周末给我们打电话的。只有在实在没有其他办法的情况下，他们才会这么做。可以说这就是跨文化的空间，就是我们在过去几年通过互相的了解所探索出来的一种跨文化的空间，我们互相知道对方的期待是什么，我们尽量尊重对方的期待。”（C. YD.女士，某 IT 公司品牌及公共关系总监）

在企业文化建设过程中，一些中方领导偏向自上而下的管理风格，而德国员工则更倾向于自下而上的方式。为了填补这种路径的空隙，中资企业为员工创造了多种交流平台，如论坛和团建活动。

有专家指出，中资企业中和谐的人际关系的建立是一个逐步的过程。中德同事在合作的初期通常对对方了解较少，因此他们会比较谨慎地交往。在这种情况下，**预支信任和预设对方的善意尤为关键。通过共同做事，双方逐步熟悉彼此，并确认对方的善意和建立起彼此的信任。**

综上所述，通过促进人际和谐关系、尊重文化差异以及创建开放的企业文化环境，在德中资企业在不同文化间架设了一座桥梁，为可持续发展奠定了坚实基础。

总结来说，中德文化的融合是一个动态的、持续的过程。中资企业在这一过程中需要不断学习和适应，既要保持自身的文化特色，又要尊重和融入当地文化。通过合理利用中德两国的文化优势，中资企业可以在激烈的市场竞争中获得独特的竞争力，实现长期可持续发展。

5.2 跨文化领导与人力资源发展

跨文化人力资源管理是指在跨文化环境中，持续和系统地对人力资源进行获取、配置和有效使用的过程。这一过程基于企业整体的跨文化管理战略，涵盖招人、育人、管人和留人的各个环节（余建年，2007；Lang，2016）。如本书第四章所述，跨文化人力资源管理问题是影响中资企业在德经营和发展的主要问题之一。改善和解决这一问题将极大促进中资企业在德国的可持续发展。本研究基于质性研究，通过对专家访谈数据的系统分析，总结出在德中资企业在跨文化领导和人力资源发展方面的机遇、最佳实践和策略。

5.2.1 人员配置与人才选拔

在德中资企业的专家普遍认为，多元化员工团队对企业的长期可持续发展至关重要。这些企业通常由中国总部派遣的外派员工、在德国当地招聘的中国人或华侨，以及当地招聘或通过并购“继承”的德国及其他欧洲国家员工组成。尽管有些企业在初创阶段主要依赖外派员工，或并购后的企业以德国员工为主，但大多数中资企业都力求在员工构成上保持平衡。

5.2.1.1 人员配置

对于在德中资企业来说，从中国母公司外派人员来德工作十分重要。就此，笔者将在下文中详述，这里先分析中资企业在德国当地招聘中国人和德国人的意义。

在德国当地招聘中国人

在德国当地招聘的中国人或华侨具有显著优势。他们大多数在德国高校毕业，拥有长期在德生活、学习或工作经验，能够流利使用德语，了解德国文化和工作方式。同时，他们也谙熟中国文化，**能在中德公司之间起到桥梁作用**。受访专家提到，这些留学背景的中国员工善于与总部沟通，有助于推进跨文化团队的工作。

“就是说我们中德团队呢，经常会去总公司申请资源去做一些活动嘛，或者实施我们设计的方案。往往是，如果我派德国同事去谈，他们大多讲不清理由，往往就会被驳回来了，因为你要跟公司要钱嘛，像我们要就是要几十万欧元这样，然后你要是讲不清理由的话，公司很容易就把你驳回来了。而我呢，我作为中国人，就是说即便我被总部驳回了一次，我会很快领悟到背后的原因，会与我的中德团队沟通我领悟到的意思，并一起探讨从哪个角度可以把我们的方案做得更尽善尽美，最后完善我们的方案，并由我再次向总部展示我们的方案，最后往往能得到总部的支持。”（M. Ic.先生，某 IT 公司销售部经理）

除了项目沟通优势外，当地招聘的中国人还展现出灵活性和高工作效率。专家指出，这些员工珍惜在中资企业的工作机会，愿意承担临时任务，并且中方领导向他们布置任务时无需过多解释，从而提升了整体效率：

“德国同事相对不是那么灵活，但是呢实际上，我们在这儿，在德国当地有很多的工作要做，然后还要面对国内总部那一块儿，经常会有一些临时需要完成的工作，而且还有很多总部要求填写的报告、报表啊，各种日常的一些事要处理。[……]这就是为什么我们团队里面还有一些当地招的中国籍员工的道理，这些中国员工，他们相对来说，工作灵活度要更高一些。然后从管理者的角度来说，管理这些中国员工，管理难度和管理者付出的工作时间也会少一些，而不用像对很多德国员工那样，各种事我都需要给他去解释。”（K. Zc.先生，某银行分行部门主管）

很多专家强调，**聘用在德中国留学生对中资企业有很大帮助。这些留学生不仅具备跨文化能力，还能帮助企业更好地应对在德经营中的文化适应问题。**对于他们来说，在中资企业工作可以提供更大的职业发展和晋升空间。同时，这也显示了企业的地方化程度，增加了企业的本地社会认可度。

招聘德国和他国员工

在德中资企业还强调雇佣德国员工的重要性。**德国员工不仅帮助企业更好地理解和融入德国市场，还能使中国员工更好地理解德国人的思维和行为方式。同时，中德团队的跨文化合作也有利于创新思维的产生，有利于公司更好地融入德国社会**。尽管中资企业在德国的知名度较低，但很多德国员工一旦选择在中资企业工作，跳槽频率较低，工作稳定性较强。

对于中资企业来说，**德国员工的优势在于，他们了解和理解德国人的思维和行为方式**，与中国员工相比，**他们往往更适合做营销、采购、对外联络等工作**。一位受访的中方高管谈道：

“在我们公司，中国人和德国人的比例是 2:8，[……] 因为我们公司比较看重这个 localization[①]，就是看重本地化。因为我们觉得，在一个本地化精耕细作，肯定需要本地员工去做贡献。因为中国员工只是说在大的策略上、方向上和这个风险上来做一些把控，其他的本地的一些客户啊、渠道啊、推广啊、包括市场啊、包括 communication[②]啊，还是更适合由本地员工去做。”（N. Yc.先生，某电器公司总经理）

聘请德国员工还在于他们对当地法律法规、市场和消费习惯的熟悉，能够帮助企业合法合规地开拓市场。有受访专家强调，德国员工在与监管机构和客户的沟通中，语言的敏感性和用词的精确性更具优势，能增强信任度和沟通效果。

① localization：（英语）地方化，本地化。

② communication：（英语）交际，沟通。

尽管一些中方领导认为德国员工在接受任务时喜欢提问，增加了管理工作量，但也有专家认为，德国员工敬业，责任感强，一旦接受任务，大多能按时完成。此外，德国员工思维方式简单、透明，便于沟通与合作。

中资企业在德国也有积极聘用来自其他文化背景员工的经验，这些员工包括来自南欧或土耳其的第二代移民，他们大多在德国长大，在双语和跨文化背景下成长。还有一些来自其他国家、在德国有较长工作经验的人，**这些人在德国接受过高等教育，具备跨文化工作能力，能为中资企业带来多元化、活力和创新**。

综上所述，中德员工各有其管理优势和特长。对于中资企业来说，合理配置中国和德国员工，发挥各自所长，是实现跨文化团队高效合作的重要策略。

5.2.1.2　人才选拔标准

与许多企业一样，中资在德企业在招聘和选拔人才时，注重其专业能力和综合能力。专业能力包括各岗位所要求的职业专门能力，以及应聘者在行业内的经验和对相关行业的总体了解。不同部门对职业和专业能力的要求各有侧重，但总体来说，**中资企业在德选聘人才时，不应仅将专业能力和职业经验作为唯一标准，还需考察其是否具备助益中德员工跨文化协作的关键能力和素质，如学习意愿和能力、好奇心、宽容心、敏察力、灵活性以及开放性等**（参见：潘亚玲，2016：85－128；妮莎，2021：58－59）。这些个人素质和能力往往是在跨文化的生活、学习和工作过程中培养出来的。

跨文化工作经验是中资在德企业普遍看重的。**企业希望新员工能带着此前的跨文化经验而来，而不是在加入企业之后才开始经历跨文化挑战**。对于应聘的中国人来说，跨文化经验尤为重要。那些既有跨文化工作经验，又有相关行业经验和专业能力的中国人尤其能帮助在德国新创的中资企业在德国站稳脚跟。某物流公司德国分公司总经理 C.Yc.女士谈到自己的经历时说：

“我 2009 年就来德国了，在德国待了十年多了。我在我们行业的工作经验，特别是对德国行业运行情况的了解，对我的工作很有帮助。因为毕竟说接触这个行业时间比较长，比起刚从中国外派来的员工，我会比较了解德国这边做事情的作风，比如说我们在这边能够碰到的税务方面的问题啊，然后公司在文件管理上，比如说合同啊，跟客户的那些进出的发票啊，各种各样的单据的归纳整理上面，这个都是有规定的。我对此有了解，所以我们从开始就是，所有的东西都有存档，所有的东西都是按照德国当地的规矩来做。[……]另一方面，我觉得我在业务开展上，就是在德国当地联系人比较多，这对业务的帮助很大。”（C.YC.女士，某物流公司德国分公司总经理）

德语水平是中资在德企业选拔中国或华人员工的另一个重要标准。专家指出，**中资企业青睐既精通德语又通晓专业的复合型人才，特别是那些既有国内高校学习经历又有德国高校留学经历的人才**。

很多中资企业在挑选德国员工时，很**看重那些与中国有联系的人**，并注重**选拔有“中国缘”的德国人**，比如他们的配偶是中国人，或他们曾在中国留学或工作过。这种**“中国缘”使他们更了解中国文化，更能融入中资企业文化，也能在中德之间起桥梁作用**。

那些具有在中国学习和工作经验的德国人，适合在中资企业担任管理职务。本研究所访谈的德国高管，有的是在中国著名高校获得硕士学位，有的是在中国工作十年以上，一位在中国工作多年的德国总经理指出：

“我对中国文化的了解，我之前在中国工作和生活的经验能很好地帮助我与中国的领导和同事进行沟通，我在交流中能比较好地理解他们真正的意思。[……]包括也能够很好地理解他们没有说出来的内容，这个需要一定的对中国人沟通风格的敏感力理解力，这样的理解能力是大部分从未在中国工作和生活的人所没有的。”（D. OD.先生，某机械制造公司总经理）

有专家强调，对于中资企业来说，能赢得具有“中国能力”（Chinakompetenz）的德国人来担任企业领导，是最为理想的，一位专家谈道：

“如果中资企业能吸引具有‘中国能力’的德国人来担任管理工作，那是最理想的。我说的‘中国能力’这个概念最近几年在我们德国也得到了越来越多的重视，德国政府层面和经济界层面所说的‘中国能力’可能更多的是指对中国历史、文化、经济、社会和政治的了解。对于中资企业来说，理想中的德国管理者应具备的‘中国能力’远远不止这些，而是还包括中文语言能力、中德交际与合作的跨文化能力、在中国学习和工作的经验，特别重要的，还应该包括从感情上对中国、对中国文化的喜爱，有中国‘情缘’（笑）。”（Q. ND.女士，某咨询公司经理）

即使有的德国人没有在中国学习和工作的经历，但如果他们**对中国有长期的浓厚的兴趣，并积极看待中国的发展**，他们的加入，也会为在德中资企业带来积极的影响。有专家谈道：

“我们在招德国人的时候，我们会问他，你为什么会选中资企业。[……] 我们不是说一定要得到什么样的具体的答案啊，就是从他的回答中就看他有没有这种意识。我觉得大部分对中国企业的感觉比较好，这些人都是感觉到这两年中国的发展比较好，很看好，他们自己也体会得到。就是说他们对中国整体上有积极的看法。我认为，这个是他们能长期在一家中资企业努力工作的一个重要前提。”（X. Vc.女士，某银行分行部门主管）

对于营销相关职位，中资企业尤其看重应聘者对当地客户的了解以及他们可能带来的客户资源。**企业希望选拔那些对企业有认同感，能将个人发展与企业发展相结合，愿意长期在企业工作的人**。一些专家强调，特别是初创公司在招聘时，应向新员工指出其可能遇到的风险，从而吸纳那些愿意面对这些挑战的人：

“到时候一个很重要的这个问题啊，其实主要两个问题，在所谓的软性的实力上，第一个呢，可能就是说对我们这样的初创企业的认同程度啊，[……] 包括我自己面试，我是一般都会跟大家讲，我说我要提醒你，我们是一家初创的公司啊，那么我们可能会有风险。那我们是不是能够 survive[①]。然后发展会有不同的阶段，有好有坏，对吧？我说，‘这些你心里要有数’。”（A. Lc.先生，某新能源车企总经理）

此外，中资企业希望在德国长期发展，因此，它们在选拔员工时会挑选对企业有认同感的人，包括**吸纳那些在个性和行为方式上与公司的企业文化更匹配、更协调的人**。比如初创公司更愿意招聘相对年轻，敢于冒险的人。基于很多德国人求稳的特色，有一位专家特意强调了偏向招聘“有冲劲的德国人”。（M. Ic.先生，某 IT 公司销售部经理）。

一些成功的中资企业在招聘时**注重开放态度、包容心、灵活性、移情能力和多视角看问题的能力**。一位受访的德国高管认为：

“但是，也有不少德国同事，他们之前没有去过中国，也不会中文，甚至对中国了解很少，他们很多人最后还是适应了我们公司的企业文化。重要的是这些人，他们具有一定的宽容心，也有一定的灵活度。他们能够接受与自己文化不同的东西，即使公司的一些信息不是很透明，或者一些工作进度并不是按部就班、有条不紊，因为他们有这样的宽容心和灵活度，他们就能接受这种与以

① survive：（英语）生存，这里指企业的生存。

往不同的工作方式。”（C. YD.女士，某 IT 公司品牌及公共关系总监）

对于中资企业来说，**员工的沟通能力与团队合作能力至关重要**。合适的员工不仅能胜任本职工作，还能在跨文化团队中发挥桥梁作用，促进中德文化融合，提高整体工作效率。

5.2.1.3 人才选拔途径与策略

多途径并进的招聘策略

中资企业在德国需要**通过多种渠道和方式来选拔和赢得各层次的人才**。总结中资企业的经验，这些途径可以总结为：

- 公司官方网站：在公司官方网站上发布招聘信息，详细介绍公司文化、价值观和职业发展机会，吸引潜在申请者。
- 招聘网站：使用德国的主流招聘网站，如 Monster、StepStone 等，在这些平台上发布招聘广告，同时寻找主动求职者。
- 猎头公司：中资企业经常委托专业招聘中介机构帮助寻找合适的人才，这些机构提供定制的招聘解决方案，特别适用于中高级别岗位。
- 高校合作：与德国高校合作，通过实习生和学生工制度，及早选拔和培养人才。
- 社交媒体：利用 LinkedIn、Xing 等专业社交平台，在上面创建公司页面，发布招聘信息，或主动联系潜在候选人。同时，可以利用微博、微信等平台发布招聘信息，与感兴趣的候选人互动。
- 专业社区和论坛：参与相关行业的专业社区和在线论坛，与潜在候选人建立联系。
- 企业关系网络：利用企业的关系网络（如员工推荐、合作伙伴推荐等）来寻找和选拔人才。
- 招聘会和展会：参与招聘会和展会，尤其是德国大学的校园招聘活动，通过举办讲座或工作坊等方式与毕业生建立联系，寻找人才。
- 政府部门合作：与当地劳动局和行业协会合作，帮助企业更好地融入德国，并承担企业社会责任。对于一些基础级别的岗位（如文秘），企业如果通过劳动局聘用失业者，还能获得相应的就业补贴。

针对不同岗位的选拔策略

较为基础级别的岗位可以通过人才网、社交媒体等渠道招聘，而中高级别的岗位则适合通过猎头公司推荐。鉴于中资企业在德国的知名度还不高，很多企业选择通过猎头公司招聘德国员工。专家指出，企业应逐步建立自己的人才培养制度。一些专家强调，现有优秀员工能够推荐适合的新员工，因为他们更了解公司的企业文化和中德团队的工作特点。

试用期和劳动合同

由于在德国解聘员工的程序较为复杂，企业在选人用人时尤为慎重。对于工作经验尚不丰富的新聘员工，企业应在劳动合同中规定试用期，以便考察其工作态度、学习能力和工作能力，从而决定是否正式聘用。这里需要注意的是，在德国，雇主与员工签署的试用期合同通常不得超过 6 个月。在试用期之后，可以签订一次最长不超过一年的有时间限制的劳动合同，但如果再雇佣该员工，劳动合同就必须是无固定期限的[①]。一位受访的德国专家强调：

“我们给员工签署的试用期合同，最多不能超过六个月，试用期之后如果我们公司想继续雇佣该员工，可以再签一次有时间限制的劳动合同。注意，只能续签一次有期限的合同，而且时间期限不能超过一年。如果某公司在员工试用期结束后，想继续雇佣该员工，与他签一个三年时间期限的劳动合同，对不起，这样的合同在德国是无效的，没有法律效力。就是说，试用期之后可以最多签一年期限的劳动合同，之后如果公司还想继续雇佣该员工，就得与他签无限期的劳动合同，这是德国的法律规定。”（J. MD.先生，某电器公司运营部经理。）

选拔过程中的测试和面试

中资企业需要应用多种方法来挑选合适的、有发展潜力且能融入中德团队的人才。某 IT 公司人力资源部负责人 Y. IE.女士提到：

“在招聘新员工时，我们也让员工做一些测试，我们有很多的文化测试、心理测试，[……]通过这些测试，我们期望在大多数的情况下，在 99%的情况下，我们招到的新员工是我们所期望的。[……]我们希望通过我们不同形式的测试、面谈能够全面了解应聘者的真实的情况，包括从文化的层面来测试他们的思维和行为方式。”（Y. IE.女士，某 IT 公司人力资源部负责人）

---

① 详见德国《固定期限合同法》（Teilzeit- und Befristungsgesetz, TzBfG）。在德国联邦劳动和社会事务部的主页上（www.bmas.de/DE/Service/Gesetze-und-Gesetzesvorhaben/teilzeit-und-befristungsgesetz.html）可阅读该法的全文。

此外，招聘者的经验和阅人能力也非常重要，通过简历和面试交流，可以判断应聘者是否具备中资企业需要的跨文化能力。专家认为，在大城市（如慕尼黑、柏林、汉堡、法兰克福、杜塞尔多夫），更有机会招聘到有跨文化经验的人。

合规性要求

中资企业在招聘时要特别重视合规性。在招聘广告中，一般都会在职位后标注“（m/w/d）”或“f/m/d”，即德语的 männlich/weiblich/divers（男性/女性/多元性别）或英语的 female/male/diverse 的缩写，表示该职位向所有性别开放。如果像传统方式那样只写男性/女性，则公司可能会面临“歧视多元性别”的起诉。

综上所述，中资企业在德国的人才选拔需要多途径并进，并注重选拔过程的严谨性和合规性。通过多样化的渠道和方法，企业可以扩大人才池，找到合适的有发展潜力的人才。

5.2.2 外派管理

对于中资企业而言，外派人员在代表、诠释和建构企业文化方面起着不可或缺的作用。这些外派人员通常在母公司有较长的工作经验，对企业有高度的认同感和忠诚度，并且得到公司总部的信任。他们不仅熟悉母公司的管理体制和内部流程，还了解在德公司的研发、生产、销售等方面的工作日常，**能够在中资企业和其国内母公司之间架起沟通的桥梁**。

“因为他们呢，像今天来接您的王工，他在我们公司工作有近十年了，所以他对我们公司的内部流程特别熟悉。然后当国外同事需要一些总部的支持的时候，他可以在中间帮助沟通。[……]他还会更加准确告诉我们国内总部的同事，我德国这边需要什么，我这边发现、发生什么问题了，需要总部做哪些支持？要做哪些改善？他的渠道里面看到这个产品，这个别人有什么好的，我们有什么不好的，他要把这信息汇总给总部、给研发，帮助总部人员随时了解德国的有关情况。”（N.Yc.先生，某电器公司总经理）

5.2.2.1 外派人员选拔考量因素

总结专家访谈的结果，**在选拔外派德国的人员时，中资企业注重保障其在德国的工作稳定性**，通常从以下几个方面进行考量：

- 外派意愿与动机：了解员工是否自愿外派以及他们的动机，以确保他们具备足够的积极性和主动性。

- 专业能力：评估员工的专业技能和业务能力，以确保他们能够胜任在德公司的工作需求。
- 心理素质与适应能力：包括抗压能力、学习能力等，以确保员工能够适应跨文化环境并应对各种挑战。
- 跨文化经验与跨文化能力：包括外语能力和在不同文化背景下的工作经验，以确保他们能够有效地进行跨文化沟通和协作。
- 环境支持：包括家庭和公司的支持，以确保员工在外派期间能够得到充分的支持和帮助。

不少外派人员的动机在于积累国外工作经验、拓展文化视野、提高综合管理与专业能力，并希望在外派任务结束回到母公司后能有晋升机会。如一位受访专家所述：

“能来到德国，我觉得对我个人来说，这是进入了一个更大的平台，而且呢，我在德国，我接触的客户层次也比较高，这个对我的工作经历、职业发展生涯是非常好的一件事情。嗯，我发现我在这里接触的中资在德企业的老总里面，他们的各方面能力都非常强，[……]他们的素质非常高，对我来说，跟他们接触交流是很好的学习机会。而且能来到德国学习接受不同的文化，嗯，对于像我现在所在的要拓展国际化的中资企业，这样的能力是很重要的。我有了这样的经历呢，到以后，在公司、在职场的发展有更大的前景。”（H. Mc.先生，某汽车配件公司总经理）

5.2.2.2 外派人员选拔手段与程序

为了保障外派的成功，了解拟外派人员的意愿、真实动机、对外派工作的期待、工作经验与外派工作胜任力等方面的信息，**通过科学的评估手段和程序进行综合挑选和考察**是非常重要的。综合专家访谈内容，推荐的手段和程序包括：

- 建立和长期维护外派人才储备库。
- 企业内部推荐。
- 综合测试（包括专业能力、外语能力、跨文化能力、心理能力等）。
- 多轮综合面谈。
- 有条件的公司还可以安排拟外派人员提前赴德考察或短期工作，与德国管理层和员工交流，并基于中德双方的体验做出外派决定。

需要强调的是，中资企业外派人员大多是母公司在德国的代表，他们常常会面临德国同事和合作伙伴的各种问题，甚至质疑，因此，**外派人员的跨文化经验和跨文化对话能力至关重要**。

5.2.2.3 对外派人员的支持

企业应把外派作为培养国际化复合型人才的重要途径之一，不仅要用好这些人才，还要培养他们，并为他们提供多方面支持。对**外派人员的支持主要包括家庭支持、企业支持和社会支持**。

（1）家庭支持

家庭支持是外派人员克服外派困难、安心工作的前提。研究发现，男性外派人员其配偶随行的情况较多，而女性外派人员的配偶随行较少。成功的外派女性往往得到丈夫的支持，这从侧面反映了家庭支持的重要性。

“我的先生和我一起在德国，他把中国的工作辞了，跟我一起来德国。他来之前已经是一个 IT 公司研发的高管了，其实当时他还放弃蛮多，[……] 他来德国后呢，就是在家自己上上网什么的，[……]。然后他自己在家学德语啊，他是做编程的嘛，他自己编了一个学德语的软件，[……] 然后反复练，练听力，然后两年以后自己找到一个工作。[……] 他现在在德国有了工作，挺好的，他们公司也挺认可他，[……] 所以我主要还是感谢他给了我在德国工作上的支持。”（Z. Mc.女士，某机械制造公司财务总监）

从类似案例可以看出，外派人员的随行家属也可以通过积极的跨文化适应策略与方法，更好地融入德国社会，从而促进外派人员在德国工作的可持续性和对外派工作的整体满意度。

作为雇主方，企业虽然不能直接影响外派人员家庭的态度，但是可以通过一系列措施间接提高家庭对外派人员的支持，如提供家属补贴和孩子教育补贴，安排亲情化的回国休假或为家属探亲提供补贴等。

（2）企业支持

企业支持可分为行前支持、当地支持和归国回任前支持：

- 行前支持：包括行前培训，帮助外派人员了解德国的工作环境和社会环境。专家建议学习一些基础德语以更好适应当地生活。
- 当地支持：包括生活适应支持，如“落地送温暖”（参见：妮莎，2021：

64）、紧急情况支持、语言学习支持（如时间和学费支持）等。来自德国同事的支持也很重要，有助于外派人员减少陌生感，增强心理安全感。此外，外派中的培训可以针对外派人员来德后遇到的具体问题，探讨解决方案，对于外派人员适应德国的工作和生活大有裨益，其中关于跨文化培训的内容将在后文详述。

● 归国回任前支持：帮助外派人员平稳过渡回母公司，继续发挥其在国际化业务中的作用。

企业应使外派任期管理更加人性化。一些专家谈到，虽然公司外派期限一般为三至四年，但如果外派人员在德国公司工作能力强，且得到广泛认可，在本人自愿的情况下，可以延长外派任期。本研究所访谈的专家中，即有外派十年及以上的外派人员。

（3）社会支持

包括外部环境对外派人员的接纳。**外派人员可以通过参加当地社团活动，如体育活动，结交志趣相投的朋友，**缓解思乡情绪。尽管融入德国人的圈子有一定难度，但只要具有一定的语言沟通能力，且愿意主动接触，外派人员是能够交上德国朋友的，尤其是在中小城市，人与人的交往比大城市更为密切。

“我学会站在另外的角度看世界了，[……] 我与德国人深入交流才发现，对同一问题的看法，他们的想法经常与我的特别不一样，之前我就没有想过，啊，还可以这么看问题，很有意思啊！[……] 就比如吧，你以前一直只喜欢吃中国菜，不喜欢西餐，尤其不喜欢 Käse 奶酪，那你在德国你就享受不到那种吃奶酪的快乐了。而相反，如果你既享受中餐，又享受吃西餐吃奶酪，你的人生的快乐就丰富了。那享受不同口味的奶酪的快乐，只有懂得吃奶酪的人才能体会得出来。”（X. Rc.女士，某经济促进协会职员）

这种**跨文化体验丰富了外派人员的人生，使他们能够从不同的角度看待问题，提升了个人的跨文化能力和生活质量。**还有专家将这种丰盛的人生描述为：“你就觉得你活了两次，你了解我们中国人的世界，同时你也了解德国人的世界，你知道怎么样把这两个世界融通起来，这种感觉很充实，很奇妙。”（T. Mc.女士，某咨询公司经理）

需要补充的是，个人自我激励是外派人员克服困难、坚持外派工作的关键因素之一。**尽管家庭、企业和社会支持很重要，但个人的坚定决心和自我赋能也不可忽视。**

5.2.3 跨文化培训

研究表明，在德中资企业人力资源管理的核心问题是中德双方不适应对方的思维和行为方式、跨文化沟通不畅等。专家们认为，**改善跨文化人力资源管理的重要手段是为管理人员和员工组织科学的跨文化培训，增强员工对不同文化的理解和尊重，培养对文化差异的敏感性，促进跨文化理解，改善跨文化合作。**

总结专家访谈的结果，企业可提供多种培训形式，如线上课程、线下工作坊、案例分析、小组讨论等，也可以组织和鼓励管理人员和员工参加行业协会或其他的外部培训，以满足不同员工的学习偏好和需求。多样化的形式不仅能提升学习体验，还能促进知识的更好吸收和应用。总结专家访谈的内容，跨文化培训应遵照以下原则：

（1）**实用性和情境关联**：注重与实际工作场景的结合，提供实用的跨文化沟通和合作技巧，确保培训内容与员工的日常工作、具体挑战密切相关。

（2）**互动性和参与性**：通过角色扮演、案例分析、小组讨论等互动方式，增强员工的参与感和实际操作能力。鼓励员工在培训过程中积极参与和互动。注重全感官参与，以确保培训效果。

（3）**个性化与开放性**：企业应提供多样性选择，鼓励员工在开放的跨文化学习环境中积极分享和学习。除了企业希望员工必须参加的重要培训之外，员工可以根据个人需求，自行选择参与培训的时间和模块。

（4）**全员参与和多层次覆盖**：跨文化培训应覆盖企业各层级和各部门，确保所有员工都能理解和掌握必要的跨文化交际策略与技能，推动全员跨文化能力的提升。

（5）**持续性和系统性**：跨文化培训应是一个持续的过程，通过短期培训和长期培训相结合，构建系统的培训计划，确保跨文化培训的持续性和连贯性。

（6）**评估和反馈**：进行培训效果评估和反馈，了解员工的培训需求和效果，注重体验与反思，不断改进和优化培训内容和方法。

通过遵循以上原则，企业能够更有效地满足员工在跨文化培训中的多样化需求，提升培训的针对性和实效性，从而更好地推动企业的跨文化管理和团队建设。某 IT 公司人力资源部负责人谈道：

“对于我们欧洲的员工来说，我们要学习的是要忘记我们平时所惯用的思维和行为方式。我们经常对新入职的德国员工说。你们能被×××[1]聘用，是因为你们之前获得的专业能力以及你们之前丰富的职业经验，但是你们现在为×××公司工作，你们最好忘记你们之前的经验以及你们惯用的思维和行为方式，希望你们带着开放的态度来重新开始，来重新吸纳新的文化。”（Y. IE.女士，某 IT 公司人力资源部负责人）

总结专家访谈的结果，尤其是跨文化专家的经验并基于笔者的前期研究，中资企业的跨文化培训可以包括下面的内容和方法（见表 8）：

表 8　跨文化培训设计

阶段	内容	方法
外派前/入职前	文化对交际的影响 跨文化认知与理解 跨文化情感能力培养（如：敏察力、移情能力、积极心理） 跨文化沟通原则与技巧	讲解式、头脑风暴、角色扮演、情境模拟、影视、文章与图片分析、小组讨论、人工智能辅助学习、测评
	中德两国社会和文化背景 中德商务与企业文化（如：规范与礼仪、典型案例） 德国企业的运营与管理制度 中德跨文化语言与非言语交际	讲解式、角色扮演、游戏、经验分享、案例分析、影视、文章与图片分析、报告、人工智能辅助学习
	跨文化适应心理调适 赴德前综合准备（个人跨文化成长设计）	一对一咨询、小型研讨会、书面规划
外派中	跨文化谈判与合作技巧（包括跨文化协作能力、跨文化冲突管理） 多元文化团队中的信任建构和协作	头脑风暴、经验分享、游戏与活动、小组讨论
	企业发展中个人职业生涯发展机遇与挑战 典型案例分析与反思、成功案例分享 企业/部门跨文化管理机制与方案总结和规划	头脑风暴、经验分享、案例分析、专题报告、实地考察
	跨文化适应过程与心理调适 减少文化冲击的方法和策略 提升跨文化适应能力的实用技巧 跨文化学习总结与反思（个人跨文化成长设计拓展）	经验分享、小型研讨会、人工智能辅助学习、能力评估
外派回国前	回任适应的心理调适 典型案例与预案	经验分享、案例分析、小型研讨会
	跨文化成长 将相关经验总结为公司的智识，以便共享 基于个人跨文化成长设计的反思	一对一咨询、能力评估、书面总结、多媒体作品

① 此处隐去受访者公司名称，以下同。

基于上述跨文化培训设计方案，可以为中资企业外派人员和在德国当地聘用的管理者和员工设计跨文化培训。特别是可以组织由外派人员和当地聘用的来自中国、德国及其他国家的管理者和员工参加的**跨文化培训**。这种**培训可以采用线下、线上以及两者相结合的混合式方式**：

线下培训：指培训者和受训者在同一物理空间内进行互动和学习。具体形式包括工作坊、研讨会和讲座等，这些形式提供面对面的互动和交流机会。通过现场演练、实地考察和深度讨论，增强学习的实用性和参与感。

线上培训：利用在线学习平台、视频课程和虚拟课堂，提供灵活的学习时间和地点，打破时间和地域的限制。人工智能技术可以用于个性化学习路径、自动评估和智能辅导等。

混合式培训：结合了线下和线上培训的优势，通过实体和虚拟的结合，实现更加灵活和全面的培训方式，提供多样化的学习体验。线下和线上资源的结合，能够更有效地利用培训资源，提升培训效果。

上述三种培训方式各有优缺点，选择哪种方式取决于具体的培训目标、受众特点和资源条件。综合使用这些方式，可以更好地满足跨文化培训的需求。

值得补充的是，**人工智能可以对传统的跨文化培训进行有益的补充**。通过智能系统，可以推荐个性化的课程内容和学习路径，定制个性化学习方案，还可以支持语言学习。此外，通过虚拟现实，可以模拟在德中资企业的跨文化交际与协作场景，帮助员工进行实时练习和反馈。尽管在笔者就本书做实证研究的 2018—2023 年期间，尚未有在德中资企业系统地将人工智能用于跨文化培训，但专家们已经指出其巨大的潜力。

有专家推荐，**在德国的中资企业之间可以合作举办跨文化培训**。笔者在访谈中了解到，一些商会和中德经济促进协会为其会员企业提供相关培训，包括德国商务环境研讨会和跨文化培训等。笔者在访谈期间也参加过一次他们举办的专题研讨会。这样的**跨企业跨文化培训可以增强中资企业间的联系和合作，分享更丰富的资源和跨文化经验，降低成本，改善培训效果**。

通过系统化、综合性、多元化的跨文化培训，可以帮助在德中资企业的管理人员和员工提升跨文化沟通和管理能力，从而更好地适应和融入德国的工作环境，实现成功的跨文化合作。

5.2.4　员工差异化管理与团队建设

5.2.4.1　差异化管理

寻求可持续发展的在德中资企业，注重保持其人员结构的国际化、多元化和年轻化。许多受访专家认为，**管理者应积极看待企业中的文化多元化和员工之间的差异性，对中德以及来自其他文化的员工进行差异化管理，促进他们的优势互补和跨文化协同力**。

多元化团队在创新和绩效方面具有巨大的潜力，但员工多元化并不能自动把团队带向成功。关键在于管理者如何利用员工的多样性，产生协同效应。许多在德中资企业注重中德员工（包括来自其他文化的员工）的共同参与，通过团队协作和相互理解，寻找解决问题的最佳方案，充分发挥各自的特长和文化差异，达到共同目标。通过这样的协作，员工们学会尊重差异，并认识到差异可以提高团队协作的生产力和创新力。

打造多元化优势互补的跨文化团队

在在德中资企业中，不仅有中德员工，还有来自其他国家的员工，这使得文化差异性管理更为必要和具有挑战性。多位受访的中德高管强调，作为企业领导，应该对所有员工平等相待，但这里的“平等”不意味着“相同”。“*好的跨文化领导，就像好老师一样，能够因材施教、因人而导。*”（Z.Vc.女士，某新创时尚服饰公司企业家）**管理者必须充分了解中德员工各自的优势和能力，了解他们擅长的工作方式，以便最有效地“因势利导”地引导员工圆满完成工作任务**。

普遍来说，德国员工具有作为当地人的优势，他们了解德国的情况，因此，许多中资企业在公共关系、营销等部门更多安排德国员工。还有专家指出，团队在组建时必须注意让带着各自差异的成员互相契合，以便通过团队合作产生协同效应。多元化团队成员需要通过共同做事，不断提高默契度和团队协同力，对于不适合团队的成员，也要以恰当的方式进行调整。

除了员工文化背景的不同，差异化管理还包括工作经验、年龄、性别等方面的差异。中资在德企业的管理者，往往需要从跨文化的视角来管理这些差异。在 IT、电信、新能源车等行业，研发领域尤为注重人员年轻化。有一家受访的全球著名中资公司，其全球员工的平均年龄是 32～33 岁。许多专家认为，年轻人能给企业带来新的活力和创造力。

一些在德中资公司中，管理人员比其员工年轻很多，比如三十多岁的中方管理者领导五十多岁的德国员工。这要求年轻的领导具有较强的专业能力，并对德国员工的经验和能力显示尊重，同时也需要很强的跨文化交际能力，来应对德国员工直接坦诚的问题，甚至质疑。

企业在重视员工年轻化的同时，也力争赢得有相关专业经验和丰富跨文化经历的人，他们可以将其经验与智识传授给年轻人。在多元文化团队中，也注重老中青搭配，促进不同年龄甚至不同代际员工的交流，形成协同力。

值得强调的是，女性在跨文化团队中的重要作用不可忽视。不少专家指出，女性在处理跨文化职场中出现的问题时，更理性、更细腻，也更善于沟通。因此，在跨文化团队中，保持合适比例的女性至关重要。企业应充分考虑女性的利益，照顾她们的需求。在德国，照顾和教育孩子的责任往往影响女性的职业发展，企业需要提供支持措施，如灵活的工作时间、育儿假和家庭友好的工作环境。

长远规划与灵活应变相结合

德国人在工作方式上的长处表现在有条不紊、有计划地推进工作，同时始终以目标为导向。但这种工作方式可能导致德国员工对外在变化不够敏感，从而不能及时做出灵活的应对，或拒绝接受新的外部影响。相对而言，许多中国员工在做本职工作的同时，往往也关注自己职责范围之外的环境和事件，这可能影响他们对本职工作的专注度。企业的发展既需要专注本职工作、以目标为导向，也需要对环境变化具有敏察力。**通过不同工作方式的中德员工团队协作，可以发挥各自的优势，取长补短，促进中国员工的灵活性与德国人的计划性、中国人的工作效率与德国人的严谨性相结合，达到跨文化协同效应。**

一些受访专家强调，为更好地对中德员工进行差异化管理，在德中资企业应做好长远规划，同时也充分考虑到环境可能发生的变化。中德管理者与员工在企业长期目标的指导下，应准备好对预料之外的变化做出迅速反应，并采取应对措施，以保障企业长期目标的实现。

尊重不同的工作观与工作方式

差异化管理还包括对员工中存在的差异的敏感性，比如及时了解不同员工对工作的看法、感知他们对企业和同事的期待等。

应尊重来自不同文化的成员在工作观上的差异。对于习惯于中国式“爱岗敬业”工作观的中国管理者来说，**要学习尊重德国人的工作观，包括理解他们重视家庭生活，不愿因超负荷的工作影响家庭生活的观念**。工作与生活的平衡能促进员工的满意度和幸福感，从而符合公司长远利益。许多受访者强调，企业管理者应保障员工有充分的自由时间和休息时间，不应期待员工全天候地接受工作布置。

许多受访专家（尤其是德国专家）都谈道，**企业领导应充分尊重员工的休假**。在员工休假前，应做好妥善的工作安排，以确保不会因工作打扰员工的休假。对于承担企业重要任务的员工，在取得其同意的前提下，可约定只有在紧急情况下才会联系他们，并且可以约定紧急联系时间为每天（或每周固定的一或两天）的固定时间，如下午 16:00 – 17:00。

可以考虑在一些情况下对中德员工有不同的工作要求，包括在时间安排上对中德员工的不同对待。在几乎所有受访的中资企业中都发现，中国员工在工作时间上更具有灵活性。他们在企业需要为某些紧迫的项目大量加班时，愿意付出相应的时间，同时也期待领导能从长期的角度对他们的付出给予适当的回报。相对而言，大部分德国人则很重视工作时间的规律性，原则上排斥加班。因此，许多中资企业的领导在需要加班时，倾向安排中国员工，并公平支付加班费或以休假补偿。

柔性管理

总结专家们的经验和观点可以发现，**差异化管理需要“以柔胜刚”，即保障员工有充分的自由度和灵活性，保障他们在工作中有足够的“自由空间”和自主权**。实践证明，这种柔性管理风格往往能使员工感到受尊重，并增强他们的责任感，激励他们为企业做出更大的贡献。在德中资企业常常需要应对复杂的内部和外部环境，因此，灵活性还意味着管理者必须愿意不断接受公司内外的变化，并快速灵活地应对各种往往“无章可循”的新挑战。

通过系统化、综合性、多元化的差异化管理策略，在德中资企业能够有效地利用员工的文化背景、工作习惯和个人特长，促进团队协同与创新。灵活的管理方式和对员工差异的尊重，不仅提高了员工的满意度和工作效率，也增强了企业在跨文化环境中的竞争力和适应能力，为企业的长远发展奠定了坚实的基础。

5.2.4.2　跨文化团队建设

在在德中资企业中，多元化的团队不仅带来创新和高绩效的潜力，同时也面临诸多挑战。有效的管理要求团队领导者具备丰富的跨文化经验和专业能力，以及高度的责任感和以身作则的精神，从而赢得不同文化背景员工的信任。

团队沟通与活动

定期的团队沟通对于促进成员之间的理解和信任至关重要。例如，定期举行的团队会议和团建活动可以有效地增强团队凝聚力和员工对企业的认同感。通过精心设计的团建活动，使员工在轻松的交流环境中更好地了解并欣赏彼此的文化差异。一位受访的高管将"团队早餐"描述为其团队建设成功的重要"秘方"：

"我们公司有一个最自豪的 team building①的活动：team breakfast②。团队早餐是我们一个 tradition③，我们的团队早餐将来自不同文化的同事聚集在一起，这对团队建设非常有效。不同的团队轮流主持并从公司获得资金来准备团队早餐，我们每个季度搞一次这样的团队早餐，每次必须有一个不同的主题，我们团队早餐的主题像我们团队一样特别多样化，比如说我们搞过 journey to Hawaii④，我们搞过 Brexit breakfast⑤，[……] 然后我们的一个中国籍的管理者，他那组搞的时候，他们的主题叫做 culture shock⑥，因为他们组里的成员来自 7 个不同的国家，他们主持的团队早餐就准备了这 7 个国家的不同的食品。"（A. Lc.先生，某新能源车企总经理）

团队流动性与创新力

团队成员之间的彼此熟悉与相对稳定性能够提高其协作能力，但**适当的开放性和流动性也能促进创新**，保持"流水不腐，户枢不蠹"。一位专家谈道：

"一个公司里，一个团队里，要保证人员的合理的一个流动范围，要有进，也要有出。[……] 因为人员太稳定了，会觉得你这个没有新鲜血液啊，然后你没有从外界带些东西进到公司进到团队。"（N.Yc.先生，某电器公司总经理）

上述团队成员的流动性，有时是基于正常轮岗制度，而有时是基于优胜劣汰，比如第四章谈到的少数员工泡病假太多，而又没有达到其关键绩效指标，

---

① team building：（英语）团队建设。

② team breakfast：（英语）团队早餐。

③ tradition：（英语）传统。

④ journey to Hawaii：（英语）夏威夷之旅。

⑤ Brexit breakfast：（英语）英国脱欧早餐。

⑥ culture shock：（英语）文化震惊。

这可能被团队甚至公司淘汰。如果情况严重到解聘的地步，则需要走常规的法律程序。

团队中的信任建构

信任是跨文化团队建设的重要基石，建立信任需要时间和努力。德文中的“Vertrauensvorschuss”（预支的信任）一词体现了这一点。但预支的信任需要通过相处和共同做事来得到印证，从而从预支信任到真实的信任。

赢得信任的方式经常会出现中德差异。信任被看作有能力、正直与善意三个重要的维度（参见：Pan and Chen，2023）。一般来说，正直是不可或缺的，与德国人建立信任，需要在工作过程中更多地展示个人能力，包括解决问题达到预期工作目标的能力；而要赢得中国人的信任则需要更多地展示善意，包括“卑己尊人”，表达对同事的关切和重团队利益、轻个人利益。

有专家指出，让德国人相信自己的能力具体可以表现在，向他们展示自己为团队、为企业所带来的价值，包括完成一些难度较大的工作。此外，向德国人展示自己在相关领域的专业经验也能促进赢得他们的信任。还有专家认为，对于倾向于寻求不确定性规避的德国人来说，遵守公司的规范，按此前团队所约定的内容来完成工作，也是建立信任的重要基础。

团队里的中德同事通过一起做事，促进对彼此的能力、正直和善意的了解，加强信任，增强团队凝聚力和创新力。需要补充的是，本研究表明，虽然越来越多的企业使用网上会议来进行团队成员间的沟通，但要建立坚固的信任，面对面的沟通非常重要。

通过多元化、全方位的跨文化团队建设策略与方式，在德中资企业能够有效促进团队协同与创新，为企业的长远发展奠定重要基础。

5.2.5　员工激励与职业生涯发展

员工激励与职业发展是企业管理的重要组成部分，尤其在跨国公司中更具挑战和意义。通过有效的激励机制和职业发展规划，可以提升员工的工作积极性和忠诚度，促进个人与组织的共同成长。下文将分析中资企业在德国员工激励与职业生涯发展方面的经验和实践，探讨其在跨文化管理中的含义与意义。

5.2.5.1　工作动力

工作的动力包括内在动力和外在动力。**很多中资在德企业的中国员工，他**

们的内在动力之一在于，**他们对中国企业和中国品牌有民族情怀**，认为中资企业可以借助德国各方面优势，推进技术创新，开拓国际市场，促进企业的发展，提高中国品牌的国际知名度和影响力，所以他们愿意为之付出努力。

对于德国同事来说，他们的内动力很多是源于工作本身，尤其是一些有丰富跨文化经验和较强专业能力的德国人，他们在中资企业并购了德国公司之后加入进来。在并购之后企业面临很多挑战，有许多复杂问题待解决，与很多按部就班的纯德国公司相比，他们认为这些挑战和问题所带来的工作的复杂性和高要求更能激发他们的工作热情：

“我觉得重要的是我工作所涉及的内容让我觉得非常有意思，让我愿意为它付出，我工作所涉及的一系列领域，其复杂性和挑战性是我觉得非常有意思的。比如说我在担任我们目前所在公司总经理的同时，也要负责在莱比锡建立一个新的工厂，这涉及一系列复杂的问题和挑战，怎样来应对这些问题和挑战，我觉得是非常有意思的，可以促进我发挥自己的潜能和创新力。”（T. XD.先生，某化工公司总经理）

除了**工作的挑战和复杂性激发德国人的工作动力**之外，还有受访的德国专家强调，**他们很看重工作本身的意义和吸引力**，这一点也能驱动他们不畏挑战，为解决工作上的问题付出不懈的努力。一位受访的德国专家谈道：

“如果你问德国人和中国人，他们认为工作中最重要的是什么，我的回答是‘乐趣’，对我来说重要的是，工作给我带来乐趣；中国同事对这个问题的回答是什么呢——（对同时接受访谈的他的中国总经理说）我要是说得不对，你纠正我哈——中国同事的回答往往是‘取得成功’。就是说我们德国人和中国人对心目中工作的标准是不一样的。对我来说，我在工作中感受到的乐趣一方面是我在做着我喜欢的有意义的工作，同时，我的同事让我感觉愉快。因为在我们这里一共只有 70 多人，每天在工作过程中，我们接触到的大约是 30～40 人，这些人让我感觉愉快”（J. MD.先生，某电器公司运营部经理）。从 J. MD.先生的观点中可以看出，他所做的工作给他带来乐趣，也包括与他一同工作的同事令他愉快，这也说明，和谐的人际关系与有意义的工作是同样重要的工作动力。

中国同事也看重工作本身的意义。在德国的中资企业工作，使他们有了更大更好的平台，实现自我价值，这给他们带来精神上的满足感。一位中国高管谈道：

“物质积累到一定程度，可能对个人的动力其实是越来越削减的。但是相反，人们在精神上面的追求会更多，比如更想针对某个课题，因为我们这里很多都是博士，他们就希望能够拓展这个知识的边界，还有或者说他去做一些前人没有做过的事情，通过我们国际化的合作平台，与来自德国和其他国家的同事去接受更高更挑战的任务，他们觉得这是我们工作的吸引力所在。”（A.Yc.先生，某中资企业研究所所长）

对于中德员工来说，工作内动力还来自他们认为工作本身与他们的价值观相符，能增强他们的幸福感，比如能通过工作为社会做贡献，如为人们提供更新的技术、更好的产品、帮助到他人，达到一种内心的满足感。

许多员工的外在动力来自对公司的认同感，包括一些德国员工在公司被中资企业收购后仍愿意留下，因为他们对原品牌有感情，或对中资企业的发展潜力充满信心。还有的中资公司是因为其在新世纪的迅速崛起，因为其雄厚的实力和发展潜力吸引了新生力量的加入，某 IT 公司人力资源部负责人表示：

“从公司对新员工的吸引力方面来看，我们公司有很好的成功的故事，我们有出色的世界一流的技术，有巨大的对公司发展的投资，我们是一个非常年轻的充满活力的公司，我们公司为人们尤其是年轻人的成功提供很多机会，提供很大的平台，来充分展示他们的能力、开发他们的潜力。在很多其他的公司，有更多的条条框框会对人们之前的专业背景、来历、年龄、资历等等都有要求，但是我们公司非常开放灵活，所以有的员工二十多岁就担任经理的职位，有的员工才三十多岁，就已经是负责某一个国家分公司的 CEO 了。”（Y. Ie.女士，某 IT 公司人力资源部负责人）

总体来说，德国的社会保障体制好，而且同一行业中同等工作的薪酬待遇相差不大，而**德国人普遍倾向稳定**，尤其是 40 岁以上的德国人（德国的法定退休年龄是 67 岁，平均退休年龄是 65 岁），所以**只要中资企业有良好的工作氛围，德国员工就愿意在该企业长期工作**。良好的工作氛围包括宽松的令人舒适的工作环境，这既满足了员工受到尊重和发挥自我价值的需求，又有利于创新思维的开发。此外，和谐的人际关系，包括好的国际化多元化的团队也能吸引和留住人才。

物质条件（薪酬待遇与奖励）

虽然许多德国员工在选择工作时并不首先看重薪酬，但**中资企业应通过调查确保其薪酬水平有足够吸引力，或至少在同类职位中高于德国平均水平**，因为大部分中资企业在德国的知名度较低，所以企业往往需要为人才支付“风险溢价”。

本研究还发现，虽然总体来说，德国人重视工作与生活平衡，重视家庭，不愿意加班，但是一些受访的中资企业的德国高管却谈到，他们经常自愿加班，其中的一个原因是，他们认为公司给了他们优厚的薪酬，一位受访的德国高管说：

“嗯，如果工作非常有意思，如果工作需要加班，并且加班能得到相应合理的报酬，我觉得加班是没问题的。当然，对于我这个职位来说，我们公司给的薪酬并不一定是说每加班一个小时，就会按照加班时数给我增加相应的报酬，而是有一个一揽子的报酬，而我觉得对我来说，公司给我的这个一揽子报酬是很有吸引力的［……］有时候，我可能每周工作的时间达 48 小时甚至 50 个小时，公司给我的总体待遇是非常好的，所以我觉得工作时间长一些可以接受。”（S. ID.先生，某中资企业研究所副所长）

S. ID.先生提到的一揽子报酬，不仅仅包括薪酬、奖金，还包括休假（尤其是很多工作强度大、收入较高的高管，往往希望公司能把其加班时间折算为休假）、公司分红、配股。尤其是分红和配股，可以将员工利益与公司的发展相结合：

“我们公司内部也分级别，［……］然后再往上都会比整个行业的薪酬水平更高。因为我们薪酬的制定对标的行业，对应你这个领域，比如今年的薪酬的均价是多少，我们应高于它多少多少。然后我们也有人才的激励计划，有虚拟配股啊，你可以得到公司的这个利润分成。［……］嗯，未来几年如果公司有分红就可以去享受，也是对于你长期的一个激励。然后另外一个就是说公司的利润，还有公司每年的收入增长的情况，直接映射到你的奖金还有你的分红上面，也是一种对个人的促进。”（A.YC.先生，某中资企业研究所所长）

除了薪酬待遇，中资企业还通过员工福利如员工食堂、餐补、茶点等营造友好的工作环境。

奖励形式

总结专家访谈的结果，笔者发现，**在奖励方面，中德受访专家的意见有所不同**。有部分中方受访专家认为，应该对有突出贡献的员工进行奖励和物质激励，而部分受访的德国专家认为德国很少有这样评先进的做法，重要的是公司给员工有吸引力的薪酬。如第四章中有专家所指出的，员工为公司所做出的成就应该在其工资待遇上有相应的体现，如果员工对此满意，就没有必要再另外设某些奖项。

总结专家的观点，**可以考虑对中德管理人员和员工采取不同的奖励方式，以适应不同文化背景的需求和期望。**

5.2.5.2　员工职业生涯发展

中德文化的融合还体现在对员工个人发展的重视上。在追求企业目标实现的过程中，促进来自中德和其他文化的员工基于各自背景的职业生涯发展也至关重要。**许多中资企业为员工提供了广阔的发展平台和机会，不仅重视员工专业技能的提升，还关心其职业规划和个人成长。**通过培训和发展计划，企业不仅提升了员工的能力和忠诚度，也增强了企业的整体竞争力。

对于德国当地员工来说，如果他们加入中资企业，特别看重的是这些企业的发展潜力。企业的实力与潜力是中资在德企业跨文化雇主品牌提升的重要基础。总结专家访谈结果，以下因素是企业吸纳人才加入并促进他们在中资企业长期职业发展的重要因素：

（1）让中德员工感受到企业在不断成长，让他们看到企业未来发展的前景；企业走在相关行业的前列（包括企业重视研发）。

（2）企业的成长与中德员工的自我职业生涯规划相吻合，员工能够充分发挥自己的才华和潜能，为企业为社会做贡献。

（3）工作内容丰富，且有意义有意思；工作常有新变化、新挑战，员工有机会常与有经验有才能的来自不同文化的人交流和学习；员工感到自己能通过工作不断提升自己、实现自我价值。

（4）来自不同文化的员工感觉在舒适的环境中工作，且能获得信任；通过跨文化合作共同找到解决方案，且不断拓展视野。

（5）企业充分了解并帮助设计中德员工的职业生涯规划，为他们提供实现其规划的平台和机会；为中德员工提供一个好的职业发展空间，让他们看到各自未来职业发展的上升通道和有吸引力的薪酬待遇。

因为文化背景的不同，中德员工对“有意义有意思的工作”“实现自我价值”“职业生涯规划”等的理解和诠释往往不同。此外，企业的人才类型也不同，有的受访企业将人才分为 P 类（professional，专注某一领域的专门人才）和 M 类（management，能通晓不同领域的管理人才），**这就要求中资企业的领导要多方面了解员工对工作的理解和期待，充分了解他们的多样性和差异性，以便为不同文化背景不同类型的人才提供适合他们的路径和平台。**

“所以我们目前的做法是，我们尽量让中德员工看到一个职业发展生涯的蓝图，我们向他们指出他们将来发展的各种可能性，当然我们并不保证他们能实现这些可能性，这个要靠他们各自的努力。[……]所以我们也希望通过这些新的策略来留住好的员工，让他们看到在我们公司长期职业生涯发展的可能性。”（Y. Ie.女士，某IT公司人力资源部负责人）

由于业务在全球快速拓展，不少在德中资企业为年轻人提供了良好的晋升机会。专家指出，尤其是对于德国员工，管理者需要以清晰明确的方式与他们沟通三年、五年的职业目标以及企业能提供的待遇与可能性等。无论是对来自德国还是来自中国的有才华的员工，企业信守承诺都是至关重要的。

许多中资企业，特别是大型企业，很重视人才发展，为年轻人才提供了大量培训和进修机会，帮助他们从各方面提升个人能力。**由于公司中外员工的多样性，中资企业提供的职业能力提升和发展机会应是多形式、多路径和开放的，以使不同员工可以根据各自的情况设计和实施职业发展计划**。实践证明，线上与线下课程的结合、公司规定的培训任务与员工自主学习的结合，有利于促进不同文化背景员工的成长，同时员工的自主学习意愿与能力也不可或缺。

在工作过程中，给予新员工尝试和锻炼的机会，鼓励员工自主学习和老带新也非常重要，一位受访的企业领导谈道：

“一个是给他更多的机会去尝试一些他想要做的东西，然后呢，从我个人的角度来说，我应该花更多时间教他一些东西，我们应该有更多的交流。[……]所以说，我觉得要留住优秀员工的话，企业的管理者需要多花一些时间，多跟他们保持交流，能够给他们一些更多的公司发展的信息，让他们看到公司发展的前景，然后公司的新的业务啊，新的发展方向这些。”（C.Yc.女士，某物流公司德国分公司总经理）

来自不同文化的成员之间“老带新”式的学习往往是双向的，比如一位对公司企业文化和业务很熟悉的中国管理人员“老带新”一位德国同事，在向该同事传授经验和中资企业知识的同时，也可以向这位德国同事学习到与企业发展和在德跨文化适应的“德国”经验与知识。这样的跨文化学习可以多方面促进员工的职业发展。

有专家指出，许多愿意外派赴在德中资企业工作的中国人和在中资企业求职的德国人，正是看重了企业的跨文化学习和提升的平台与机会。企业不断让中德员工“学到新东西”，可以提升其雇主品牌的价值。

如前文所述，**女性在跨文化团队中起着不可或缺的作用，因此，在德中资企业应充分保障和促进女性的职业发展**。总结专家访谈可以发现，虽然女性在中资企业中可能遇到一些挑战，但如果女性相信自己能兼顾家庭和工作，并通过努力取得职业上的成功，她们可以利用企业内部和外部的有利环境，追求职业生涯的可持续发展。以下素质和能力对女性在中资企业中取得成功至关重要：

（1）相信女性能在职场成功的积极态度；吃苦耐劳，愿意和善于学习，包括跨文化学习。

（2）善于多种任务同时兼顾，心理抗压力强，有较强的时间管理能力。

（3）善于获得家庭和社会的支持；善于获得领导和同事的支持，将职场同事看作“队友”而非“竞争对手”。

（4）追求男女平等，但不追求男女相同，认为男性和女性各有所长，可以互相学习和促进。

有受访女性专家表示，在德国，大城市的生活条件往往对职场女性更友好，德国大的社会环境也是对职场女性比较友好的，包括德国的法律法规保护女性，支持女性工作：

“[……] 所以我觉得就是在一个大的国际化的范围里，像汉堡就很有竞争力。我的小孩我等到他一岁会走，我就把他送进了幼儿园，这样我白天就可以朝九晚五地工作。然后他一岁之前，[……] 我都几乎每天带他去公司。对啊，不影响我工作，德国同事们看到我带孩子来公司，都很友好的。另外，有时候，我也可以安排居家工作，这样可以在家照顾孩子。有时候我去客户那里开会也带着孩子，我的德国客户都非常理解，因为欧洲包括德国非常尊重女性，尊重妈妈，所以我经常带小孩去开会，小孩睡在旁边，我跟客户谈工作。[……] 有时候我甚至觉得，在需要的情况下，我带着孩子工作不但不妨碍我，反而会让我赢得同事们客户们更多的尊重，更多的支持，因为他们看到了我的努力。”（Z.Vc.女士，某新创时尚服饰公司企业家）

此外，有在德国工作多年的女性专家认为，即使在一些偏男性的行业中（如海运业），女性仍能得到尊重。还有一位为中资企业工作了 14 年的、来自英国的人力资源部高管指出，女性兼顾家庭事业的挑战大，这也让成功的女性有加倍的成就感和自豪感：

“我从 2005 年 1 月开始就为×××[①]工作了：[……] 只要你愿意，作为女性，你是可以家庭事业两者都兼顾的，而且你是可以在职业上有很好的发展的。通过自己的努力，通过你周围人对你的支持。可以说，我们女性的职业发展困难程度是男性的两倍，这也是为什么我为自己在我们×××取得今天的成就而感到自豪，因为我是一个有三个儿子的全职妈妈，一方面我为我自己在×××的发展取得的成就而骄傲，同时我也为我的家庭而骄傲。所以我们在×××要为女性的发展提供更多的推动力、更多的支持。[……] 我们希望能在女性还很年轻的时候就鼓励她们追求职业发展，以便将来能在中高管理层有成就，来改变我们目前在管理层女性比例过低的问题。这个需要企业和社会的长期的努力，需要时间，但是我还是非常有信心，我觉得会逐步改善的。”（Y. IE.女士，某 IT 公司人力资源部负责人）

这里也再次看出，女性首先应相信自己能兼顾家庭和事业，有了这一信念，她们在中德跨文化职场中会得到更多支持，从而使她们对“家庭事业兼顾”的自信成为自我实现的预言。

5.2.6 跨文化领导力

从“和合学”的视野来看，企业文化是企业的灵魂，企业的领导是企业灵魂的“灵魂”（张立文，2018b：21）。领导的素质与能力直接关系到整个团队的表现，因此跨文化领导力至关重要。有专家用“千里马常有，而伯乐不常有”来强调在德中资企业中具有跨文化领导力的管理人员的重要性。总结专家访谈的结果，以下的素质和能力对于在德中资企业管理者的领导力最为关键：

5.2.6.1 柔刚相济

《周易》言：“立天之道曰阴与阳，立地之道曰柔与刚，立人之道曰仁与义。”张立文（2018b：24）认为，如果企业领导唯有刚性，可能刚愎自用，固执己见；而一个企业领导若唯有柔性，可能缺乏迎难而上的奋斗拼搏精神。所以，优秀的领导应该做到阴阳兼备、刚柔相济、相得益彰。这一观点也在本实证研究中得到印证：

总结专家访谈的结果，可以发现，要成为跨文化企业中协调多元文化的管

① 此处隐去受访者就职的中资企业名称。

理者，**领导者必须有“怀柔之心”，善于“仁”制**。领导者的“仁”意味着“仁者爱人”，爱惜人才、爱护员工，认识到企业的发展需要身体和心理健康的、生机勃勃的员工，而不是因工作重负被过度消耗而身心疲惫的员工。

从认知维度来看，**领导者要对德国文化，尤其是德国人惯常的工作方式有了解和理解，要缜密思考，且善于反思**；从情感维度来看，**要有跨文化敏觉力和移情能力，要勇于为企业的“大家庭”承担责任**。

管理者的“仁者爱人”还表现在**爱员工、了解员工和理解员工**，包括管理者应以人为本，眼中不仅有需要完成的工作和目标，而是能关注到每一个人，关照到员工的个性，回应员工的期待。

对员工的关切还包括跨文化敏感性，比如前文中提到**尊重法定休息和休假时间**，有一位银行分行的部门经理提到，不少德国员工如果偶尔加班，“他自己会记下来，他们这个加班记得很清楚。他多加班了，他以后上班就可以晚点来啊，或者他有什么事情，他在别的时间补回来，我现在已经习惯了他们这样的做法，也尊重他们这样的做法”（E. Pc.女士，某矿业集团部门经理）。而中国员工大多受集体主义文化影响，愿意在必要的情况下为企业加班，但他们不习惯把具体的加班时间一一详细地记录下来。在高语境的文化中，优秀的跨文化领导应该从总体上关注到这些员工的加班付出，并给予其公平的报酬和待遇。

此外，管理者**应善于站在员工角度考虑问题**。特别是从国内总部外派到德国的领导，应让德国员工感到领导者在为他们的利益考虑，争取中国总部对在德中资公司的支持，获得更多更好的资源。一位并购了德国公司的中国总经理谈道：

“我要让德国员工感觉到我是站在德国公司的角度，去为德国的公司向总部争取利益。我不会说我是中国母公司派来的，我来监控你，不是这样。而是说，我来到德国，来到这里，我是我们德国公司的总经理，我为我们×××[①]工作，我是在为×××争取利益的。[……]就是我还是相对中立，或者说更多的是站在我们德国公司的角度，因为我在这边的目的就是为了让这个公司不再倒闭，而是能发展得更好，那我一定要学会站在当地人的角度思考。”（X. Hc.先生，某电器公司总经理）

与上述柔、仁的素质同样重要的是，在德中资企业的领导**必须有果断的决**

① 此处隐去受访专家所在的在德中资公司名称，以下同。

策能力，这样的决策能力是建立在较强的专业能力基础之上的。到德国运营的中资企业，大多是行业先锋，作为其领导，应该是本行业的专家，应清晰了解行业的战略方向，同时需要有全球视野和超前意识。在上述能力和素质的基础上，领导者应具备强大的判断力和决策能力，做到知行合一，且具有行为一致性。包括推进决定的实施和兑现承诺。

“如我之前所说，欧洲市场和中国市场是不一样的，在中国，快速做决定很重要，即使做了错误的决定，但是在经济迅速发展的中国，人们还有很多机会来矫正、来平衡；而在德国就不是这样，在德国给你进行矫正调整的机会就要小得多。[……]在德国你做了承诺，你就必须兑现你的承诺，不管周围发生了什么变化。这就意味着你必须花充分的时间做准备，花充分的时间来预判外部环境的变化。[……]在德国，人们对于领导人、对于领导能力的期待就是作为公司的领导，你必须有能力来预先考虑到企业的内部、外部可能发生什么样的变化，都有什么样的趋势。你要事先把这一切考虑在内，而一旦你做了决定，一旦你做了承诺，你就必须兑现。”（D. OD.先生，某机械制造公司总经理）

因此，**领导还需要有不断学习的意愿和很强的学习能力**。因为企业内外总会面临新的挑战，领导需要不断提升自己的行业专业能力，同时也需要提高管理能力，成为复合型人才，在此基础上提高其跨文化领导能力。

5.2.6.2 和合力

优秀的跨文化领导应不唯以母文化的标准评判来自不同文化的员工，而是从员工的文化背景出发来理解他们。中资企业的管理者**应善于“求同存异”，善于与员工共同建设良好的企业文化**，并将文化差异纳入企业文化之下，从物理和心理的角度打造舒适、自由、和谐的工作环境，激发员工的积极性和创新力，使得他们能感受到自己的贡献与企业发展的联系，有成就感。员工对企业有了主人翁精神，这样领导就可以达到“无为而治”（参见：曾仕强，2015：180－183）的境界了。

有专家强调，**营造良好的工作氛围包括公平地对待员工，制定合理的透明规则，并公平执行**。对于企业来说，定下合理的透明的规则并遵照规则执行是重要的，比如关于工作时间、休假、出差等等一系列的规定，都应有合理的透明的规则。

专家们指出，一个好的领导就是**要把具有不同才能和经验的人聚集在一起，**

形成团队协同力。管理者因善于前文所述的对来自不同文化的员工的差异化管理，即具有因人施导的能力，基于对员工差异性的了解，而采取不同的领导方式：

“就是针对不同人的不同性格特点或者他的文化背景、文化知识差异，就是他会采取合适的领导方式。就是作为领导，对有些员工，你可能就只非常直接就跟他说这个事情你就去做，这你也不用问太多，就操作，你就实干就可以了；但是对于另外一些员工呢，可能你要给他从开始讲一些我为什么要这么做、这么做对公司有什么好处、对你是什么好处，是吧？都要讲得非常细，然后他才会非常，怎么说呢，非常高效率地去执行。”（A.Yc.先生，某中资企业研究所所长）

对员工差异性的了解还包括领导者应了解员工的工作和处事的风格，这里有文化的因素，也有个性差异的因素。领导者**应了解每位员工的优势和弱点，善于鼓励和开发员工的潜质，以便在团队管理中扬长避短，同时善于鼓励员工、开发其潜质**。

5.2.6.3 沟通与协作能力

要推进多元文化团队之间的协作，跨文化理解非常重要。好的领导者**善于通过沟通，促进跨文化理解**。**“通则不痛”**，沟通畅通了，就能避免误解，增加员工的工作积极性。某 IT 公司人力资源部负责人谈道：

“你知道在我们公司，德国的文化影响非常强，中国的文化影响也非常强。我们努力来使这两种都非常强势的文化能互相适应，这是一个挑战。为此，最重要的一个手段就是不断地进行交流和沟通。通过沟通来达到双方更好的理解。这包括中国的管理人应当倾听德国员工的想法，并向他们进行解释。在我们公司，中国的领导在领导中国员工方面是非常成功的，因为他们彼此互相了解；但是在我们德国公司的中国的领导，他面对的不仅仅是中国的员工，也包括德国员工，也包括来自其他欧洲国家的或者其他文化背景的员工［……］，作为公司的管理者，我们需要以开放的心态，与来自不同文化的员工进行有效的沟通。”（Y. IE.女士，某 IT 公司人力资源部负责人）

对于很多德国人来说，领导的沟通能力还包括**愿意倾听员工的想法、解释决策的背景和依据，以确保员工理解决策过程**。一位德国专家解释道：

“一个值得信任的领导，对于我来说，重要的是他所做的决定，以及他做决定的过程应该是透明的，应该是能让我理解的。就是说我应该能够理解他是怎么做决定的，[……]不一定我和他完全是一个想法，但是重要的是他要让我理解他这个决定是怎么做出来的？他的依据是什么？他为什么要这么决定？他做这个决定的意义在哪儿？[……]不仅仅是我有这样的看法和期待，对大多数德国员工来说，他都需要了解相关的背景信息，才能够主动积极地工作。”（S. ID.先生，某中资企业研究所副所长）

很多受访的专家都强调，**领导与员工充分地沟通与交流，大家畅所欲言，可以提高跨文化团队的协同力**。一位受访的德国高管积极评价道：

“作为德国人，我觉得在德国与中国人合作是快乐的事情。[……]在德国，员工们即便是与公司高管在一起，他们也会无拘无束地表达自己的意见。所以，在我们这里，来自中国的员工也变得爱表达自己的看法，我觉得和中国人在一起很快乐，因为中国人很务实，而且他们非常聪明，能将这种务实性和他们的智慧相结合，并且能与他们坦诚交流他们的经验和看法，我觉得这让我们的跨文化团队有更好的协同效应。”（T. XD.先生，某化工公司总经理）

受访专家指出，中资企业领导的跨文化沟通能力还包括**在向德国员工布置工作时，要善于直接沟通，明确目标和期望，对权责的描述也应尽量明确，工作布置清晰具体**，避免模糊的指令，以减少德国员工的困惑。此外，**德国员工习惯于理解工作的背景和细节，领导者应耐心解释并回答他们的问题**；与此不同的是，很多中国员工不善于主动提出要求或表示不满，**作为管理者，尤其是德国人，应学习高语境的沟通方式，善解人意，理解中国员工的隐含需求**。

跨文化沟通能力基于外语能力，尤其对外派到德国的中方管理人员，**最好能懂德语，或至少有较好的应用英语进行沟通的能力**。鉴于中德领导在与德中员工沟通时，大都是使用其中一方的外语，所以**针对交流本身进行沟通的元交际能力十分重要**，即双方可针对交流的原意、对方所领会到的意思等进一步沟通，以确保双方充分理解。

5.2.6.4 跨文化冲突管理能力

在德国，合规管理非常重要。领导者需要了解并遵守相关法律法规，特别是在解聘员工等敏感问题上。解聘员工时，领导者需要做充分的法律准备，包括咨询律师、熟悉相关程序和可能的后果、取得工会的支持等。在德国，解聘员工的程序是相当复杂的，中资企业的管理者要注意符合相关的法律程序。有专家提到，在德国，如果有个别员工长期未能达到工作合同上要求的业绩，或是有不当的行为，公司应该给该员工书面提醒，情况严重的，可以再警告：

"比如说 performance[①]不好，这个月我书面提醒你，你的 performance 不好，我告诉你，让你来改善；第二次你还不好，我再书面提醒你；第三次还不好，那我这个时候我可能就考虑把你辞退了。那如果说你要到法院起诉我，我可以把我之前给你提醒的这些书面的东西给你打印出来，给你列出来，我之前提醒过你，是书面的提醒，一定是书面的。这个时候虽然说公司可能赔点钱，但是我可以降低我赔付的额度。就是我书面提醒过你，我也帮你改善过，那你还是不行的话，那这个我们只能是 Kündigung[②]了。"（N.Yc.先生，某电器公司总经理）

处理跨文化冲突时，领导者应以问题为导向，直接沟通，针对问题采取具体措施。根据具体情况，解决冲突需要多方面的能力，有时候需要偏中式的"化解"方式（曾仕强，2015：70），有时候需要偏德式的"解决"方式。有时需要果断决策，有时需要以柔克刚，有时需要刚柔并济。有专家指出，对于一年中多次请病假，有泡病假嫌疑的员工，也要及时向其指出问题，但在开始阶段，尽量避免发生冲突，而是可以尝试用中国式的暗示方式，且刚柔相济。一位专家建议：

"对于那些不敬业的员工，我知道你泡病假我也会给你脸色看，你既然来软的，我也跟你来软的啊。那就这样，我只能是以软治软，以硬治硬。如果我知道你是泡病假，那我就会跟你讲，我说：'你最近身体不怎么好啊，你要考虑锻炼锻炼身体啊，你还要考虑考虑能不能胜任这个工作啊？'我和他说这些，让他有点危机感。"（A. Xc.先生，某药材公司总经理）

对于来自中国的女性领导者来说，在与德国同事和员工，包括一些自认为更有技术能力的男性或是对中国人有偏见的德国人意见不一致时，**要敢于陈述和捍卫自己的观点**。一位女性企业领导谈道：

"对，我会遇到很多我公司的德国人，他们很多都是懂技术的，而我不是技术背景出身的。[……]他们刚开始肯定会有不服气，或者甚至说对中国人有一定的偏见吧，会有这样的德国人，他觉得我们比你更好，我懂得比你更多，你这样处理是不专业的，[……]包括一些年纪比我大的德国人，然后说话也比较

① performance：（英语）表现，这里指工作业绩。

② Kündigung：（德语）解聘。

冲啊。我觉得这时候我就不卑不亢，以柔克刚。我用我的方式，把事情跟他说明白，然后你要让他明白，如果他说得对我会接受，如果他说得不对的时候，包括态度不对的时候我也会反击他，我不会跟他去争吵，但是我会让他接受我说的这个道理。”（E. Ic.女士，某海运船务公司总经理）

总体来说，在处理冲突的过程中，中资企业的管理者**需要具有很强的刚柔并济的能力、沟通能力和果敢的贯彻力**。这也符合曾仕强的中国式管理中用情、理、法来领导最为合理的观点（曾仕强，2015：280－284）。

通过以上的跨文化领导力建设，在德中资企业可以更好地应对跨文化管理的挑战，提升企业的整体效能和员工的满意度。

5.3 跨文化营销管理

如本书第二章所述，跨文化营销是指企业在不同文化背景下开展市场推广和销售活动的过程，包括将产品、服务或品牌推向不同文化、不同国家或不同地区的市场，确保其营销活动的有效与成功。

本研究对专家访谈数据进行了分级编码，参考第二章中 4P、4C 等营销模式，总结出了对在德中资企业跨文化营销的以下几方面的重要策略：

5.3.1 市场营销战略

跨文化市场营销战略对于在德中资企业具有重要意义，它不仅能够帮助企业理解和适应德国市场，还能有助于建立和维护良好的企业形象。许多受访企业在对德国市场进行全面分析后，**将德国视为进入欧洲市场的重要桥头堡**。

“公司的产品只要在德国的市场站稳了，就能在其他欧洲国家也取得成功。因为没有一个其他的欧洲国家的客户比德国人对产品技术的要求更高。因为德国客户对产品特别挑剔，他们最有批判精神，如果中国制造的产品在德国取得了成功，那么这一点本身就是对其他的国家非常有说服力的，因为德国对于工业产品的标准是全世界最高的。”（I. Ld.先生，某机械制造公司营销经理）

不少中资企业**不仅将德国市场视为其欧洲市场战略的一部分，还将其视为企业全球营销战略的一部分**。鉴于德国消费者对许多中国品牌仍不熟悉，甚至对中国制造的产品存有疑虑，**一些中资企业通过并购拥有相关行业著名品牌的**

德国公司，借用其品牌和平台，成功进入并拓展欧洲市场。有的企业通过对德国公司的成功收购和运营，不仅扩大了营销规模，增强了公司的整体实力，还带动了相关品牌在第三方市场甚至全球的营销。正如受访专家所言：**“得德国而得欧洲，甚至得世界。”**

“中资企业在德国市场营销的成功对企业的第三方市场来说也有积极的影响，这就是品牌的效应，这就是德国市场带来的附加的价值：你在德国市场上有一席之地，就说明德国人认可你的技术，这样，其他国家的用户就会认为，你能够进入德国市场，就认为你的技术或者你的产品质量是符合和达到高质量要求的。”（M. Ec.女士，某咨询公司经理）

一些中资企业**充分利用所并购的德国品牌，结合“德国制造”的积极意义，**将部分产品在德国生产，另一部分在成本较低的东欧国家生产，**推出了德国品牌、欧洲组装的产品，**取得了显著的营销效果。

“就是德国，其实你放一个工厂在这里，我们大家都知道它的象征意义大于实际意义，就是可能给大家来看，我确实有德国的生产制造，那我是 Made in Germany，德国制造。[……] 但是现在从市场上来看，就是现在的消费者也不是说这么地有这种信仰或这么有情怀，我就为了一个 Made in Germany，我要多付几百欧，这个确实很困难。有是有，但是不多。所以呢，当时我们就说你一部分产品继续留在这边，你们高端的产品就留在德国这边，但是我们一些老品牌下推出的新产品，我们就拿到国外去生产，拿到东欧去生产，我们可以说 Assembly in EU，就是欧洲组装。”（X. Hc.先生，某电器公司总经理）

本研究访谈的并购德国公司的中资企业的高管都强调，一些中资企业并购了此前创新不力、经营不善的德国老公司之后，实施了一系列新的营销战略，并推进公司的改革创新，包括摒弃了德国老公司过去“高高在上”的市场定位，改善产品供应链策略、生产策略，利用中资公司所注入的新资金推进研发，同时利用德国老公司在当地的销售渠道和对当地消费者的深刻理解，整合资源，确保企业更好地满足德国和欧洲市场的需求，形成了中德双方相互增强的协同效应，提升了企业的综合竞争力，给此前的德国企业带来了新的生机，开拓了新市场。

还有一些中资企业，**通过并购拥有全球著名品牌的德国公司，采用“借船出海”的营销战略，不仅推动了原德国公司的发展，还将中国制造的产品成功推向欧洲甚至全球市场，**取得了成功：

【营销策略案例】中资企业 Cxx[①]收购德国 Gxx[②]公司而拥有其著名品牌 Gxx

“对于 Cxx 来说，Gxx 的品牌对于 Cxx 的营销非常重要，因为 Gxx 是一个著名的品牌，我们德语中甚至专门有一个动词 gxxen 就是由这个品牌的名称而来的。Cxx 收购 Gxx，主要不是为了它的技术转让，而是看中了它的著名品牌的价值。之前虽然 Cxx 在中国有自己的品牌，但是在欧洲和美国市场没有有名的品牌。而要在欧洲和美国市场创建有名的品牌是非常难的。所以收购有名的品牌 Gxx，把它与在中国开发和生产的产品相联系，当然也包括此前 Gxx 在德国生产的产品，这样就扩大了 Gxx 的产品范围，这样就可以把 Cxx 在中国生产的产品也推向欧美市场，这是当时 Cxx 的战略性思维。

在 Cxx 收购了 Gxx 公司以后，在经历了前期的困难时期之后，Gxx 公司的发展一直非常好，他的销售额每年都持续增长，我们的员工人数也保持了稳定，甚至有增长。由此可以看出我们对公司发展的战略是成功的。我们的战略是保留此前受到普遍认可的好的老品牌，同时拓展我们产品开发的潜力，并保持在中国生产的产品有一个合理的价格。原来的 Gxx 公司没有经济能力来进行必要的技术革新，是在 Cxx 收购之后才有了新的投资、新的产品，也开发出了新的销售渠道，这个对于 Gxx 的发展非常重要。我认为我们的成功不是靠运气，更不是我们个人的成功，而是我们公司所应用的战略的成功。”（D. OD.先生，某机械制造公司总经理）

一些专家认为，**在快速发展和不断变化的行业中，中国式对市场需求快速反应的市场策略往往具有优势**，通过直接行动的方式允许企业通过试错和学习迅速调整战略，早日占据市场份额，确保在竞争中占有先机。

“有时，最好的办法就是采用中国式的方式，直接去做，这样更好，更有成效。大家一起先把事情做起来，之后再去调整，再去改善。而不是像很多德国人那样，一味强调精心规划和有序执行，先论证好规划好一切，再去行动。这样的话，往往市场份额就被其他竞争者占领了，那些竞争者他们没有三思而后行，而是直接带着产品进入市场。等德国人带来他们认为完美的产品时，可能这些产品又不再适应市场上的新需求了。”（P. QD.先生，某咨询公司经理）

总体而言，**成功的营销策略需要平衡速度和质量、创新性和稳健性**。在实

① 这里隐去了中资企业的名称。

② 这里隐去了被中资企业收购的原德国公司的名称。

践中，**在德中资企业需要根据具体情境调整其策略，融合中德两种文化的优势，**取得在德国和欧洲市场的成功。中国智慧的应用往往帮助中资企业制定有效的营销策略，提高其在德国市场的竞争优势：

“所以我们进入德国这个市场，我们会 benchmarking①，我们会看我们这个竞争对手他们有什么，他们在哪个 segments②会比较强。好了，我们会考虑哪个 segments 我们是有优势的。我们就田忌赛马嘛：我们就把优势产品打他们的弱势产品，逐渐来提升市场份额。然后就这样去做 marketing③，就是一方面是聚焦于这种 Nischenmarkt④，另外一方面就是我们在本地也做一些市场的消费者调研［……］。”（N. Yc.先生，某电器公司总经理）

通过在德国市场的成功，带动中资企业在欧洲的市场发展，不仅是可能的，而且是必要的，尤其是在家用电器领域，由于德国人更换电器的频率较低，仅仅依靠德国市场是不够的。

“德国人换电器换得不勤，我们可以卖意大利、卖法国啊！我们在整个欧洲，尽量把市场扩大。［……］这样，我们市场的绝对量就会比较大，你德国 600 万，法国 500 万，然后英国 600 万，加起来就比较大了。［……］这样我们就可以整合我们的营销渠道，并开展多元化的业务，把成本给分摊。”（X. Hc.先生，某电器公司总经理）

中资企业在德国市场的成功实践，不仅为其进入更广泛的欧洲市场奠定了基础，也为其全球战略提供了宝贵经验。融合中德文化的优势，运用中国智慧，这些企业在跨文化营销中取得了显著成效，展现了其在国际市场上的强大潜力。

5.3.2　跨文化品牌建构

在营销中，品牌代表着产品或服务在消费者心目中所形成的独特形象或虚构的现实，品牌包括名称、术语、标志、符号等，使客户能够区分不同品牌的产品或服务。

中资企业在德国市场处于跨文化环境中，需要对品牌进行适当调整，以更好地适应德国消费者的消费观与需求，从而确保企业品牌在德国市场具有吸引

---

① benchmarking：（英语）标杆对比。

② segments：英语 segment 的复数，这里指市场细分领域。

③ marketing：（英语）市场营销。

④ Nischenmarkt：（德语）利基市场，小众特色市场。

力。品牌的形象与企业形象紧密相关，**中资企业应**通过合理有效的公共关系和营销管理，采取一系列策略与措施，**构建在德国良好的企业形象**。一位新能源汽车公司的总经理指出：

“就是说在我们还没开始在德国卖车之前，我们就已经把企业的 image[①]先在德国的市场建立起来，这样就不会特别突兀。用我们中国的土话来说就是，不要等到‘现上轿现扎耳朵眼儿’。所以我觉得我们企业一定要有一个长期的规划，然后呢，我们来德国投资的时候呢，我们要树立我们企业的正面的投资形象。”（A. Lc.先生，某新能源车企总经理）

企业的品牌形象也需要系统专业的打造，包括品牌名称、内涵（如价值观）、符号等。对于在德国设立分公司之前已经在国内和其他国家著名或知名的中资企业来说，他们需要决定其品牌在德国（或欧洲）使用的名称。这里有两种普遍的情况：一种是企业将其中文名称直接音译为德语，让德国人从名称上就能明显看出其来源国是中国（或是亚洲国家）；另一种是企业选择一个更具国际化特点的新的品牌名称，淡化其来源国，以避免德国人对中国品牌可能存在的偏见。第一种情况下的企业认为，德国人虽然在一些领域中对“中国制造”的产品存在疑虑，但他们相信，只要中资企业坚持技术领先、质量第一，就可以逐步赢得德国人对“中国制造”品牌的信任。一位德国专家谈道：

“虽然目前一些德国人对‘中国制造’的产品存在疑虑，但是我们也不要忘记，我们‘德国制造’在一百多年前，在世界上的声誉也不好。当时英国人专门标注‘德国制造’，以显示这些产品的质量不如英国的产品，所以我相信‘中国制造’也有这样一个过程，将来也可能是像‘德国制造’一样成为高质量的象征。[……] 我们×××[②]至始至终都把高质量放在首位，在质量保障方面绝不含糊。我可以说我们在×××公司生产的产品质量是完全可靠的，我们从用户那里得到的反馈也是我们的质量是非常值得信任的，而且在技术上也是世界领先的。”（S. Id.先生，某中资企业研究所副所长）

而上述第二种情况的企业受访者认为，在德国的大环境中，德国政界和媒体中的中国形象时好时坏，为品牌取一个淡化其中国来源国的名称，可以确保该品牌在德国的形象不受大环境的影响，而具有一定的稳定性。一位受访的德

① image：（英语）形象。

② 这里隐去中资公司的名称。

国专家解释道：

“我这么说吧，德国，尤其是德国媒体，对中国的喜欢和理解时升时降，这往往与政治大气候有紧密关系。我们德国之前有好些年对中资企业的大气候特别好，直到中美贸易战。从这之后，对在德国的中资企业的态度就走下坡路了。我为我们（中资）公司已经工作十年了，在这十年期间，对在德中资企业的大气候的变化至少有过两次高潮，也有过两次低谷期。所以说，我们认为，不应该让我们的企业形象和品牌形象过多地受德国公众和德国舆论中的中国形象的影响。公司的品牌形象应该更多地与公司的业绩相联系，与公司生产的产品和提供的服务相联系，而不是直接与其母公司来源国相联系。”（C. YD.女士，某IT 公司品牌及公共关系总监）

很多中资企业**在德国创建品牌时，尝试使品牌在德语中既好听、好记、朗朗上口，又有积极的含义，显示品牌所追求的价值观**。如一家中资旅游公司将其中国旅游产品品牌名称定为“Feel China”[①]，在强调其中国元素的同时，突出其旅游产品符合德国消费者重视个人旅游体验的特点。

本文通过研究发现，在德中资企业成功的跨文化品牌具有以下特征：

（1）**本土化适应**：能够在德国市场融入当地文化，包括语言、风俗习惯、审美观等，使品牌更具亲和力。

（2）**品质与信任**：体现高品质、良好体验感、创新性、可靠性和可持续发展，建立和维护客户的信任。

（3）**品牌故事**：通过讲述独特的品牌故事，体现品牌独特的历史与身份，引起德国消费者的共鸣，建立情感联系，使品牌更加深入人心。

（4）**品牌沟通**：保持与合作伙伴、客户的多渠道、多元化有效品牌沟通，在业务运作中保持透明、合规。

下面以在德国的德中堂（HerbaSinica）药材公司为例分析中资企业在德国的跨文化品牌建构：

【品牌案例】德中堂 HerbaSinica

“我们是把中国的文化传播出去，尤其是，中国人引以为傲的中医中药。［……］我们公司是 1996 年在德国成立的，我觉得公司成功不成功的关键是要

① Feel China：（英语）感受中国。

得到别人信任。[……]基本上我们最大的资源就是客户信用。[……]我们的客户主要是德国的药房，但是也有在德国以外的欧盟国家呀，像东欧这些国家，南欧这一块都有我们的客户。[……]我们的中文名称叫'德中堂'，但是我们的德文名称并不是把那个'德中堂'直接翻译过来，而是另外起了一个名字，我们的德文用HerbaSinica。Herba是拉丁语，就是Kräuter，草药的意思，Sinica是拉丁语'中国'的意思，拉丁语是我们的客户德国药房的药剂师们、医生们都能看懂的。[……]最开始我们叫HerbaSin，因为Sin也有'中国'的意思。后来一家东德的公司叫HerbaZin，其实他们是搞那个锌，他跟我们打官司说，你不能取这个名字，HerbaZin我们早就有了，你不能叫HerbaSin。那法律上的判断我们真的是要改名字，所以我们就改，改为HerbaSinica了。而且以'ca'结尾的发音听起来比较女性、比较柔和，听起来让人更有安全感一些。[……]我们的Logo用的Ginkgo①、银杏叶，因为我们觉得Ginkgo第一是中国特有的植物，只是到了最近两三个世纪才西方到处都有的。第二个它是一种活化石啊，与它同时代的植物全死绝了，只有它还存在，生命力顽强。它是裸子植物，这个你看这扇形的叶子也很漂亮哦！第三个原因呢，他是一种药用植物，在西方都用。你像那个他改善那个脑部血液循环呢，改善记忆力啊！第四个呢，就是这个人文情怀，德国人诗圣歌德，就写过赞美银杏叶的诗歌②，很多德国人都喜欢这首诗，这首诗本身也是东西方文化合璧的产物，也体现了德国人对来自东方的异国情调的欣赏。"（A. Xc.先生，某药材公司总经理）

分析HerbaSinica品牌案例可以发现，该品牌的名称凸显了中药材的来源国中国，体现其文化身份；使用其重要客户能看懂的拉丁语，一方面体现透明畅通的品牌沟通（从品牌上就能获得关于产品的准确信息），另一方面也彰显其独特性（在德国使用拉丁语也是高品质的象征）。在另一家德国公司通过法律程序要求其改起初取的名称时，能遵守法律法规，及时修改品牌名称，避免不必要的法律纠纷。此外，使用既体现中国文化内涵、带有异国情调、代表中药，又富有积极象征意义且深受德国人喜爱的银杏叶作为品牌标识，很好地融合了中德文化因素，成为成功的中德跨文化品牌。

还有的中资公司收购了德国公司后，获得了该公司在德国、欧洲甚至世界

① Ginkgo：（德语）银杏。

② 这里是指歌德1915年创作的诗歌 ***Gingo biloba***（《二裂银杏叶》）。

著名的品牌。在这种情况下，中资公司沿用德国公司的品牌，而不刻意去强调该品牌已被中资收购。一位受访专家谈道：

"我们 Gxx[①]是一个著名的品牌。我认为，品牌它首先是品牌。至于它是哪一个国家的，如果这个品牌非常有名的话，那么人们常常就不是特别在意这个品牌是哪个国家的。[……] 所以从这个意义上来说，我们并没有刻意去宣传啊 Gxx 这个品牌现在被中国企业收购了，现在是一个中国品牌。我没有这么做，我们认为也没有必要这么做。因为我们想保持人们对 Gxx 这个品牌的信任。既然我们这个品牌它所包含的质量、技术含量等没有改变，那么我们就认为没有必要特别强调他现在是属于一家中国企业的品牌。"（D. Od.先生，某机械制造公司总经理）

受访专家表示，**在德国创建一个有口皆碑的好品牌需要耐心和大量的投入与付出**，尤其是德国人对品牌声誉非常重视，比如对于制造型企业来说，品牌声誉意味着企业生产的产品有较高的技术含量和优质的质量，而且德国消费者对产品质量问题的容忍度很低，因此中资企业在打造和推出品牌时一定要高度重视产品质量。一位受访的德国专家强调：

"我给你举一个例子，我认为，当然我们也愿意很快推进项目把产品很快推向市场。但是在德国，如果我们把有问题的产品推向市场，比如说我们推出一款新的汽车，投入德国市场，如果这款汽车有质量问题，我们就没有第二次机会来挽救，这就是我们德语里说的，'你只有一次机会来给对方好的第一印象'。"（T. Dd.先生，某咨询公司经理）

还有专家强调，**中资企业在德国的品牌危机公关也至关重要**。面对不利事件时，企业应立即通过官方渠道发布消息并解释，以控制舆论影响。尤其在媒体高度发达的今天，企业不能依赖"沉默是金"的策略，及时透明的回应有助于维护品牌形象，恢复消费者信任，防止事态升级。

总的来说，如本文第二章引用的张雪遥（2024：182）所指出的，在德中资企业的跨文化品牌建构是企业和德国消费者在品牌的个体、行业和社会维度上对话的动态沟通过程和两者沟通的实时结果。

品牌建构是中资企业在德国市场取得成功的关键。通过理解和适应当地文化、有效利用品牌元素、讲述品牌故事，以及与客户和合作伙伴保持良好的沟

① 这里隐去受访企业品牌名称。

通，中资企业能够在德国市场建立强大的品牌形象，不仅提高自身的竞争力，也为企业在欧洲乃至全球市场的发展奠定了坚实的基础。

5.3.3 产品策略与技术创新

几乎所有受访专家都强调，德国以其对品质的追求而闻名，德国消费者对产品质量和技术水平有着较高的要求和期望，专注于提供优质产品、高质量和领先技术是德国市场成功的关键要素之一。因此，**成功的中资公司都非常注重产品研发、技术创新和质量管理**。

“我们公司制造的产品质量非常好，当然在细节上还有一些可改进的地方。我们公司总部的总裁，他说他需要有人来指出公司的问题，指出产品的还需改进的地方，这样可以帮助公司不断地进行技术革新，这样才能保障中国制造的产品在欧洲的市场有竞争力。[……] 可以说很多中国的公司他们在设计上都很不错，中国有很多好的产品设计师。但是对于工业产品特别是工业设备来说，产品的外形并不是很重要，产品的质量、可靠性耐用性是最重要的。”（I. LD.先生，某机械制造公司营销经理）

很多中资企业是德国市场的后来者，他们要占领市场份额，往往**需要在产品设计上另辟蹊径，根据德国消费者的特点和新需求，提供新产品**。如一位受访专家所描述的：

“现在许多德国的年轻消费者，或者住 house[①]的人，他们都越来越喜欢这种大的这种对开门的冰箱，而不是此前大部分德国家庭用的那种单开门冰箱。因为双开门冰箱功能会更多，然后储藏空间会很大啊，包括里面还有制冰机啊，有的还有像这个饮水机的功能，所以他们觉得这个功能性要比一般的那种大单门或者那种 combi[②]要好很多。”（N. YC.先生，某电器公司总经理）

中资企业对于研发新产品有其自身优势，即**在中国国内的大市场为在德中资企业赋予很多其他德国企业所没有的竞争优势**。上面的 N. YC.先生补充道：

“我们中国人特别喜欢对开门冰箱，所以你看我们的冰箱都是大 size[③]，[……] 德国人就不做这个（对开门冰箱），为什么呢？因为这种产品呢，它的投入很大的，一个模具的投入就得投入上千万人民币。而德国市场上，德国这

① house：（英语）房屋，这里是指独栋或连体别墅。

② combi：这里是指单开门的组合式冰箱。

③ size：（英语）尺寸。

个传统行业博世、西门子，它们聚焦于在一种单门冰箱，就是那种 combi 冰箱，上面冷藏下面冷冻。[……]但是他们没有什么资源去投入这种大的对开门冰箱。但我们企业就不一样，我们企业在中国有大的市场，中国有 13 亿人的市场啊，我们随便开发产品，随便卖 20 万台，一点问题都没有。但对于德国来讲，如果他投入这么大的，投入 1 000 多万，他是很难收回这么高的投入的。”（N. Yc.先生，某电器公司总经理）

对于一些新近进入德国市场，尤其是将在中国生产的产品直接销售到德国市场的中资公司来说，**了解其相关产业的德国工业标准至关重要**。

一些专家指出，**在德国进行产品营销，很重要的是用产品自身来说话，而不用对产品以外的内容做过度的营销**。对于德国消费者来说，产品的质量往往反应在一系列的技术参数、数据和事实上，因此，很多中资公司非常重视官方专业评估机构给其产品的技术评估：

“第三方的评测公司都有自己的内部的测试用例，[……] 比如说屏幕的光泽度啊、亮度啊、摄像头是否颤抖啊，然后夜光啊、暗光、远景、缩放啊，然后电池里面就是充多长时间能充满、续航能力啊，然后再加上信号的这个能力、存储等等，所有的东西加在一起，各个方面它统一打个分，然后给消费者一个非常直观的认识。但凡是我们推出的手机，核心的手机，从很多技术指标来看，基本上一定是领先的，要远远地超过其他品牌的手机。[……] 那我们自己打的 slogan①呢就是，我们的技术是领先的，东西质量是最好的，其他的也不用说。”（M. Ic.先生，某 IT 公司销售部经理）

通过第三方的质量检测，**获得相应的质量检测证书**对于中资企业的产品营销也是非常重要的。此外，**参与行业中有影响力的竞赛并获奖**，也能体现产品的质量。

“这都是我们获过的设计奖：两次红点奖，一个是 2017 年，一个是 2018 年。这是中国轩辕奖，中国的整车设计的一个奖，就是我们香港设计比赛的奖，这个是我们前几年在法兰克福车展前获的设计奖，你看我们获奖很多啊！[……] 德国人喜欢用数据说话，我们的获奖就是最有说服力的数据啊！”（A. Lc.先生，某新能源车企总经理）

在众多工业领域，提升产品质量不仅仅意味着通过中德合作研究和技术开

① slogan：（英语）这里指宣传口号。

发来增进产品生产的自动化水平，而且尤其强调**通过智能化生产来进一步提升产品质量**。在这一方面，很多在德中资企业已经在追求并部分实现了跨文化协同效应，其中包括**通过“中国速度”促进在德国产品技术更新的步伐**。这种紧密的合作关系不仅推动了产品质量的提高，同时也促进了技术的创新和发展。

“产品本身我们在帮它去做改进，之前他们（德国人）研发一个东西要两到三年，我们觉得太慢了。你不能说所有问题改完，你再上市：你这个东西，别人已经出了三代了，你可能一代还没跑完，那你的技术更新标准还停留在两年前嘛！所以这个呢是它主要的一个问题。那我们就从（中国）国内在不停地推他们，要加快这个研发速度。实际上我们把一部分研发已经收回（中国）国内了，就说你们当地做一些本地化的一些定制，但大部分的一些决定我们需要国内去做，所以通过这个办法去加快他们研发速度，相应的把他们的成本其实也降低了。”（X. Hc.先生，某电器公司总经理）

在技术研发方面，不仅**在德国的企业可以受益于中国的高效率和低成本，同时，德国的地域优势还可以帮助中资企业全面提高在德国的产品开发和技术创新能力**。德国作为创新之国拥有大量高素质科研人才，同时也吸引来自世界各地的高端人才，中资在德企业可以借助这一优势来提高“中国制造”在德国市场的品牌认可度，进而推动“德国工业 4.0”与“中国制造 2025”的协同发展。在产品设计方面，在德中资企业也可以充分利用德国的优势：

“设计团队国际化，可以借助德国的宏观优势，因为德国吸引了很多国际人才。[……] 另外呢，这跟汽车行业本身的特点有关系。因为汽车行业本身就是一个全球化的产业。今天如果您去宝马，在慕尼黑的设计中心，基本上呢那里的设计人员也是二三十个 Nationnalitäten①。尤其是在设计这个领域，我们的人员特别国际化、文化多元化。”（A. Lc.先生，某新能源车企总经理）

在产品定价方面，中资企业**要基于价格敏感型或质量敏感型产品、耐用产品或快销品、工业用产品或家用产品等对产品进行细分，在此基础上指定产品开发策略，并对其产品进行差异化营销**。

很多专家都提到在德中资企业**可以充分利用全球供应链、全球合作以及物流方面的优势来研发生产高质量低成本的产品，并销往德国及其周边市场**。有专家提到，在德中资企业可以借助中国母公司的规模优势降低采购成本，改革

---

① 二三十个 Nationnalitäten：这里指来自二三十个不同的国家。

其供应链，改进其产品，从而提高其产品的市场竞争力。值得一提的是，中欧班列为在德中资企业综合利用上述优势提供了便利条件：

“越来越多的客户选用我们公司的运输服务，特别是现在那个中欧班列，因为国家支持，有一定的补贴，所以说其实成本上有时候不比海运贵多少，或者说甚至跟海运持平。当然如果说你看的是港到港的话，那火车永远都不会像海运那么便宜的。但是如果从门到门的角度来说，我们的运输服务是有优势的。”（C. Yc.女士，某物流公司德国分公司总经理）

对上述优势的利用和产品差异化营销策略还具体表现在，一些在德中资企业充分利用其并购的德国企业的著名品牌，将其一部分高端产品留在德国生产，而另一部分在成本更低的东欧生产，前者可以打“Made in Germany”（德国生产）的牌子，后者可以打“Assembly in EU”（欧洲组装）的牌子。前者满足高端用户对高质量产品的需求，后者满足同类产品的价格敏感型用户的需求。一位中资企业总裁认为，市场的细分为在德中资企业带来发展机会：

“的确是，一些德国人喜欢 Miele 洗衣机，认为它可以用一辈子。Miele 洗衣机在德国是代表一种 premium①，代表很高端的形象，这个品质。但他它的定价很高，基本上是 900 以上或 1 000 欧元以上的产品。那我们的产品定价啊，我们可能就在 400 到 500 欧元这样一个定价。因为 Miele 不是所有人都买得起的。因为绝大部分德国人的这个薪资三四千欧元，拿到手上可能就只有两千多欧元了，是吧？他有的人可能一个家庭收入可能就三千来欧元，他不是所有人都买得起这种一千多欧元的这种产品啊。所以总有一部分市场是需要这种中低端品牌的。那我们就找到这个区间来进行准确定位。[……] 所以任何市场都可以细分。只要我们找到我们的准确定位，我们就可以做得好。”（N. Yc.先生，某电器公司总经理）

值得注意的是，**一部分产品需要细分，需要根据德国市场的特殊性进行本土化差异化的产品设计和营销，而另一部分产品则在其消费者喜好方面呈现全球化的趋势，如快销时尚产品：**

“对于我们快销时尚行业来说，产品的 design②有全球化的趋势，就是说德国年轻人喜欢的 design 和伦敦、上海、纽约的往往差不多，[……] 年轻的一代

---

① premium：（德语）高端品质。

② design：（英语）设计。

第一喜欢比较简约的设计，第二呢比较喜欢酷一点的设计。[……]另外一点呢，就是全球当季的流行的颜色、当季流行的元素其实就说可以讲比任何时候都趋同，比任何时候都更加敏感。[……]现在可能美国年轻人这一季喜欢的颜色跟中国年轻人喜欢的颜色几乎是一样的，因为现在的信息是秒，就是秒速的这种，就是说在传播嘛在全球，而且一些大的品牌也都是在做全球战略、全球市场，所以它推一个颜色，它推一个款式也都是向全球推的，所以消费者其实是被教育，对吧？被动接受，其实就是说就全部都接受的是一样的东西，可以这样讲。”（Z. VC.女士，某新创时尚服饰公司企业家）

对于在德中资企业的跨文化营销来说，以上的研究发现意味着，**企业需要根据其行业特征与市场特征来制定其营销战略，并根据具体情况来综合标准化和差异化的跨文化营销策略**。

5.3.4 客户开发与维护

从跨文化营销的角度来看，中资企业在德国进行客户开发与维护，需要全面深入地了解其在德国市场的目标客户的需求、喜好和消费者行为。

在不少研究德国文化的书籍里（如：Thomas，Kinast，and Schroll-Machl，2005；Schroll-Machl，2016）都提到，德国人重事实导向而轻关系导向。但是**本研究发现，对于德国客户来说，具有一定专业能力的熟人的推荐，可以帮助中资企业更快捷地与德国客户建立初步的信任**。换句话说，正因为作为“外来者”的中资企业在德国赢得信任比德国企业更难，尤其是对于在德国新近设立公司的中资企业来说，通过熟人的推荐和有专业能力且善于牵线搭桥的中间人来做“开门人”特别重要。

“基于我这些年跟德国客户打交道的经验，我觉得，中资企业，尤其是在德国新设立公司的中资企业，要赢得德国客户的信任，首先第一点就是刚才提到的一个reference[①]，就是他们必须有一个他们能够认可的个人或者是公司，去把我们（中资公司）介绍给他，这是首先是第一步。[……]比如说我们现在跟纽伦堡当地的IHK[②]关系非常好。然后也会有一些像是IHK里面的主席啊、副主席啊，有时候会请他们帮忙，帮我们介绍一些客户，或者是合作伙伴啊那些。

① reference：这里指推荐。

② IHK：工商协会。

在这样的情况下，通过介绍搭上联系的，能够合作的可能性就大非常多。”(C. YC. 女士，某物流公司德国分公司总经理）

中资企业通过前文所提的“开门人”与德国客户或潜在客户建立初步关系之后，**需要通过企业的专业能力、产品质量等来推进和巩固信任，为此需要在德国有专门的团队来长期维护与客户的关系**。在此背景下，有专家强调，中资企业的德国员工往往能为其带来客户资源，很多中资企业**聘用对德国相关行业和客户有全面了解的当地人做营销有助于其更快地获得信任**。一位受访的德国专家谈道：

“有好的人脉在德国也是很重要的，因为通过相应的人脉可以找到合适的人、关键的人。比如说我们（中资）公司的总裁从中国总部来德国的时候，我陪他在一周内去访问了 12 家德国公司，这 12 家公司都是我们重要的潜在的客户，这 12 家公司是我在过去近 40 年工作所积累的关系，他们中的很多负责人我已经认识三四十年了。[……] 起初很多德国人一听某产品是中国制造的，可能就不太感兴趣，或是心存疑虑，但是因为我认识相关领域的专家和负责人，我可以通过这些关系请他们来了解我们公司的产品。”（I. LD.先生，某机械制造公司营销经理）

有专家指出，**在德国熟人之间的口碑传播（Mundpropaganda）是企业提高其品牌知名度的重要途径**，其重要性是源于熟人之间的信任关系。上述口碑传播也包括中资企业的合作者的推荐。

很多受访专家都强调，中资企业在德国开发和维护客户，需要很大的耐心和长期的坚持，这也意味着，**中资企业在德国的产品营销，不能急功近利，期待赚快钱，而是需要较大的前期投入，需要与德国客户建立长期的合作关系**。

“这是一个共同的目标，只有双赢才能够达成长期的发展。我们不是说在这做几单买卖，然后就走人了，后面就不做了。我们一定是长期的合作关系，而对于长期的合作关系来说，互相的信任是最重要的。”（M. IC.先生，某 IT 公司销售部经理）

有的专家甚至认为，**在德国，赢得客户的信任是最大的成功，客户的信任是企业长期的资源**。信任是指甘愿承受一定风险，而对对方的能力、善意和正直有积极的期待（Pan and Chen，2024）。本文的实证研究也证实了，**中资企业要赢得德国消费者的长期信任，必须通过各种方式和途径向他们展示自己的能力、善意和正直**：

- 能力：通过充分、全面、专业的数据和事实显示产品和服务的高质量；产品和服务有高性价比；企业整体实力；良好的售后服务。
- 善意：与德国合作伙伴、客户互相支持，实现双赢；以客户为中心；产品与服务客户友好；给客户安全感；透明高效的沟通；良好的客户关系管理。
- 正直：诚实守信，兑现承诺，做到“言必行，行必果”；遵守合约；承担企业社会责任。

通过专业数据，全面专业地向德国客户展示中资公司的专业能力，对其客户开发与维护至关重要。一位受访的中方专家谈道：

“就是说跟客户谈的过程中，怎么说他能够信任你，在德国这边我觉得跟客户的沟通过程中，可能80%，甚至90%我们是在谈技术，我们在谈这个产品怎么样，到最后的话，真正谈价格的时候，就很简单了。[……]就是说我们往往是什么样品什么技术都沟通完了之后，最后谈价格可能也就半个小时一个小时，与前期对技术数据、技术细节的沟通相比，这个时间要少得多。”（Y. Ic.先生，某贸易公司首席代表）

如果自己不懂，就很难说服客户：要有专业性（即有专业知识与专业能力），才有展示专业性的基础，因此，中资企业的营销团队中，**必须有足够的谙熟产品技术，且善于与德国人进行产品技术细节沟通的专业人员，以确保与德国消费者产生共鸣**。

德国人普遍希望规避风险和不确定性，与中国人相比，他们有更强烈的安全感需求。

“对德国客户来说，中国的产品在德国有分公司这个是客户非常看重的。就是说中国的生产厂商在德国有分公司，他们可以通过这个分公司有德国人作为他们的联系人，他们有问题可以直接与中国分公司的德国人进行沟通，这让他们感觉到信任和心理上的安全。”（I. LD.先生，某机械制造公司营销经理）

很多受访专家都强调了**诚实守信、兑现承诺对赢得和保持客户信任的重要性**。在此，中资企业的有关负责人要特别注意，在与德国合作伙伴或客户约定时间时，要留出“余地”，以避免不能兑现承诺的情况的出现：

“中国人给客户的约定时间是比较乐观的，而德国人给客户的约定时间则是比较悲观的。比如德国人如果给客户约定的交货时间是12月1日的话，那么在现实中，他很可能是在11月1日就已经完成了生产。他在一开始与客户约定12月1日这个时间的时候，就已经计算了一个月的灵活的时间，以防出现万一；

而中国人在与客户约定时间的时候，往往比较乐观，就是说往往会出现他约定的是12月1日交货，但真的到了12月1日，他却因为之前出现了他没有预估的问题，而不能按时完成交货。这样的话，德国人就会有这样的印象，认为中国人的承诺没有兑现。因此，进行一个准确的时间上的规划是非常重要的，这影响到合作伙伴和客户对我们的信任。”（T. XD.先生，某化工公司总经理）

建立信任需要较长的时间，而失去信任则可能发生得很快。一些专家谈道，与很多其他国家的消费者相比，**德国消费者对于错误的容忍度较低**，如果某产品出现质量问题，会在很长一段时间影响该产品在德国消费者心中的品牌形象。从积极的意义上来看，**如果中资企业赢得了德国客户的信任，且能通过其产品和服务维护信任关系，则德国客户对品牌、对其合作伙伴的忠实度也是很高的**。一位专家谈道：

“在开发和维护德国客户的过程中，要特别注意的，也是德国人特别重视的、我们绝不能犯错误的地方，就是赢得和维护他们的信任。[……]因为德国人往往跟你合作了以后他不会轻易换合作伙伴。德国人他比较保守，他对质量的要求比较高，他也知道，一旦换了一个合作伙伴的话，你就不能保证像以前一样的质量，对他来说是很大的风险。”（T. HC.先生，某旅游公司总经理）

合作伙伴和客户对企业的长期的信任基于他们对企业及其产品和服务的充分了解，而对很多德国人来说，中国是一个遥远的国家，尤其是一些领域，对德国人来说是非常陌生的，如本研究所访谈的某中药材公司所涉及的中医中药领域，对于这样的领域，中资企业需要采取相应措施，加深德国客户对其产品和服务的了解：

【客户开发与维护案例】“为了帮助更多的药材采购商了解我们中药材的来源和种植过程，我们组织客户去中国参观我们的药材基地。[……]另外，我们还给我们的采购商提供培训，让他们了解中医和西医的一个本质的区别，让他们也换脑思维换位思考。你不能按照你们那个西医的思维完全套用在中医上，那这个很多东西是对不上的。[……]这个首先讲中医和西医，他两个平行系统。然后它的特点是什么？你们在思考的时候，你们不能够把旧瓶装新酒，你不能拿你们那一套来看中医。[……]德国人是非常死板嘛，他比较强调量化。一些指标在中医里面没办法量化。[……]所以呢，我们需要把他们从已经特别习惯的这种思维方式中给他拉出来。”（A. XC.先生，某药材公司总经理）

很多专家在访谈中也谈到了德国消费者较为普遍的消费习惯与行为，可以总结如下：

（1）偏理性思考，独立决定，极少从众跟风；讲究真实需要，根据自身需求、有计划性地消费，对其欲购的产品或服务有具体的期待，较难被鼓动，且不喜欢被煽情。

（2）注重产品和服务的实用性；务实；习惯专物专用，不习惯一物多用；重视对产品和服务的自我体验，而不太在乎向他人展示。

（3）注重产品的质量和服务的专业性，喜欢经久耐用的产品，产品更新频率不高；品牌重视度较高。

（4）环保和健康意识强：倾向于购买环保和可持续发展的产品（包括产品的材料采购、生产条件与过程、包装等），注重健康饮食和生活方式。

专家们尤其强调，**德国消费者普遍追求落地的实用主义，不喜欢对产品的过度“包装”或花哨的过度营销**。

“我觉得其实德国人很务实，他有一种就是我们从文化的角度来讲哈，就是说他们有一个词叫 Gefühlsduselei[①]，有这个词吧？就是你其实是利用别人感情的这种情怀的这种点，去做什么事情，有的时候是会引起反作用。你比如说，我们有的时候就开始讲情怀，讲得热泪盈眶的时候，德国人会觉得，‘我的天，你这是在干嘛’？［……］德国消费者是非常理性的，他们不喜欢离开产品的性能本身去谈一些感性的东西。”（X. Mc.女士，某国内政府机构驻德办主任）

德国消费者的理性务实的特点决定了**企业的客户在维护工作整体风格上也应该是理性务实的**，企业与客户的关系应该是简单明晰，大多不需要宴请、送礼或其他超出工作范围之外的关系维护。在此，中资企业要遵守企业合规要求。这里需要补充的是，**理性务实与以客户为中心不是互相矛盾的**。中资企业在客户维护方面，要关注客户的利益，以合理合规的方式让客户得到“好处”（如：好产品好服务），争取企业与客户之间互相促进、互相成就。

本研究表明，虽然德国人偏事实导向，但是**在处理问题时，如果中资企业与其客户有良好的关系，则往往能比较顺利地解决问题**；相反，如果此前没有互信的关系，则往往会使简单的问题复杂化。

中资企业要在德国市场赢得和维护客户，**必须长期全面充分地了解客户对其产品的需求与反馈**。由于社交媒体和在线渠道在营销中所起的日益重要的作

---

① Gefühlsduselei：多愁善感，这里指在营销过程中的过度煽情。

用，一些成功的中资企业除了充分利用社交媒体和在线渠道为其产品与服务进行有针对性的数字营销，以接触更广泛的受众之外，还组织专门人员收集和分析网络用户对其产品和服务的评价和反馈，还有的中资企业通过专业的市场调研来针对德国用户的反馈和需求不断改进其产品和服务：

“我们在本地也做一些市场的消费者调研，我们每年都投入很多钱，在德国或者欧洲做一些入户调研，就是 consumer research[①]或者 Marktforschung[②]之类的。那我们会找到消费者的痛点，包括消费者现在他买的这个产品，这个洗衣机是吧，那如果有他有觉得不满意的地方，我们就针对他不满意的地方，研发新的产品功能来满足消费者需求。所以我们就想，我们要拓展我们自己的×××[③]品牌啊，把我们的民族品牌把它走出来。[……]通过消费者调研来知道消费者的痛点在什么地方，把这些痛点反馈到我们研发来做产品企划、产品开发。”（N. Yc.先生，某电器公司总经理）

通过努力，一些中资公司已经在德国取得了优异的销售成绩，如上面的受访者 N. Yc.先生谈道，根据德国著名市场研究公司 GFK 的数据，其领导的中资公司的空调类产品在德国零售市场占有 50%以上市场份额，在德国的很多消费者测试报告排名中，该公司的产品多年名列前茅。前文提到德国消费者“偏理性思考，独立决定”也表现在，**很多德国消费者习惯自己去研究相关的官方数据，以便基于理性思考，独立做出消费决定**。

需要补充的是，本研究在总结出了德国消费者的普遍特征的同时，也发现**中资企业在德国市场进行客户细分的重要性**。通过对不同客户群的充分了解，可以更好地做市场定位，更有针对性地采取营销策略与措施。一位受访人谈道：

“德国老的一辈就是您刚才讲的非常注重品质、注重产品的经久耐用。总的来看，德国老的一代更注重产品本身的功能啊什么的，不那么注重设计，不那么注重时尚，然后很朴实。但是年轻一代，其实全球年轻人都一样，就非常爱美。但是这个什么是美呢？这个又是我们的设计本身告诉她的。[……]像我们的产品，我们的目标客群是 16 到 24 岁之间的这个年轻时尚女士，那这群人其实都是手机和互联网的一代，所以我们的营销方式主要就是以这个社交媒体和这个互联网这个营销为主。”（Z. Vc.女士，某新创时尚服饰公司企业家）

---

① consumer research：（英语）消费者调研。

② Marktforschung：（德语）市场研究。

③ 这里隐去了受访中资企业的品牌名称。

对于同一家中资公司来说，其不同的产品所针对的客户群往往有所不同，这些客户群对产品的期待和要求也不同：

"另外的一个差别还在于我们中国母公司 Cxx 和在德国的子公司 Gxx 的产品面对的客户群是不同的：在德国的 Gxx 公司，我们所面对的是专业客户；而在我们的中国母公司 Cxx，他面对的是业余手工爱好者。对于我们的专业客户来说，他们在乎的是产品的寿命、性价比、后期服务、品牌。而对于业余手工爱好者来说，他们在乎的也包括价格，他们希望买便宜价格的，但是后期服务对他们来说不是很重要，因为产品价格低，即使坏了就可以很快买一个新的。[……] 所以两类用户对产品的期望是不同的。"（D. OD.先生，某机械制造公司总经理）

在客户维护方面，**中资企业往往通过向用户提供比大部分德国供货商更长的质量保证期和更优质、更方便的售后服务来提高其在德国市场的竞争优势**。一位受访的德国专家谈道：

"德国的客户还很看重相关设备产品的零备件要能够保障，这样，在他们需要零备件的时候可以很快地获得，而不是需要等待六七周从中国运送过来。我们（中资）公司下一步就是要在德国建立储备零部件的仓库，因为这就是德国客户特别看中的。"（I. LD.先生，某机械制造公司营销经理）

受访的专家们强调，**与德国消费者耳熟能详的德国企业相比，消费者对中资企业往往会多一些顾虑，因此，中资企业应更重视客户资源的开发与维护，建立有效的沟通渠道，保障企业与消费者之间长期良好的互动**。在出现问题时，中资企业也应直面问题，及时处理问题，并勇于承担责任。此外，企业还应有危机管理意识，对有可能出现的问题有预案，以便在危机出现时能及时应对，从而避免企业和品牌形象受损。

5.3.5 营销渠道与传播媒体

在德中资企业采用多元化营销渠道和媒体策略具有重要意义。多元化的综合营销策略不仅能满足德国消费者的多样化需求，还能有效推动产品销售和市场拓展。总结专家访谈可以看出，中资在德企业销售其产品和服务主要可通过以下渠道：

（1）直接销售：公司在德国拥有自己的销售团队，直接与客户沟通并推动销售。

（2）电子商务平台：利用德国本地或国际电子商务平台，提供在线购物体验，直接销售给终端消费者。

（3）社交媒体销售：利用社交媒体平台建立品牌形象，与潜在客户互动，提供购买渠道。

（4）通过合作伙伴销售：与德国本地的代理商或分销商建立合作伙伴关系，利用其销售网络推广产品。

（5）展会销售：在行业内的展览和博览会上展示产品，与潜在客户面对面交流并进行销售。

（6）B2B 销售：利用 B2B 平台，面向其他企业推销产品或服务。

在德中资企业基于其产品与服务的性质、目标市场、客户特征等因素，通过综合利用上述销售渠道，实现其产品和服务在德国市场的有效推广和销售。

有受访专家表示，生产型的中资企业在德国设立公司之前，做业务必须通过作为进口商的第三方公司进入德国的销售渠道。中资企业在德国设立公司之后，可以直接进渠道，通过直接销售减小成本，让德国消费者受益，同时也让中资企业更接近德国的消费者，更好地了解其消费习惯与需求。在此基础上，有针对性地改善其在德国市场的营销管理与策略。

与中国消费者相比，很多德国消费者还是喜欢在实体店购物，因此，在德中资企业**要充分重视实体店的建设和布局，推进线上和线下销售的互补与共存。在销售渠道方面，也应充分考虑产品的差异性，进行差异化的营销**，比如对于在德国销售的高端产品来说，设计精致的实体专卖店很重要，在实体店中需要有专业的人员对产品进行详细介绍，回答德国客户可能提出的一些较为专业和技术性的问题，并为客户提供高质量的用户体验。比如中资企业的新能源车的营销，为消费者提供试驾体验非常重要。对于大众化的产品来说，可以与大型超市（如 Saturn）或电商（如 Amazon）合作。对于在电商销售的产品，首先要选企业的一些明星产品，包括中资企业专门为欧洲甚至专门为德国市场开发的产品，以保障在德国市场良好的用户体验，同时要有专人跟踪和研究客户评价，力争产品在德国消费者中获得广泛良好的口碑。

在德国，不但实体店重要，对于中资企业的营销代表来说，**见面拜访合作伙伴和大客户也十分重要**。尤其在网络沟通流行的今天，中资企业更是不能忽视与合作伙伴、客户面对面的沟通与交流。

“你光是通过 online present[①]还不够，必须要与线下的东西结合起来。‘百闻不如一见’，中国的这句古话是放之四海皆准的，特别是在德国。你只要跟这个人见面，见面的一小时你能建立信任，当然你首先要有这个基础，你是对你的服务有自信，对你的产品有自信，你也珍惜这个见面的机会，也有非常有说服力的 Auftritt[②]，那你可以赢得的信任比你给他一百个网上页面要好得多。”（T. Mc.女士，某咨询公司经理）

有不少受访的德国专家也认为，中资企业的营销代表与合作伙伴、客户的见面交流可以帮助双方增进了解和信任，能促进他们的线上交流更顺畅更高效。

在德国，**行业展会是中资企业扩大其行业影响力、赢得潜在客户的重要途径**；参加德国当地相关的行业协会的重要活动、参加行业重要会议等，也能帮助中资企业扩大其影响。

对于一些有条件的中资企业，尤其是在中德企业之间起桥梁作用的服务型中资企业来说，**通过组织活动、论坛、会议等，可以主动争取在德国相关行业的话语权，系统性地提高德国公众对“中资企业”的认可度，从而促进中资企业的品牌营销**，比如“中德高科技论坛”“德中品牌对话”等都是成功的例子。此外，对于一些中资企业来说，**作为赞助商来支持一些重要的行业活动，也能帮助他们提高其在德国的知名度**。

如前文所述，**德国消费者非常重视作为独立机构的第三方对产品的评价**，一位受访专家谈道：

“行业内德国是非常依赖这些第三方的评测公司的，它们会给每一个产品去打分。然后德国最出名的三家技术评测公司呢，一个是 Chip，一个是 Connect，还有一个 Bild，Bild 您知道吧？那个报纸您肯定知道，就是那个《图片报》。这三家呢是比较官方的大家认可的第三方打分平台。但凡是我们×××[③]公司上的新品，在这个这三家的官方评测上面一定是得分最高的。”（M. Ic.先生，某 IT 公司销售部经理）

对一些中资公司来说，其所有产品都需要获得权威机构的证书才能在德国销售，为此，每一批产品都需要通过第三方的检测，需要提前很长时间做相应的准备，也需要投入大量的资金。为了在德国市场上的可持续发展，中资企业

① online present：（英语）这里指在线展示。

② Auftritt：（德语）这里指举止。

③ 此处隐去中资公司名称。

必须做出上述时间、精力和资金上的投入。

“我们的每一个（药材）产品、每一批产品不说是检测一次就够了［……］这个检测是很麻烦的。我们有的时候花了好几个月甚至半年，他老是给不了我们 Zertifikat[①]，有的时候真是快急死我们了！所以我们的采购周期非常非常的长，嗯，我们要提前一年采购，这样才能保证我们提前很长时间就去把我们的产品送第三方检测，保证我们能及时拿到相关产品的证书。［……］对啊，就是检测当然花钱，我们成本每年都超过 10 万欧元。［……］但是，我们在德国卖给各药店的产品，我必须要发这个 Zertifikat 的，如果我不发这个 Zertifikat，那我说我这个产品质量是最好的，我拿什么来证明呢？我必须得拿出真东西来证明嘛！所以这么多年来，我们通过对产品的质量保证、质量认证，我们赢得了很多德国客户的信任。”（A. Xc.先生，某药材公司总经理）

对于一些文化关联度较低的技术型工业产品，中资企业为德国客户提供全面透明的技术信息是市场营销的重要环节，比如一些将中国产品销售到德国市场的中资公司每年都需要安排其采购商到中国实地验厂，即使在 2020 年初至 2022 年底的三年新冠疫情期间，也通过视频的方式验厂。在此过程中，中资公司（包括在国内的母公司）要提前全面了解并充分尊重德国采购商的质量管理流程和相关要求，也要遵守行业通行的标准，如 ISO 标准。

今天，数字营销对企业的发展起着越来越重要的作用。本研究所访谈的在德中资公司大都非常**重视其公司主页的德文版的建设和更新**。通过公司主页，客户和潜在客户可以对中资公司的整体情况有较为全面的了解。此外，一些公司还通过向其合作伙伴、客户和潜在客户定期发放的 Newsletter（实事通信），向他们报告公司最新发展，并就其关切的问题提供咨询。

专家们谈道，**中资企业在设计其公司主页时，要充分考虑到德国消费者的喜好、消费习惯和审美，最好能委托德国专业公司设计**。公司主页的内容应结构清晰、重点突出，要向用户呈现公司的成功故事，凸显公司的独特之处。同时要重视数据保护，使用的图片、视频、文字等一定不能有版权问题。

对很多中资公司来说，社交媒体的营销也不可或缺，如 YouTube、Facebook、Twitter、Instagram 等，很多中资公司有专职人员负责社交媒体营销。有受访专家强调，中资公司要按照德国消费者喜欢的方式与其在社交媒体上互动，而不

① Zertifikat：（德语）证书。

仅仅是按着自己认为适合的方式。此外，还应有专人负责收集和研究社交媒体上对中资企业相关产品的评价和反馈，包括在有消费者投诉时，在第一时间去解决问题，提高消费者满意度。有专家提到，在做社交媒体营销时，中资企业要重视一些有影响力的媒体用户的反馈，比如德国的“技术粉”：

“消费者这个群体是很庞大的，一部分消费者呢他是那种技术粉，他什么都要试一试，尤其德国人这种技术粉特别多。有些人靠这个赚钱养家，他会对某个东西很喜欢的话就很深入全面地去研究，然后这种技术粉在德国是非常多的，他们就会研究每一个机器到底是好还是坏，研究完之后他们也会在自己的这个 Facebook、Twitter 上面去发布一些自己使用完的体验，包括一些技术细节。他们在消费者中间还是很有影响力的。”（M. Ic.先生，某 IT 公司销售部经理）

中资企业应该主动积极地与德国主流媒体和专业媒体（如专业杂志、协会期刊）建立联系，与其一道共同塑造企业形象和品牌形象，也向德国社会展示中资企业的开放性。

“作为在德国投资的企业，我们要以积极主动的态度来做媒体宣传。那么我们首先是比较 open[①]，第二个呢，我们也非常主动地跟德国的很多的相关媒体保持联系，第三个，我们跟德国的政商界建立了一个非常广泛的联系，德国的前总统来过我们这儿。比如说我现在正在做，比如说德国的主流媒体包括德国电视一台、二台都报道过我们。我请了德国最著名的汽车媒体都试驾过我们的车，他们对我们的车都给予了高度的评价，就是我们在技术性能不输于欧洲品牌的车，我们有硬性数据嘛！”（A. Lc.先生，某新能源车企总经理）

通过线上线下结合，利用传统媒体、社交媒体和电商平台，在德中资企业能够扩大产品影响力，提高品牌知名度。同时，精准的媒体选择有助于直接触达目标客户群体，增强互动，建立品牌信任，提升市场竞争力。

5.3.6 营销沟通与传播

企业的营销沟通与传播旨在影响所有市场参与者，尤其是潜在的消费者，其任务是塑造有关产品、品牌和公司的所有信息，并与（潜在的）客户进行对话，以促进其形成对品牌和公司的积极态度，减少购买不确定性，并促进对产品的购买意愿，从而确保企业产品和服务能够成功推广（Gutting，2020：39 – 40）。

① open：（英语）这里指开放。

综合专家访谈的数据分析，中资企业在德国的营销沟通与传播应主要重视以下方面的工作：营销的跨文化性与文化内涵、营销沟通人、营销传播的语言与风格、设计与审美。

5.3.6.1　营销的跨文化性与文化内涵

中资企业在德国进行营销传播和销售活动时，**需要充分考虑并适应德国与中国之间在价值观、消费行为、交际方式与风格、合规性等方面存在的文化差异，重视跨文化营销活动的文化内涵**。在为其产品和服务做广告和宣传时，要有充分的跨文化敏感力，避免使用可能被德国受众视为冒犯或误导的元素。广告所传播的内容也应符合德国人普遍遵从的价值观，注重满足德国消费者的需求，适应其喜好。

不少专家都谈道，中国消费者在购买产品时很看重其社会功能，比如在对产品进行营销宣传时，往往将其与社会和谐、家庭和睦、尊老爱幼、公益事业、成就地位等联系起来，而德国消费者更关注产品本身的属性（包括其质量、技术参数、可靠性、安全性、环保性），更关注产品带给个人的体验和价值。

在对产品进行营销宣传时重视文化内涵还包括应该充分了解德国的历史，比如了解德国人对二战中纳粹罪行的深刻反思，也了解一些经历过二战尚存的德国企业及其企业主家族成员对这段黑暗历史的敏感性。

【营销的文化内涵案例】“德国人喜欢用产品本身来说话，他们不会做过度的营销。那我们（中资公司）在收购了这家著名的德国公司之后，在对我们那个品牌进行包装宣传的过程中，我们就一直反复在想在历史上面做文章，因为我们觉得现在很多公司，它们没有历史，但它们却硬要去编个故事，有时候很牵强；而我们公司有历史，为什么不做一些深度的挖掘呢？我们就说，我们收购下来的这家德国公司的品牌有 80 年的历史，我们当时建议说，我们是经过二战洗礼的这么一个品牌，我们公司的德国高管马上反对说：‘啊？！我们公司没参加过二战，什么叫“经过二战洗礼”？’他们很实在，但是你想想看，如果是在我们国内就很正常：你 1938 年就有了的品牌，是不是经过二战？你确实是经过二战的品牌，尽管你跟二战没有关系。但是在这个挖掘历史的过程中，我们感到触碰到一些德国人很敏感的东西，所以呢，我们要尊重他们的感受，其实这个方面我们还是比较开放的，就是我们把话题放在桌上，你觉得可以，我们

继续进行，你觉得不可以，那我们就再换一种思路。”（X. Hc.先生，某电器公司总经理）

在上面的案例中，中资公司的中国高管提出使用品牌“经过二战洗礼”这样的表述，其原意是想突出该品牌的电视机“经过了二战的炮火，还是很坚固，经久耐用”。但是在德国人看来，这样的表述会让德国人联想起能在二战中幸存的企业，有可能是没有抵抗纳粹，甚至是与纳粹勾结的。由此，在德国，“经过二战洗礼”这样的表述，不但不会给品牌带来荣耀，反而可能使其蒙上阴影。因此，在开展跨文化营销过程中，中资企业要像上述案例企业一样**保持开放的态度和跨文化敏感力，通过与德方不断地沟通，不断地跨文化学习，找到合适的营销传播的方案**。

中资企业在德国进行跨文化营销传播时，还应**充分考虑到德国人的生活方式、习惯、真实体验与感受**，包括认识到很多在中国的“卖点”，如果照搬到德国，可能让德国人“无感”甚至感到困惑。一位专家谈道：

“同样一款产品，我们中国人认为好的广告，德国人不一定喜欢。比如说我们在国内一个产品叫无风感空调，你们可能也听过，无风感，就是空调叫做“凉而无风”，就是你打开空调，感觉很凉快，但是没有什么风吹你身上来，这样的感觉，我们中国人喜欢；那这个东西在德国他就不能解释了：德国人很怕热，只要温度超过 30 度以上，他就觉得热得不行了。30 度对我们来讲，我们觉得很正常，但是他们（德国人）的体感不一样，他们需要那种（空调的）风吹到身上，让身体感觉到冷的感觉。所以很多时候在国内做的适用，但在（德国）这里不一定适用。我们要根据当地消费者的习惯来考虑。”（N. Yc.先生，某电器公司总经理）

中资企业在德国进行跨文化营销时，还应该**遵守德国的法律法规要求，包括对产品效果的描述、广告法规、产品标签要求等，以避免因法律问题影响品牌声誉**。

“比如我们从中国进口的药材到德国，一定要遵守德国的动物保护、植物保护法律规定，你比如说呃，石斛，最多的铁皮石斛。这个东西是兰科植物，也是受保护的，你必须要有进出口证明，濒危物种的进出口证明，办这个东西很麻烦。”（A. Xc.先生，某药材公司总经理）

在德中资企业在营销沟通与传播过程中，重视营销的跨文化性和文化内涵有助于产品适应德国消费者的文化背景和消费习惯，提升市场接受度，从而在激烈的市场竞争中实现可持续发展。

5.3.6.2 营销沟通人

中资企业在德国进行跨文化营销取得成功的关键，在于**有跨文化能力和专业知识的营销团队和合作伙伴。他们拥有深厚的跨文化经验和专业知识，能够帮助中资企业理解和应对文化差异，针对德国市场，制定有效的营销策略**。他们精通德语，了解德国消费者需求，能够在营销沟通和产品与服务的广告、宣传中准确传达积极的意思，确保达到好的效果。在此背景下，很多中资企业都强调**聘用有专业能力的德国当地人加入和领导营销团队的重要性**。

"可以说每个国家都有各自不同的做生意的方式。所以非常重要的是，作为营销人员，你能用客户的母语与他们交流，并且你了解客户的所思所想，这些很难用语言描述出来。一般来说你必须在这个国家长大，你才能内化这个国家的文化。[……]所以我们的分工是对德语国家的客户由我来负责。这一方面是因为语言的问题，另外一方面也是因为我更熟悉德语国家人的思维和行为方式。因为在德国做生意的方式是与在中国做生意的方式完全不一样的，与在美国做生意的方式也是不一样的。可以说美国人做生意的方式与中国人更接近，他们更放松。我们德国人谈生意的方式更加正式。所以我们要跟德国客户接触交流的时候，我们的方式、我们的风格也得是偏正式的，不能把在中国惯用的方式完全照搬到德国来。"（I. LD.先生，某机械制造公司营销经理）

还有专家谈道，如果**中资企业雇佣德国人做营销，会更快地赢得德国客户的信任，因为德国人之间能更快地做到心领神会**。还有专家认为，德国销售人员是很好的"敲门人"：

"我们需要一个德国销售在前面去冲，他一旦与客户建立了某个关系，给我们拿过来，我们也是能维持得很好的。只是说第一个'敲门的人'特别重要。作为中国人，我们在德国去'敲别人的门'很难，但是说其实要维持关系，我们的能力也是有的，就是语言你差一点，而如果大家已经有了这个信任基础，他其实是能迁就你的。"（A. Cc.女士，某航空公司原职员）

来自德国当地的营销人员对当地市场有深刻的了解，能够提供实用的市场洞察和建议，他们使用德国当地的方言与消费者交流，给消费者更多心理上的安全感和信任感；同时他们也能更快更好地感受到消费者的关切，帮助企业更好地理解并适应德国市场的文化和商业环境，从而提高市场推广的成功率。

“其他的本地的一些客户啊、渠道啊、推广啊，包括市场啊，包括communication[①]啊，还是要德国的本地人去做。因为这个当地人他有当地的思维，他们有当地的沟通方式。[……]比如说Hessen[②]，在这个州里面呢，我有Hessen的这个销售人员，他们就跟客户开一个玩笑、讲个什么笑话，然后他与客户交流讲当地方言Hessisch[③]，彼此就觉得很亲切。[……]所以呢，我们在某些领域，特别是销售，还有marketing[④]这一块，更多倾向于（德国）本地人去做。这样的话会更加高效一些的，而且会更加精准一些。[……]所以说需要我们市场部的德国同事去理解，然后同时把消费者的一些痛点，把它转化成我们产品的卖点，[……]把了解到的消费者痛点转化成这种跟消费者沟通的语言。[……]只有这样才能抓住消费者。”（N. Yc.先生，某电器公司总经理）

德国当地营销人员对促进中资企业在德国的跨文化营销能起到很多积极的作用，他们也需要更好地理解中资企业的文化，更好地理解中国人的思维和行为方式，不断地跨文化学习。本研究发现，很多中资企业愿意聘用在中国有过学习和工作经验或是其配偶是中国人的德国人负责营销工作，就是因为他们**能很好地在中德之间起到桥梁作用**。

此外，要在德国做好营销工作，**必须对负责的产品和服务的细节及其相关要求和标准、对产品和服务有全面的了解，以便在与用户进行沟通交流的过程中展现出专业性**。这种专业性也应该从营销人员的外表、服装、谈吐举止等方面表现出来。营销人员的专业性和问题解决能力能增强用户对企业的信任，这种专业性不但要求深度，也要求有广度。

“我觉得也是这个积累，是个人学习加经验积累。我出去和德国客户谈项目，往往是他们几个德国人都来跟我谈，我得对各方面情况都了解，有时候对我来说是这样，如果我光了解技术，不了解运输方面或者不了解采购方面，其实有时候也会信息有误的，这样的话我们一块儿谈，我各方面都能谈，导致我累是

---

① communication：（英语）沟通、交流。

② Hessen：（德语）黑森州（德国的联邦州之一）。

③ Hessisch：（德语）黑森方言。

④ marketing：（英语）营销。

累，但是各方面信息我都有了之后，其实我能给一个更精准的回复，有时候还能给出来一些建议，然后还能指出来他们的一些问题。他们比如说技术员会提出来一个建议，我会告诉他们你这个东西是不行的，因为你们运输方面会有哪些东西，他才会想到说，可能确实是这样，然后我觉得，有时候让客户感觉从我这边会额外得到一些东西，是感觉更好的，他的信任感就更强了。[……] 所以对于中资企业来说，要么你几个人能配合好，要么有个人能把这一块儿的方方面面都能理解透，那才能做，你只有这样才能给客户更好的服务。”（Y. Ic.先生，某贸易公司首席代表）

中资企业除了拥有自己的了解德国市场和消费者需要、善于跨文化沟通、有专业能力的营销团队之外，**往往还需要与企业之外的专业团队合作**，比如专业的公关公司、媒体公司、广告公司等。在德国，这种“**专业的人做专门的工作**”的现象十分普遍，企业外部的营销专业团队通常拥有丰富的德国当地市场推广经验和行业见解，能够进行深入的市场研究和分析，帮助中资企业更好地了解当地市场，制定和实施更创新更有效的营销方案。通过与外部专业机构的合作，中资企业可以受益于更广泛的资源网络，更有效地整合各种资源，以更经济高效的方式，提升营销效果。

5.3.6.3　营销传播的语言与风格

语言是文化的核心组成部分，在跨文化营销中，使用正确恰当的语言表达和交际风格至关重要。很多专家都谈道，**在营销沟通中，能与德国当地客户用德语沟通非常关键，因为说对方的母语，能在交流中拉近人与人心理的距离，更快地赢得好感**。

“我们公司的工作语言是英文，但是对于那些在德国要面对我们德国客户的员工来说，德语是非常非常重要的，是绝对重要的。因为你需要用客户的母语来跟他们交流。在德国就是用德语，你用德语，就会让德国的客户感到亲切，会增强他们对你的信任。”（Y. Ie.女士，某 IT 公司人力资源部负责人）

来自中国的员工如果在营销沟通中能与德国人说德语，即使他们的德语有时候不那么完美和地道，也能帮助他们消除德国人的陌生感，促进与德国人的交流。尤其在一些传统行业，用德语沟通是十分重要的。

“那么就说在一些特别的领域，德语那就更加重要了，[……] 比较传统的行业和领域，比如在法律、医学、教育或者是机械、汽车制造这些领域，你如

果德语好，那绝对是有优势的。”（I. Sc.女士，某律师事务所高级法律顾问）

还有受访专家强调，中资企业**应当针对德国市场做专门的广告和产品宣传册**，而不是将此前现成的中文版本直接翻译成德文，**而且最好是请德国人来做，或是至少有德国人的参与**。因为对于同样的产品，德国消费者与中国消费者的关注点有可能不同。此外，中资企业还要清楚，**要想获得德国消费者对其产品和服务的兴趣和认可，企业在德国往往需要与在中国不一样的呈现和表达方式**，比如一些产品对中国的消费者来说已经普遍使用很多年，他们对这类产品的功能往往比较熟悉；但是对德国消费者来说，这些产品却是近几年刚开始使用的，如家用制冷空调。因为以前德国夏天一般都很凉爽，直至近几年受全球气候变暖的影响，才有一些德国家庭安装制冷空调，所以需要对空调的一些具体的和附加功能进行详细的说明。

语言是桥梁，如果语言不能通达，则双方就不能逾越鸿沟建立信任关系。**语言的通达一方面是需要表达上的准确和恰当，同时也需要使用对方惯用的交际风格**。这里尤其要注意，与中国人喜欢高语境表达不同，德国人的交际风格是低语境的，这意味着，在向德国合作者和客户做营销沟通时，应把想表述的内容尽量用数据和事例来全面、准确、清晰、具体地表达，且围绕产品，内容有清晰的结构性和逻辑性，不需要做过多的铺垫或宏观的、抽象的、空泛的表述。受访的专家们指出，用数据、事实、例子可以帮助德国客户对中资企业的产品和服务有具体形象的了解，而如果用华丽的辞藻、比喻、象征等过度的语言修辞，则可能让德国客户“一头雾水”，感到迷惑。

专家们还强调，中资企业对外宣传的书面材料如果不是德语母语者参与撰写的话，在定稿之前一定要请有营销传播经验的德语母语者做语言表述方面的检查，包括检查其是否符合德国商业文书通行的风格。

中资企业在对外进行营销沟通时，还必须**注意语言表达的详尽性、规范性和风格的正式性**，一位受访的专家谈道：

“比如说，我们在与德国客户沟通时，他们比较在意沟通风格上的正式性，就最开始的话，我们在给客户发报价啊什么的时候，都是以邮件的方式来发报价的。就是在邮件里面写明，从哪个点到哪个点多少钱，包括哪些服务，不包括哪些服务，写的其实已经非常的清楚了。但是我们觉得，可能在一些德国人眼里，这还不够正式，特别是大公司会回来问，‘请给我们一个正式的报价啊’什么的，所以我们现在是所有的报价全部都是通过系统生成一张 pdf 文件，作为 e-mail 的附件发给他们，包括我们公司的 logo 啊，包括我们所有的联系信息啊，包括服务的所有的 terms & conditions[①]全部都在里面。这样我们的德国客户才会觉得这样的报价文件是正式的和有效的。”(C. Yc.女士，某物流公司德国分公司总经理)

5.3.6.4　营销宣传设计与审美

中资企业应充分了解德国消费者的偏好、审美标准、流行的设计风格和趋势，以确保广告和宣传册能够吸引德国消费者。总结本研究专家访谈的结果，在广告设计和产品宣传册的设计以及审美方面，中资企业尤其应该重视以下几个方面：

（1）文化敏感度：尊重德国文化和价值观，确保广告设计和宣传册中的图像、语言和表达方式符合德国消费者的期望。

（2）专业和高质感：德国人对专业和高品质的产品有较高的期望。广告和宣传册的设计应该呈现出专业感，突显产品的品质和可靠性。

（3）专门化与创新性：德国是一个注重制造业和技术创新的国家，德国消费者倾向于购买在特定领域内专业化的产品，他们欣赏独特而创新的产品设计，对于能够体现技术和设计创新的产品更为青睐。

（4）注重细节：德国人注重产品的细节和精致程度。设计中展示产品的特色和细节，突出其独特之处，有助于吸引德国消费者。

（5）简洁和清晰：德国人偏好简洁明了的设计，注重信息的清晰传达。应避免繁杂和过于复杂的设计，突出产品的关键特点和优势。

（6）可持续性和环保：德国人对环保和可持续性的关注较高，因此设计中体现出对环保的关注会更受欢迎。使用环保材料、强调产品的可持续性可以吸引德国客户。

有专家指出，在视频广告的拍摄方面，德国人更喜欢以产品为中心，希望广告能告诉他们产品具体的品质、功能，喜欢广告中能清晰拍摄产品，并从普通消费者的个人视角来拍，而不是通过大人物或是宏伟的叙事。

德国包豪斯“少即是多”的简约设计理念也适用于广告和产品宣传册设计，

① terms & conditions：（英语）条款和条件。

即要尽量简洁，图与文字不要排得太密太满。此外，纸质广告和宣传册的纸张的质量要好，图片的清晰度要高，且突出产品。

“对于产品说明书来说，适当地使用图片是重要的，但是文字的内容更为重要。[……]语言文字一定要拼写正确，表达要准确、恰当。另外，做产品说明书所使用的产品的照片质量必须要非常好，清晰度要高，产品照片必须要有专业的摄影师来拍摄，而且产品说明书所用的纸张的质量也必须要特别好。客户就是从这些很细节的地方来推测我们公司做事的方式，推测我们做事情是不是很内行很专业，由此来判断我们是否值得信任。”（I. LD.先生，某机械制造公司营销经理）

在广告和其他营销宣传资料的设计方面，专家们还谈道，在德国，颜色的象征意义也往往与在中国不同，如德国的汽车广告中经常喜欢用银色和灰色的汽车，这两种颜色通常被视为经典、现代和低调，适用于各类汽车。

“如果设计一款产品广告呢，在设计的审美上，德国人与我们不大一样的。首先德国人相对来说是比较低调的，包括他们很多人买东西，不会因为是名牌就愿意去买，而是看这东西本身的功能。我在德国生活这么多年，特别有体会，德国人很少会特别奢侈，或者是喜欢特别华丽特别花哨的东西。就是你给产品打广告呢，你不用说得太 übertrieben[①]，不能太过分，就是你得讲很实际的东西，而且你讲的东西要有清晰的结构、有逻辑。”（E. IC.女士，某海运船务公司总经理）

在德中资企业的跨文化营销管理不仅是其在德国成功的关键，更是其在竞争激烈的国际市场中立足和发展的重要策略。在德中资企业应不断总结跨文化营销经验，满足德国消费者的理性需求，提供方便性和良好的体验，确保产品和服务的高品质，通过可靠性赢得消费者的长期信任。研究表明，为实现这些营销目标，需要在沟通方式与渠道、交际语言与风格、非言语交际以及元交际方面适应中德跨文化情境且付出相应的努力。这样，中资企业才能全面提升其在德国市场的品牌影响力和竞争力，从而实现企业的长期发展目标，以上研究结论可总结为下图（图 10）：

① übertrieben：（德语）夸张。

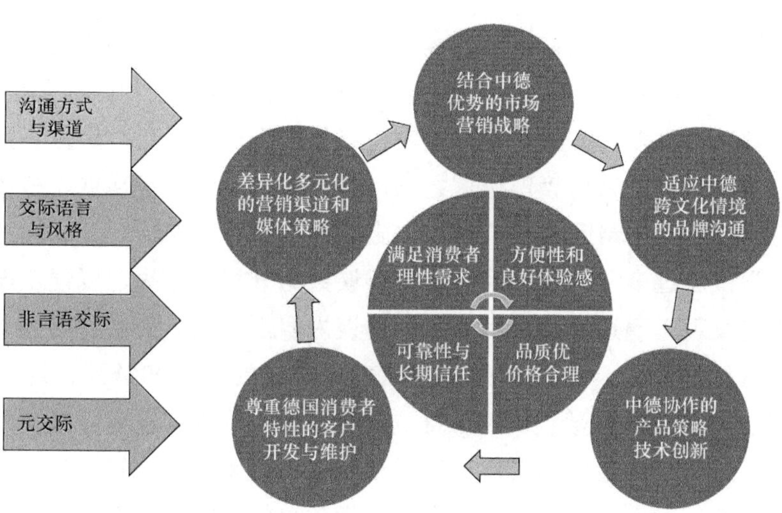

图 10　在德中资企业跨文化营销策略（作者自制）

5.4　本章小结与反思

本章基于对专家访谈数据的系统分析，深入探讨了在德中资企业在跨文化管理中面临的机遇，结合机遇和第四章总结的问题与挑战，提出了相应的策略。在跨文化企业文化建构方面，分析了多元文化融合的重要性，强调了共享价值观的建立和跨文化组织设置的必要性，进一步探讨了制度管理和跨文化空间及人际和谐氛围的建构。这些措施有助于企业在多元文化背景下形成健康的可持续发展的企业文化，提高员工的归属感和跨文化协同效应。

跨文化领导与人力资源发展是企业成功的关键，通过人员配置与人才选拔、外派管理和跨文化培训，企业能够更好地适应不同文化背景的员工需求。员工差异化管理与团队建设，以及有效的员工激励与职业生涯发展策略，可以提高员工的积极性和忠诚度。同时，跨文化领导力的培养也是企业管理中的一大重点。

在跨文化营销管理方面，企业需制定适应当地市场的营销战略，构建跨文化品牌形象，结合产品策略与技术创新，开拓和维护客户，优化营销渠道与传播媒体，通过有效的营销沟通与传播提升市场竞争力。

通过本章的研究，我们认识到在德中资企业需要不断适应和优化跨文化管理策略，以应对多元文化带来的挑战和机遇。企业应积极推动跨文化融合，提升沟通效率，增强员工凝聚力，最终实现企业的可持续发展和国际化战略目标。

本章尝试通过多种方式呈现对专家访谈数据分析的结果：通过直接引用专家访谈，帮助读者有亲历“现场”之感；通过典型案例，呈现展现整体性；通过高度总结的观点，帮助读者了解跨文化管理策略的重点。

本章尝试通过多种方式呈现对专家访谈数据分析的结果，以便全面、深入地展示研究发现：通过直接引用专家的访谈内容，帮助读者亲身感受访谈的现场氛围，增加真实性，让读者更直接地理解专家的观点和经验。通过呈现多个典型案例，展示访谈数据的整体性。这些案例不仅能够具体化抽象的理论观点，还能通过实际的应用场景，让读者更切实地理解跨文化管理实践的复杂性和多样性。通过对专家访谈内容的高度概括和总结，提炼出跨文化管理策略的关键点。

通过以上多种方式，本章力求为读者提供一个既全面又深入的视角，拉近理论与实践的距离。使读者不仅能够了解专家的具体观点，还能激发读者的进一步思考，并从本实证研究中提炼出更多具有实际应用价值的跨文化管理策略。

尽管本章总结了在德中资企业的跨文化管理机遇与策略，但这些内容并未完全一一对应第四章所提出的跨文化管理问题与挑战。这是因为许多中资企业虽然已经找到了解决某些问题的方法与策略，但仍有一些问题待解决。此外，在德中资企业之间在行业、规模、企业历史、企业性质和企业定位等方面存在差异，因此，对于本章总结的管理策略，企业应根据自身具体情况进行参考和应用。

中资企业需要持续关注和优化跨文化管理策略，以应对多元文化带来的挑战和机遇。企业应积极推动文化融合，提升沟通效率，增强员工凝聚力，从而实现企业的可持续发展和国际化战略目标。通过灵活运用本章所提供的策略，中资企业能够更好地适应德国市场环境，提高在德运营的整体效能。

第六章

跨文化沟通与和合

跨文化沟通贯穿在德中资企业的各个层次与环节，在中德同事之间、上下级之间、子公司与母公司之间以及中资公司与德国其他利益相关者之间起着关键作用。有效的沟通不仅能促进协作，还能增强企业的品牌形象和公众信任，提升其综合竞争力。本研究表明，高质量的跨文化交际与沟通不仅能全面促进企业的跨文化营销（见图 11），还对企业的整体成功至关重要。**人是企业的根本，沟通是构建和谐人际关系、推动企业文化健康发展和促进人力资源管理的关键**。在一个全球化的商业环境中，跨文化沟通不仅是管理的基础，更是企业实现长期发展和竞争优势的关键因素。

张立文（2010）提出的和合学理论对于海外中资企业的跨文化管理具有重要的启示作用。和合学强调不同文化之间的和谐共处和相互融合，这与跨文化管理的目标高度契合。通过吸收和融合不同文化的优点，中资企业能够更好地应对跨文化挑战，提升企业的全球竞争力。和合学不仅关注文化的共存，更强调文化间的互动与协作，从而为企业注入持续发展的动力。

对于在德的中资企业来说，跨文化沟通与和合学的结合尤为重要。德国拥有独特的文化和管理模式，中资企业需要在尊重和理解德国文化的基础上，通过跨文化沟通实现与当地员工、客户及合作伙伴的有效互动。在这个过程中，和合学的理论提供了一个框架，帮助企业在文化融合中寻找创新和发展的契机。通过跨文化学习力、跨文化协同力和跨文化共生的实践，中资企业可以在德国市场上形成独特的竞争优势，推动企业的持续成长。

基于跨文化沟通在在德中资企业管理中的关键作用以及和合学理念对于在德中资企业应对挑战、充分利用机遇具有重要启示，本章将深入探讨跨文化沟通与和合在在德中资企业中的具体应用，以更好地应对跨文化管理的复杂性，并探讨如何通过有效的跨文化沟通和融合，促进中资企业在德国的长足发展。

6.1 跨文化交际与沟通管理

分析专家访谈的结果可以发现，在在德中资企业中，跨文化沟通管理贯穿企业运营的各个领域，无论是高层决策、团队合作，还是日常运营，都需要有效的跨文化沟通来促进理解、协作和创新。因此，跨文化交际与沟通管理是确保企业在竞争激烈的国际市场中立足和发展的重要策略。

基于专家访谈的结果，本章节将从以下四个方面重点分析和讨论跨文化交际与沟通管理的核心内容：沟通方式与渠道、交际语言与风格、非言语交际和元交际。通过全面探讨这些方面，旨在为在德中资企业提供有效的跨文化沟通策略，帮助企业更好地适应和融入德国市场，提升其综合竞争力。

6.1.1 沟通方式与渠道

几乎所有受访专家都强调，在在德中资企业中，**中德上下级之间以及团队成员之间定期、频繁的沟通至关重要**。大部分受访企业都有各个部门的例会，也有不同部门的沟通机制和全体员工大会。通过经常性的沟通，可以使中德员工及时了解企业战略与发展状况，增强其参与感和对企业的认同；同时也有助于领导向员工传达期望，了解其反馈和关切，员工则可以更好地定义其在企业中的作用和贡献；也有助于员工向领导表达诉求、分享问题解决方案；对于中德跨文化团队成员来说，定期、频繁的沟通可以避免因文化差异、语言表达不确切等可能引起的误解或困扰，促进团队合作，创造协同效应。

定期和不定期的部门与团队会议是内部沟通的主要形式，企业鼓励部门经理和员工保持经常性的沟通，交换意见，以保障开放和顺畅的交际。某些企业还通过派遣优秀德国员工到中国母公司进行1～2个月的培训，增进德国员工对中国文化的了解，取得了良好效果。一位中方高管提到，中资在德企业的中方高管需要与工会代表保持沟通，取得支持和理解。邀请工会主席访问母公司总部对促进劳资合作起到了积极作用。对于德国员工来说，前往中国尤其是非一线城市工作是一大挑战，因此中国母公司需提前做好相关准备，以帮助外派德国同事适应环境，全面了解母公司和中国文化，从而为将来促进中德文化融合起到桥梁作用。

加强在德中资企业德国同事与中国母公司同事的沟通也可以作为企业培训课程的一部分。例如，有的企业设有“企业大学”或“企业 MBA”项目，通过多种培训形式，帮助中德同事全面了解公司运营和文化。

对企业文化的认同和企业文化建构基于对公司的信任和公司发展的信念，因此很多专家强调长期的不断交流的重要性。一位受访的专家谈道：

“通过不断的交流、不断的了解和理解，才能建立信任。可能一次两次并不能马上看到成效，但是你要不断地坚持，不断地推进。有不少德国同事他们会说：‘这就是我做的工作，我一贯就是这么做的，我觉得已经很完美了。’但是我们的公司在不断发展，我们经常需要寻找新的解决问题的方式。比如说德国员工希望按照 ABC，有可能我们的领导希望他做 EFG，怎样来说服这些德国员工，只有当他们更好地理解了公司的文化，才能真正地说服他们，才能促进他们不断地创新。”（Y. IE.女士，某 IT 公司人力资源部负责人）

此外，很多专家强调，**对于企业发展和日常工作重要的内容，除了制度化、常规化的口头沟通之外，还应将其记录为书面材料，发给员工，供其知晓和查阅**。一些中资在德企业的母公司规模庞大，通过公司通信（newsletter）等方式定期向员工发布信息，有助于中德员工了解公司战略和各分公司的发展，促进企业文化的建构和认同。**在发生危机事件时，及时与员工沟通也至关重要，确保信息透明共享，促进企业领导与员工共同应对挑战**。一位受访的总经理举例谈道：

“比如说我们上个月我们有车自燃了，[……] 在这个自燃这件事上，那我就会可能临时召开一个全体大会。那我就针对这个议题把这个消息及时跟大家分享，就是我不会回避错误和问题啊，然后也接受大家的提问。”（A. Lc.先生，某新能源车企总经理）

在企业初创阶段或中德团队刚刚组建时，正式的沟通策略显得尤为重要。随着共事时间的推移，团队成员逐渐形成默契，处理工作和交流变得更加顺畅。这种顺畅的沟通和高效的协作不仅是团队合作经验积累的结果，更是企业文化逐渐成熟的体现。

许多受访专家都强调，在在德中资企业中，**沟通应该以多种形式，并通过不同的渠道进行。中资在德企业内的沟通途径可分为正式、半正式和非正式沟通。**

很多专家指出，对于工作目标的达成，定期的团队会议、部门会议或全体大会非常重要，他们是企业文化发展的重要环节。通过这样的正式交流形式，企业的管理人员、团队的负责人和员工们可以经常保持沟通，交换意见，在必要的情况下形成书面文件，推进企业的发展。

一些受访专家谈道，公司中的**德国人往往重视用邮件沟通，他们认为邮件沟通更为正式，且更显专业性，而且邮件沟通不受地域和时间的限制。此外，邮件沟通可以留下书面记录，有助于将来回溯和核实相关信息**。有专家强调，在书面沟通时，要注意正式信函应有规范的格式，尤其是向企业外的合作伙伴和客户发邮件。正式的邮件中应该包括公司名称、地址、联系方式、写信人的职位等，有的还包括公司的主页、Logo、公司在德国的注册号等。一位受访的德国专家强调：

“如我前面说的，在德国的工作领域，人们非常重视交际的正式性和格式的规范性，不能随随便便。比如说，我们在写公函的时候，也要符合相关的形式上的要求，包括我们写信的格式。[……] 虽然这只是一些细节上的东西，但是我们德国人习惯于从这些细节上看一个人的工作风格是不是认真严谨。”（I. LD. 先生，某机械制造公司营销经理）

中德同事之间半正式和非正式的交流也有助于建立信任和增进相互理解。例如，在研讨会上、团队建设活动中、食堂共进午餐、茶歇交流时，甚至工作之外的场合，中德同事之间都可以交流，且可能取得在正式场合交流所不能取得的特殊效果。**不同的交流形式和交流渠道的相互结合，可以很好地适应不同的情境和需求**。在非正式的交流中，人们可以获得更多的背景信息，以便更好地理解公司的工作和处理问题的方式方法，同时也可以促进企业内的信息和智识共享。某 IT 公司人力资源部负责人谈道：

“我们公司正式的交流，有大型会议、小型团队会议，有关于公司发展或是关于各个项目规划及其进展的沟通会等等。同时，我们还有非正式的交流，比如在午餐，在一起喝咖啡，或者是在工作期间非常短暂的交流。我们还有团队网上的一个内部的团队交流网聊天网。如果我收到了同事的邮件，在这个聊天网中我也可以看得见有邮件进来，或者是你看我们这里有一个团队的小黑板，我们也可以把一些短信张贴在这个小黑板上。我们有的中国同事，他们的英语书写能力很强，但是他们口头交流能力可能弱一些，所以你可以看到我们公司为所有的不同类型的员工提供了非常丰富的交流渠道，以便通过不同的方式来

保障大家进行充分的交流，保障沟通顺畅地进行。”（Y. IE.女士，某 IT 公司人力资源部负责人）

还有的公司有处于正式和非正式之间的半正式沟通，比如工作午餐：

“我们内部员工呢，就是我比如说这个中德团队啊，有时候每个月会找几个人一起吃个午餐，然后大家沟通一下，部门有没有什么问题啊，或者你的部门这个现在跟其他部门沟通有什么障碍啊，这些东西需要我们来协调的呀，我会做这样一个非正式的或者说是半正式的一个沟通，这样也会帮助他们提高自己的这种参与感吧，参与感对他们说很重要，尤其是德国同事。”（N. YC.先生，某电器公司总经理）

这位中资德国公司总经理 N. YC.先生补充道，类似上面这样的工作餐会议他都是安排在午餐，而不是晚餐，以便不占用员工与家人共享的下班时间，尊重员工的工作生活平衡。

除了企业常规的沟通机制，长期的非正式交流同样重要。一位受访的中方高管称这种方式为**“自然渗透”，通过日常互动和社交活动，逐渐拉近中德员工之间的距离，促进文化渗透和理解**。

“这种对于德国员工的跨文化沟通，这个东西我还是觉得是属于叫作要逐渐渗透，而不是说你一味地去强加给他。[……]，我经常到车间里边去，跟员工打招呼啊，有时候能够简单地寒暄两句啊。然后的话，我们那个城市也不大嘛，我在街上也碰到员工，有时候去游泳啊什么样的，我也会碰到一些德国员工啊，慢慢慢慢大家觉得这种距离还是挺近的了，这种方式的话我觉得，这种文化的这种渗透比你简单直接去培训的话可能更容易一些，效果也更好一些。”（A. ZC.先生，某机械制造公司总经理）

还有专家总结在中资企业多年的经验发现，通过非正式交流往往可以促使中德同事之间更快捷、更有效地进行沟通，非正式沟通令他们之间的关系更为融洽，中德同事共事的时间越长，往往就会从起初的正式交流的方式更多地过渡到非正式的交流形式：

【非正式沟通案例】“我们现在的情况与五年前不同了，在五年前我们的确是需要一种比较正式和官方的途径来进行沟通，以便消除德国同事的一些心中的疑虑。就是说通过给他们所需要的信息，尝试帮助他们消除心理上的不确定性。但是之前那些特别正式的交流方式对我们目前的工作来说变得越来越不那么重要了，因为事实上我们发现了一些其他的途径要比前面讲的这些正式化、常规化的途径所取得的效果更好。比如说中德同事一起去吃饭，在吃饭的过程中交流，或者是德国同事和中国同事，他们的孩子在同一个幼儿园上学，他们通过孩子建立了沟通的渠道。就是说，事实上有很多把我们中德双方连接起来的因素。总体来说，并非只有我一个人，而是还有其他的德国同事，他们不再感到焦虑了，他们不再强烈地要求公司需要有正式的沟通渠道了，因为他们已经找到其他的渠道。”（C. YD.女士，某IT公司品牌及公共关系总监）

本研究表明，在在德中资企业中，多渠道沟通非常重要。通过多种交际渠道，来自不同文化背景的中德同事可以确保交际内容被正确地诠释和高效地传通，促进他们对团队工作目标和策略的理解，从而提高跨文化沟通的效率和质量。中资公司德国总经理D. OD.先生强调：

“我认为，对于我们中德团队来说，尤其我们在德国的团队和在中国母公司的领导和同事们达到相互理解始终很重要：如何确保双方真正理解了对方的意思。[……] 因此，通过多种渠道在多个层面上进行沟通非常重要：团队可以以书面形式进行沟通，也可以进行口头沟通，不仅可以通过电子邮件进行沟通，还可以通过电话进行沟通，如果可能的话还可以进行视频会议，或者通过访问，母公司的同事访问德国这里，或者我们从德国去中国母公司访问。[……] 通过这些不同的沟通方式，我们可以全面了解工作上的问题，并一起找到解决方案。”（D. OD.先生，某机械制造公司总经理）

总结专家们的经验可以看到，通过中德双方多次不同形式、不同渠道的沟通，可以帮助团队成员规避误解，确保他们对公司目标、对所待解决的问题以及相关解决方案的理解达到一致，也能帮助他们更好地理解彼此的特点与专长，从而更有效地协同工作。

随着新媒体技术的发展，线上会议等形式成为常态，特别是在2020—2022年新冠疫情期间。尽管如此，专家们强调，线上交流不能完全替代线下交流。中德团队伙伴定期的线下交流能加强直接了解与信任，提高线上沟通的效率。因此，**线上与线下沟通渠道应该相结合**。

“我觉得交流沟通是非常重要的，今天我们有比以往更丰富的沟通手段，我们可以开电话会议，我们可以开视频会议，我们还可以面对面地沟通。其实虽然我们今天有很多新的技术手段，但是我认为面对面的人际沟通是不可替代的，因为人们见面可以看到对方的表情，可以感受到对方，这样的沟通效果是完全不一样的。就像我德国同事刚才指出的，因为我们所处的环境不一样。我们的出发点和以往的经验不一样，所以可能我们经常对同一工作的理解，也可能不一样。[……] 总体来说，企业中的中德沟通往往不是一次性就能完成的，而是需要更多次更深入，也需要尝试用不同的方式方法通过不同的渠道来提高沟通的质量，保障沟通的效果。”（Z. Mc.女士，某机械制造公司财务总监）

上述面对面的交流除了在同一地工作的中德团队成员之外，还包括中国母公司的有关人员来德国、德国公司的有关人员去中国的母公司访问，以确保中德团队相关人员定期的全面深入的交流。此外，在德中资公司总经理定期回到中国母公司，与母公司领导和相关负责人的交流也不可或缺。

综上所述，通过多渠道多形式的沟通，更好地满足来自不同文化背景的员工的交际偏好与需求，可以更全面地了解团队成员之间的需求、期望和他们对工作方案的构想，有助于创造更加开放和创新的工作环境，营造更员工友好的工作氛围，也可以减少由于语言、文化或交际风格的差异而可能产生的误解或困惑，从而改善中德双方沟通的效果，促进跨文化协作。

6.1.2 交际语言与表达风格

在在德中资企业中，语言沟通贯穿企业的各个领域。通过语言交际，可以促进中德之间的跨文化了解与理解，构建和传播企业文化。语言不仅能够表达尊重、达成共识、促进互相信任与和谐关系的建立，还能推进跨文化团队协作、实现企业目标。通过语言沟通还可以进行产品与服务的营销，拓展市场。

6.1.2.1 交际语言

本研究所访谈的在德中资企业大多使用英语作为工作语言，其优点在于，大部分在德中资企业都在多个国家有分公司，使用英语进行书面交际（邮件、会议、文件等），有利于重要信息在更广领域的沟通与传播。此外，英语常常是企业所在行业的共同语言，有助于行业内相关内容的准确传达。对于在企业中工作的中德（以及大部分来自其他国家的）员工来说，英语对于他们都是非母语，从而在语言上是“平等的”。但同时也应注意到，有的德国员工英语水平并不高，这可能会带来沟通上的障碍。

虽然英语是主要的工作语言，但很多专家强调，中资企业在德国处于德国的社会和文化环境中，**如果来自中国的领导与同事能使用德语，可以更全面地理解和适应德国文化，更好地融入当地社会生活，并且能更快更好地与企业内**

外的德国伙伴建立信任和良好的关系，促进中德跨文化协作，提高工作效率。

本研究所访谈的大部分中方外派人员都以不同的方式在学习德语。他们认为，使用德语交流，可以帮助他们更加独立地在德国生活，享受到更大的自由空间，也能更多地赢得德国同事的认可和赞赏。一位外派管理人员谈道：

“虽然我在德国用英语，在生活上目前也没有什么太大障碍，但是我现在也在学德语。其实从开始学德语以来，你会发现你身边的德国同事会比较开心，他们会说：‘哦，你在学习我们的语言，这说明，第一，你比较地认可我们；第二，说明你可能会在我们这里比较长久地发展下去。’所以他们会比较开心。当然你外出，可能会更方便，因为毕竟一些小的地方，很多德国人可能他不会说英语。”（M. Zc.女士，某 IT 公司运营总监）

有专家指出，如果懂德语甚至精通德语，就能听懂和读懂德语字里行间的准确含义和细微差别。比如，在员工招聘时，收到的应聘者前雇主写的推荐信，乍看大多数表达都是正面和褒义的，只有精通德语的人，才能从推荐信的措辞中分辨出前雇主认为求职者在相关方面的表现是卓越、良好，还是一般。此外，计划长期在德国工作的中国人，尤其是企业管理者，尽早学习德语是必要的，因为很多与公司业务相关的法律文件是用德语书写的。

对于在中资企业工作的德国员工，如果他们会中文，就能赢得中国领导和同事对他们的好感，建立和加强信任。汉学专业毕业且在中国留学和工作过的 C. Yd.女士，会说流利的中文，她谈道：

“对我来说，我有一个与中方同事建立信任的优势，就是我会讲中文。特别是我的中方领导，他们可以和我讲中文，这样他们在感觉上非常好，非常放松。[……] 可以说，语言是为人们带来安全感的一个因素。就是说，如果我的中方领导他们可以用母语与我沟通，他们在心理上就有安全感。同样，如果中国同事会说德语，他们用德语与德国同事沟通，那么德国同事就会有心理上的安全感。这就是建立信任的一个基础，这就有利于双方建立信任。”（C. Yd.女士，某 IT 公司品牌及公共关系总监）

理想的情况是，在德中资企业的中方员工能用德语交流，而德国员工也能说中文，这样中德双方的沟通效果会特别好。很多受访专家指出，**企业需要在不同情境中灵活运用多语言沟通，以满足各方需求。**很多在德中资企业在沟通中英语、德语、中文多语言并用，并取得了较好的效果。企业内外的多语言沟通有助于更好更全面的跨文化理解，促进更加有效的跨文化沟通，使中资在德企业更灵活地适应不同语言环境的需求，更好地满足员工和合作伙伴的语言偏好，促进跨文化理解与融合，增强员工的参与感和满意度，也促进中德员工的智识共享，从而提高企业的创新力。

许多受访的在德中资企业都鼓励中国员工学习德语，并为其提供便利；同时，有些企业还为德国员工组织汉语课，从语言上增强中德团队的凝聚力。虽然不能期望所有德国员工都积极学习中文，但实践证明，一旦有一小部分德国员工开始学习中文，也会慢慢吸引更多同事加入。

6.1.2.2　语言表达风格

从语言表达风格上，德国文化属于低语境文化，人们习惯于直接表达所思所想，而不是期待他人来揣测自己的意思。因此，**来自中国的领导和员工可以更加直接地向德国同事表达尊重和认可，从而与他们建立更好的互信关系**。受访者提到口头表达尊重带来的积极效果：

“德国人还有一个很大优点，他们很尊重人，就是非常讲礼貌，他们会及时跟你说‘谢谢’，赞美你。我们公司的好些中国员工都提到，德国领导和同事经常夸他们‘好快呀！好棒呀！’，他们马上就觉得：‘哇，受夸赞的感觉真好！’”（Z. Vc.女士，某新创时尚服饰公司企业家）

德国企业文化强调上下级的平等关系。作为在德中资企业的领导，应让员工充分体会到其受尊重。这也**需要中德领导者具有相当的跨文化能力，能以恰当的方式向德中员工表达尊重**。一位中方总经理谈道，表达尊重可以从对员工所做的日常工作表达感谢开始：

“我当时到了德国，我做的第一个说服自己的行动，就是从开始感谢我的秘书开始。学会说 Danke[①]。当我在中国工作时，我的秘书每天进办公室，她就知道，比如说要给我泡我爱喝的咖啡或者茶。在中国呢，我为了保持这种 hierarchy[②]，可能我就不会表达，而秘书也不会觉得怎么样，因为在我们国内的企业，领导因为一些日常细小的工作感谢秘书是很不普遍的事。但是在这儿，在德国的企业，包括我在回我的秘书的邮件的时候，或者我的普通员工邮件写：‘×××[③]，我给你汇报，这事现在做成这样了。’那我回信也要对他表示感谢。

① Danke：（德语）谢谢。

② hierarchy：（英语）这里指上下级之间的等级。

③ 这里隐去受访专家的名字。

这是我真实的实际体会。我当时给自己的第一个任务，就是说你学会说‘谢谢’，给你的下属说‘谢谢’，而且包括最简单最基层工种的人。”（A. Lc.先生，某新能源车企总经理）

不少受访专家建议，**中国人在企业内外与德国人沟通时，要力求清晰准确地表达意愿和意见**。中国领导给德国员工布置工作时，应尽量明确和细致，重要内容（如时间、目标约定、工作方案等）应用书面形式写下来。中资公司高管 Z. Mc.女士谈道：

“比如说中国同事和德国同事做事情的方式往往不一样，德国同事可能做事情或者沟通的风格更直接一些。但是这个的确要就事论事。我对中国同事的建议是，如果你的英语不够好，你就可以更加直接地、简单明了地说出你的意思，而不用含蓄委婉，重要的是让我们的沟通变得更简单明了，不会产生歧义和误解，不要期待对方来猜中自己的意思。”（Z. Mc.女士，某机械制造公司财务总监）

在表达意见时，应尽量言之有据。**使用事实、数据和逻辑来支持想表达的观点，这有助于展示专业能力并建立信任**。一位受访者谈道：

“我觉得德国人是比较直接的，甚至可以说是非常直接。就是和企业谈生意的话，他和中国人不一样，就是在国内吧，大家开头就有很多客套话，‘互相支持啊’什么的。那在德国就是你去了，大家坐下来就问你：‘你现在有哪些产品啊？’你说到一个产品，他感兴趣的话，他马上就会问很细的东西：‘有什么条件呢？利率是怎么样？费用呢？’就非常非常细的。如果你没有准备好，你简直就没办法，就很难跟人继续谈下去。”（X. Vc.女士，某银行分行部门主管）

同时，专家们建议，**德国人在企业中与中国同事沟通时，要注重与其建立和维持良好的关系，以适当的方式表达对其尊重和认可，尽量避免语气强烈的直接批评**。有很多研究（如：Thomas，Kinast，and Schroll-Machl，2005）指出，在交际中，中国人更偏关系导向，而德国人更偏事实导向，**但对于中德团队来说，通过恰当的语言表达来维持和谐友好的人际关系，有助于建立积极的协作氛围**。

在受访的中资企业中，虽然很多企业在日常跨文化沟通中使用英语作为工作语言，但许多受访专家强调，公司重要的书面文件也使用中文和德文。**多语言并用被视为企业开放性的表现，但在企业内部沟通中使用多种语言时，一定**

要确保在场的人都能听懂，否则必须为他们翻译，以保障信息共享。

“我举个例子，这就充分体现我们×××[①]整个的企业文化，我们整个公司的同事是来自于44个国家，我们集团的管理层，VP[②]以上呢我们有两个是外籍的。那我们这个公司的总裁，只要是跟他开会，只要有外国人，他都会配翻译。我们公司有几个全职翻译，就跟着老板，而且他到慕尼黑出差，翻译也会跟着到慕尼黑。然后我们有会的时候，每个人发一个翻译机啊。所以这就充分证明了我们respect[③]这种国际化的团队。”（A. Lc.先生，某新能源车企总经理）

在需要翻译的场合，中资企业应聘用专业笔译和口译译员。专业笔译能确保书面文件的确切传达，减少误解与错误；专业的口译译员则在会议和交流中有效促进实时沟通与决策。译员的专业技能能提升跨文化团队的协作，帮助企业更好地实现其工作目标。

综上所述，语言和沟通风格在在德中资企业中起着至关重要的作用。通过灵活运用多语言沟通，可以有效促进中德文化的互相理解与融合，增强企业的创新力和竞争力。企业在选择工作语言时应兼顾实际需求与文化适应，鼓励员工学习多种语言，以提高沟通效率和团队凝聚力。此外，中德双方应在表达方式上相互尊重和适应，建立信任与和谐的人际关系。只有通过不断优化语言沟通策略，企业才能在跨文化环境中实现可持续发展。

6.1.3　非言语与副言语交际

在跨文化交际中，非言语和副言语交际扮演着至关重要的角色。举止、礼节、面部表情、肢体语言、声音、语调等不仅传递着个人的能力、修养和态度，更影响着沟通的效果。在在德中资企业中，**理解和运用适当的非言语和副言语交际方式，对于建立信任和有效沟通至关重要**。

在德国的职场和客户沟通中，表现出自信是建立良好职业形象和成功开展业务的关键。自信不仅体现在言语上，还需要通过肢体语言、眼神交流和专业外表来展现。**自信在不同文化中有不同的表现形式**。在与德国人的沟通中，与对方有眼神交流，可以建立信任和显示尊重。在客户沟通时，中国人通常使用非母语交流，这更要求他们通过自信和专业的表现来弥补语言上的不足。保持

---

① xxx：这里隐去了受访者就职公司名称。

② VP：英语 vice president 的缩写，这里指副总裁。

③ respect：（英语）尊重。

自然、本色也是自信的一部分。

专家们认为，**对于中国管理者和员工来说，通过恰当的方式展示中国文化自信可以赢得更多信任**。作为在另一个国家工作的中国人，应对中国历史、文化、社会与经济发展有全面了解，能够自信地向德国同事和其他合作者展示中国文化的独特魅力和成就。通过具体事实和数据，展现中国企业在技术创新、市场拓展和管理方面的优势。**在表达中国文化自信的同时，尊重和理解德国文化、表达对德国文化的兴趣、展现出开放和包容的态度，是跨文化交流成功的关键**。

在参与会议或提出建议之前，**充分准备是展现自信的关键**。深入了解讨论主题，准备相关数据和事实，以支持观点。**德国职场重视专业外表，穿着整洁、得体**（包括职场服装颜色不宜花哨）**能增强他人信任感**。具体而言，选择适合企业文化和交际场境的着装是必要的。一位受访人谈道：

"我觉得着装也很重要的。因为我的客户呢，基本上德国客户是中小型企业，就是说不会超过 500 人这样子的，那就是说你 overdressed①也不是很好，所以呢，我要看看这个企业大概是什么样的情况，[……]所以应该说这个穿着得体比较重要，就是说你要体现出，虽然你是一个外国人，你说的德语可能不如德国人说得那么地道，但是你要让德国人一看到你就感觉你非常 professional②，这是非常重要的。"（Y. Yc.女士，某咨询公司经理）

需要注意的是，不同的行业、不同的企业，其着装风格也有所不同。在企业内的着装可以通过观察和学习来较快适应，对于企业外会谈时的着装也可以通过提前了解来做适当的准备。

身体语言也是重要的。良好的姿势和稳重的举止（如站姿、坐姿挺拔，避免小动作），以及适度用力的握手，都是表达自信的重要方式。

在用外语与国外同事交流时，尽量发音清楚、声音洪亮。在国外同事讲汉语时，即使他们的汉语说得不完美，也要加以鼓励。

德国人通常注重时间效率。在会议和工作过程中，**应尊重其他人的时间，尊重约时，并守时**。

在商务礼仪方面，与中国相比，**德国的商务礼仪更具理性和距离感**。比如

---

① overdressed：（英语）这里指着装过于正式、过于讲究。

② professional：（英语）专业。

在与合作方和客户交流的场合，很少有送礼和请客吃饭，这应被看作是正常现象。一个受访者指出：

“我去见德国客户的时候，很少有交流之后请你吃饭的啊，真的很少。然后基本上谈完就走人，特别是跟这个 MediaMarkt 这种大的卖场，很多大的客户，他们的 buyer[①]就是你跟他谈完就走了，他没有说请你吃个饭，或者喝个咖啡什么的。就比较冷漠一点，德国人确实冷漠一点，也没有说车接车送。”（N. YC.先生，某电器公司总经理）

在德国的商务交往中，商务宴请相对较少。预算中对商务宴请的花费通常较低，即使有宴请，规模和频率也远不及中国。

中资企业的管理者和员工需要遵循公司内部的政策和指导方针，这包括关于商务礼物的规定（礼物的类型和价值通常受到严格限制）。**在德国，较少赠送商务礼物，如果赠送商务礼物，应确保符合德国的法律和商业道德规范，透明度、适度和符合公司内部政策是保持合规性的关键。**

“现在礼品在德国的商务交往中基本上不太重要。因为现在德国的大部分公司都禁止他们的员工接受商务礼物。一般来说，尤其是担任公职的，比如说政府机构或大学，他们的员工是不允许接受礼物的，或者最多只能接受非常小的价值少于五欧元的礼物。对于私企来说，员工如果要接受礼物的话，一般得征得他领导的同意。当然有的地方可以接受价值不高于 20 至 35 欧元的礼物，这个与反腐败有关。”（I. LD.先生，某机械制造公司营销经理）

有专家强调，商务礼仪还包括，**在与合作方和客户谈判的时候，准备好相关书面材料**（如公司介绍、产品手册等）**是必须的**。在谈判之前，最好双方都把一些重要的信息发给对方，以帮助对方做好准备。一般来说，在商务拜访后，应写感谢邮件，并询问是否需要进一步的信息，以展示专业和尊重。

在德中资企业的管理者和员工，通过展示自信、尊重德国文化以及遵循职业礼仪，可以有效地进行跨文化交际。专业的准备、得体的外表以及灵活的适应能力，都是跨文化交流成功的关键。

6.1.4 元交际

所有受访者都明确并反复强调，**针对交际本身进行沟通在中资企业的内部**

① buyer：（英语）这里指采购商。

和外部交际中具有重要作用。这种针对交际本身进行沟通的方式在跨文化交际学中被称为元交际，即从超越当前交际的视角来审视交际，并通过沟通来避免误解，保障交际的顺利进行，以达到交际各方期待的交流效果。此外，通过解释交际的背景、动机和看法，有利于提高中德双方交际信息透明度，提高跨文化协同力，也促进中德双方的跨文化学习。虽然元沟通往往需要人们投入一定的时间，但它能显著提高跨文化交际的质量、效率和效果。

提高交际的透明度是建立和加强中德双方信任的基础，能够确保有效和富有成果的跨文化工作氛围。专家们强调，**保障中德双方交际的公开透明，给予员工充分交流和质疑的机会，是顺利沟通的重要基础**：

“我觉得很重要的是，在中德合作中，一切都要开诚布公。没有什么隐藏的事。[……]你不要中方搞什么小会搞到一块儿，同时德方开小会搞到一块儿。我不希望那样。重要的是大家一起坐下来，开一个会，一个大家都参加的大会，而不是分开来开两个会、三个会[……]就是说，你不要藏着掖着什么东西，而是一切都要公开透明，这是最重要的。如果你有什么事情，你就直接跟大家说，他会表示理解的。如果你有事情藏着掖着不说，而是只让他去干，也不让他问，也不给他解释，这样德国人就不习惯，就缺少工作积极性。”（O. Cc.先生，某机械制造公司总经理）

沟通的质量在很大程度上影响着团队合作的效果和质量，因此，**确保中德双方对共享信息的一致理解至关重要**，要考虑到文化对于沟通风格的影响，应对中德交际风格的特点进行反思，并做相应的适应和调整。

“重要的是中德双方必须花时间进行深入的沟通，进行具体的沟通，来了解双方的期待。我觉得重要的是人们就具体的问题、具体的工作来充分地交流，而不是来主观推断我应该这样做或那样做，或者是推断对方的意图和期待是什么。”（D. Od.先生，某机械制造公司总经理）

许多受访者表示，**透明且易于理解的沟通对于文化多元化的员工队伍至关重要。需要反复解释、讨论和质疑惯例，以促进对共同工作的充分理解，避免误解**。因此，需要通过沟通，定期谈论中德团队的工作步骤、工作状况以及相互的期望，促成对共同解决的问题或需完成的工作的充分和正确理解，及时避免误解，解答困惑。一些受访者指出，与对话者核实他们是否正确理解了问题、信息和期望非常重要。

“我与中国人合作的经验教会了我，要经常针对眼前的工作向对方提问，有时候不是因为我有疑惑而提问，而是希望通过提问题，来确认我们双方的理解是一致的，来确认我没有理解错。通过这样的提问以及对我所提的问题进行交流，我就和中方建立了相互信任的关系［……］另一方面，在与中国人的交流中，我也特别留意，对方是不是真正理解我所说的，不要听见他说‘好好好，对对对’就以为他完全理解了。我要去确认，确保他是真正地理解了我所讲的意思，是听懂，而不只是听见［……］我这样的做法在我们德国人的文化中并不普遍，很多德国人他会想，只要对方没有说他听不懂，我就可以一直说下去。因为在我们德国人看来，如果对方没有听懂或者是有问题，他就会马上提出来。我之前有过与中国人合作的经验，所以我知道中国人即使有些时候他没有听懂，或者是他有问题，他往往也不会马上提出来。所以在交际中非常重要的是，我要主动地去问，他是不是有问题，他是不是真的听懂了，有可能中国人说的是一些暗示，所以有必要去确认我的理解是否是正确的，否则两个人在交际中，可能你说你的、我说我的，完全在两个平行世界中。”（S. ID.先生，某中资企业研究所副所长）

为避免上述这种在两个平行世界“各说各话”的现象，**中德伙伴应尽量解释沟通以寻求理解，尝试正确理解对方的意图**。通过元交际的互动，可以提高跨文化沟通的质量。还有专家补充道，可以通过多种途径和多次沟通，确保中德双方彼此正确理解对方的意思：

“在德国管理层和在中国母公司的管理层之间起到一个桥梁的作用，这是我工作的一部分。对于这个工作来说，我觉得特别重要的就是要确认子公司和母公司以及中德交际双方是否完全理解了对方的意思，包括对方给了我什么样的信号来帮助我更好地理解他的意思。为了确保正确的理解，我觉得通过不同的层面和途径来确认比较重要，这包括我们的中德团队应该以各种方式来加强沟通。”（D. OD.先生，某机械制造公司总经理）

总的来说，通过专门针对交际本身进行沟通的元交际，中德团队成员之间可以更有效地分享彼此的期望和观点，从而更好地适应和满足对方的需求，减少沟通过程中的误差和不确定性，促进跨文化理解与互信，更好地协同工作，提高中德团队的效能。

6.2 跨文化和合

哲学家张立文在我国传统文化精髓的基础上，提出和合学的理论：和合是指自然、社会、人际、心灵、文明中诸多形相和无形相的相互冲突、融合，与在冲突、融合的动态变易过程中诸多形相和无形相和合为新结构方式、新事物、新生命的总和（张立文，2010：58）。和合学是指研究在自然、社会、人际、人自身心灵及不同文明中存有的和合存有，并以和合义理为依归，以及既涵摄又度越冲突、融合的学说（张立文，2018a：26）。

《国语·郑语》有言，“夫和实生物，同则不继”，“故先王以土与金木水火杂，以成百物”。五行是天地间五种性质差异、冲突的质能元素，善于和合五种元素，就能生机勃勃地产生万物；相反，如果只追求相同，毁弃多样，则会造成“声一无听，色一无文，味一无果”的后果，从而危及万物的存续（张立文，2018a：27）。通过不同元素的相互融合与协作，通过和谐的多样性可以创造和维持生命力，产生生机勃勃的结果，融合差异、达到和谐，而单一性则会导致停滞和衰退。

和合学强调在冲突与融合的动态过程中，通过多元文化的互动，实现和谐共存和创新发展的新结构方式。这一理念为中资企业在德国的跨文化管理提供了理论基础和实践指南。下文将从和合学的理论视角，结合专家访谈的结果，阐述如何在中资企业中实现跨文化和合，从而提升海外中资企业的全球竞争力，促进其长期可持续发展。

6.2.1 跨文化学习力

如前文所述，在德中资企业的员工有着不同的文化背景，他们在价值观、工作观、工作方式和沟通风格等方面存在差异，企业应鼓励来自不同文化的员工跨越各自文化的藩篱，在尊重差异化的基础上，学习新的文化，促进跨文化学习，使员工的差异化最终成为企业创新的驱动力。

许多受访专家谈道，**通过中资企业基于差异化管理的跨文化学习，中德员工对同事们的差异性和多元性有了更全面深入的了解，促进了他们之间的跨文化理解和对差异的积极利用，引入多视角、多元化的思维方式和解决问题的方**

法与策略，达到富有成效的协作。跨文化团队强大的创新力、员工较强的学习意愿，尤其是对中德文化和语言的兴趣，是企业差异化管理成功的标志。少部分不愿意跨文化学习，不适应多元文化团队的员工可能会选择主动离开中资企业。通过这样的团队自我调整，可以使人力资源配置更合理化。

总结专家访谈的结果可以发现，要提高跨文化学习力首先**要对异文化有积极的态度，学习相互尊重对方的文化，接纳差异**。“若以同裨同，尽乃弃矣。”（《国语・郑语》）如张立文（2018a：27）所指出的，一味强调相同，犹如以水济水，不产生质的变化，就不能诞生新事物；弃异专同，无异议和不同意见，同声附和，其结果是加剧矛盾、冲突和对立。因此，在德中资企业应当将多元文化看作是企业创新的潜力。中德同事应放弃对异文化的刻板印象，开放思想、开放自己，以便重新来学习，包括从心理上愿意离开此前的舒适圈，通过在异文化的陌生环境中的探索和跨文化学习，来拓展自己的舒适圈或建立新的舒适圈。

上述积极心态还包括，不因在异文化中所遇到的起初自己不太理解或不太能接受的事物和现象而感到“文化震惊”，而是愿意去挑战不一样的新的事物，**在喜欢和欢喜中不断学习**。如一位受访专家所言，“喜欢能带来欢喜”，因为在中德团队合作的过程中，**积极的心态和欢喜，能辐射到团队中，往往带来积极的效果，使跨文化成长成为“自我实现的预言”**。诚然，在跨文化学习的过程中，需要人们不断地在实践中摸索，也需要通过不同的交际与元交际方式，与跨文化伙伴不断沟通，双方互相调整互相适应，以便产生对企业最有益的跨文化协同效果。

此外，**跨文化学习还包括学习从对方的角度来看待事物**，或者至少要**理解对方看待事物的视角与方式，富有跨文化共情能力**。对于中方领导来说，在一些情况下，要学习将“事”与“人”分开；而对于来自德国的领导，在与中国同事合作与交际过程中，要更多地学习对“关系”和“人”的重视。

很多受访的中资企业的管理者高度评价了**中德团队是跨文化学习共同体，成功的在德中资企业是学习型组织**。通过中德同事的互相学习和共同学习，也拓展了他们的跨文化视野。有德国高管谈道，尤其是中国同事的谦虚好学精神感染着很多德国同事：

“就是说，这种向对方学习这个是中国人比较普遍做的，而且他们也愿意承认自己向对方学习；而在我们西方人尤其是德国人看来，虽然有的人可能是默默地在向他人学习，但是他不愿意公开承认，这可能是我们的文化差别之一，这也是我在中国同事身上学习到的很有价值的东西。”（S. ID.先生，某中资企业研究所副所长）

中资企业应通过多种方式和渠道，加强团队成员之间的知识交流与共享。中德同事通过共同学习和互相学习，拓展跨文化视野，共同提高跨文化能力，共同推动企业的发展。

有专家指出，尤其**对于习惯计划和通过不断努力来使周遭事物处于“秩序”之中的德国人来说，跨文化学习意味着，需要具有灵活性和开放的心态**，认识到有些事情是自己不能掌控的，尤其不要为未来不能掌控的事情而感到焦虑，最重要的是抓住现在的机会来学习，并**在学习的过程中，与跨文化伙伴一同创建新的“秩序”**。

很多专家都强调，跨文化学习意味着自己**要不断反思**，同时也要学习在中德跨文化合作过程中接受和面对来自另一文化的伙伴的质疑：

“在我们德国，我们认为，如果一个人喜欢问为什么，说明他有质疑精神，有探究的精神，[……]他往往是对事情的表象存在着质疑，他问为什么的潜在意思是：‘难道这事情真的是这样的吗？还是只是表象是这样，而实质是另外的样子？’这说明他想更多地去探究事物的深层次，也说明他对该事物有着浓厚的兴趣。”（I. LD.先生，某机械制造公司营销经理）

中德双方需要**通过不断的磨合来进行跨文化学习**，通过沟通，通过在实践中的不断尝试（包括试错），在慢慢探索中学习。一些受访专家指出，跨文化学习意味着善于从错误中学习，以避免重复性的错误。

“我们犯新的错误，就是不断学习的表现。所以说，发现错误并改正错误，不是丢面子的事，而是会促进我们不断学习、不断进步。我们如果连续五次犯同一个错误，那这就是不行，这就表示我们没有从错误中学习。”（S. ID.先生，某中资企业研究所副所长）

还有专家的经验表明，跨文化学习意味着，一方面要了解异文化的特点，尊重文化差异；另一方面，也可以**通过亲身实践，来看到一些所谓的异文化特点不是一成不变的，而是感受到来自异文化的伙伴也愿意改变自己、愿意来体验和适应新的跨文化环境**。一位外派到德国的中资公司总经理谈道：

“我是想要德国员工慢慢了解中国的一些文化和背景，就是采取一些什么方式去切入，或者怎么去切入，现在有时候就还在探索当中，就包括我请他们来吃饭啊这些，也算是我的一些尝试吧！因为他们都讲的或者我们一般理解的，在欧洲的企业，在德国，他们下班了就各回各家啊，但我发现我有时候邀请他们来，他们还是愿意来。然后，来了之后的话也觉得大家交流得蛮开心的[……]。我就跟德国同事们讲：'反正我周末一个人在这儿，你们要喜欢的话，下次你们可以邀请家人一起来，带上家人，周末嘛，我一个人在这儿，我们一起来做火锅。'这样呢，让他们也可以了解中国，我也可以跟他们学习一些东西，[……]前几天一个德国同事还跟我说：'确实，你在这边啊，大家对你的认可很高的，德国人跟我讲啊，他们都把你当朋友，德国人都对你还蛮认可的。'我觉得也算是给我的一个正向的反馈啊，一个鼓励。"（A. Zc.先生，某机械制造公司总经理）

上面这位外派到德国的中国总经理的经历一方面显示出通过探索性的跨文化学习，可以发现此前听说的德国人的特点可能有例外的情况。同时，也应该看到，德国的地域文化是存在差别的，比如上面描述的是在东部德国的情况，普遍来说，前东德的员工还有此前的集体主义的影响，更能接受周末去领导家做客，一起吃饭的做法。

很多受访专家谈道，**通过中德同事的共事和跨文化学习，他们也向对方学习到了让企业更受益的工作方式**。比如中国同事向德国同事学习到了长期计划性、对工作的精益求精的态度；而德国人向中国同事学习到了灵活性、对工作的奉献精神和实干精神。

"我们有个德国同事，昨天还说呢，他就说他觉得中国人的这种灵活的，或者是说有人组织，大家就齐心协力地把工作干了的这种形式也挺好的，因为要干一件事情，大家必须去干就干成了。但是在德国，有可能大家讨论很多，讨论很久，你要把所有的声音都听到，然后最后虽然大家也去做了，但是时间比较长。"（K. Zc.先生，某银行分行部门主管）

在中德跨文化学习的过程中，**中德同事之间往往是互相欣赏，通过跨文化学习，营造更和谐的工作环境，也提升员工的满意感**：

"他们德国人就觉得非常欣赏，非常欣赏我们中国团队的这种高效，非常棒，说高效嘛，因为他们德国就是慢，他当然能非常明显地感觉到这种高效，而且中国团队都比较年轻，他们对一种新科技的应用特别棒，你让他们去做个PPT啊，Excel啊，这些新的APP的应用啊都做得非常好。德国员工就会感觉，'哇，中国好棒呀，中国人好棒呀！'，这种感觉。然后呢，中国同事也很欣赏德国人，因为德国人这种稳定、踏实，然后他们做事情的这种较真儿，还有就是靠谱、

可靠，说话你肯定可以相信，他们不会随便大嘴乱说。”（Z. Vc.女士，某新创时尚服饰公司企业家）

专家们认为，**中德之间的互相学习，也是循序渐进的，随着合作时间的增长，大家彼此学习到的也更多，跨文化学习能力也随之增强**：

“我们在这里有两家公司，一家是中资公司新并购的德国公司，那里大部分是德国人，他们对于中资企业的文化还很陌生，还有很多疑虑；但是在我们的另一家中资公司，我们中德双方就没有太多的顾虑，因为我们中德双方同事通过之前几年的日常工作，有了较多的相互了解，我们互相观察，互相交流，多思考和学习，所以就不太会存在对彼此的顾虑和困惑。[……]因为我们已经合作很多年了，我们相互学习，彼此有相互的了解，有一种默契，训练出了对对方的一种敏察力。”（C. Yd.女士，某 IT 公司品牌及公共关系总监）

因此，应该看到跨文化学习是一个需要各方多年努力的过程，**跨文化学习是长期的积累，是终身学习的一部分**。

曾仕强（2015：3）认为，管理是修己安人的历程。通过跨文化学习，中德管理者和员工不断提升自己的跨文化能力，创造包容和谐的工作环境，增强团队凝聚力、协作精神和创新力，从而实现跨文化融合和长远发展。

6.2.2 跨文化协同

《易经·系辞下》有言：“天下同归而殊途，一致而百虑。”在德中资企业的员工来自不同文化，他们的思维和行为方式虽然有所差异，但是只要大家认同企业文化，对企业的发展目标有共识，往往可以通过不同的思维方式和工作方法来实现共同的目标。“万物并育而不相害，道并行而不相悖”（《礼记·中庸》），大自然中的万物千差万别，却能和谐地共生共存；不同的文化自身并没有一种文化压倒另一种文化的需求和必要，多元文化是完全可以得以共同存在和发展的（潘亚玲，2016：138）。

中资企业可以将中德员工的不同观点、思维方式和工作方法结合起来，促进创新和创造力，通过跨文化协同，吸收中德两国的管理经验和方法，可以形成一套更加高效和灵活的管理模式，提升企业在市场上的竞争力。

跨文化协同即不把文化差异看作是负面和消极的因素，而是**善于利用文化差异，利用不同文化的碰撞，激发出解决问题的灵感和创新力**。中德跨文化协同使得团队能够吸收来自不同文化的思维方式和工作方法，促进创新和问题解决的多样性，在尊重中德文化特点的基础上，创造出新事物，开发出新方案。

中德跨文化协同帮助企业建构更为开放、多元、更具创新性的企业文化和品牌形象，有助于创造一个更包容、更自由的工作环境，增强中德员工在工作中的满意感和成就感。

在德中资企业，其总部在中国，跨文化协同往往意味着团队里来自不同文化的员工与员工的协同、各个部门的协同、大的部门与一些小的部门的协同、在德公司与中国母公司的协同。专家们指出，**要达到跨文化协同，需要中德双方的互相适应、相向而行**。一位外派到德国公司的中方高管描述道：

“就是刚才我提到的这个有一些矛盾，是往往我们国内更多地希望我们快点出结果，就是行还是不行，要快速地论证，节奏要快。那在德国这边的话，相对来说节奏更平稳，更有计划一点。就是在这上面是需要双方的更多的磨合。我们可以完全适应欧洲的本地的文化，按部就班地搞，也能成。但是如果这样的话，你很难领先。但是如果完全按照中国的模式，德国人是不会接受的。所以我们就需要在做的过程中，中德不断探索，取长补短，以便双方共同在探索的过程中，最后找到一个大家都能接受的好的方案。”（A. Yc.先生，某中资企业研究所所长）

还有专家谈道，**跨文化协同基于跨文化协作，往往需要企业中的中德员工跳出本位思维，打通部门壁垒，从整个公司利益的视角，来整合各部门的工作。**

“部门之间出现这种文化和这种沟通困难，很多时候是因为部门存在壁垒。如果部门之间，有的部门只看自己的KPI[①]，只看自己的performance[②]，就不care[③]其他人或其他部门的performance。但很多时候我们是一个整体啊，大家要协同才能做好，才能把公司的利益最大。所以我们就一直在强调这个东西。很多德国人往往就是这样子，就是你给他安排个工作，他觉得这个工作是我的这个范围，我把它做完就行了，但是其他的事情不是我这个里面的，跟我没什么关系。但我们，我们公司现在强调什么呢？我们现在要求这里所有的人要take ownership[④]。”（N. Yc.先生，某电器公司总经理）

对于中资企业领导来说，跨文化管理的挑战就在于，**帮助来自不同文化的**

① KPI：英语 Key Performance Indicator 的简称，指关键绩效指标。

② performance：（英语）这里指业绩。

③ care：（英语）关心。

④ take ownership：（英语）当家作主，这里指对企业的“主人翁”精神。

员工跨越文化的差异，甚至是超越文化的差异，促进中德员工发挥各自的优势，为企业创新。很多在德中资企业在这方面取得了积极的经验：

“我觉得中德这些不同的工作方式是可以很好地相互补充和融合的，就像我之前提到的，德国人善于结构性思考，善于计划性工作；中国人也做计划，他们觉得，有必要的情况下他们也做计划，但是中国人他们会很快地把目光放在他们最后要达到什么样的目标上，而不是拘泥于具体的步骤。我认为如果能将中国人和德国人这两种不同的工作方式很好地结合在一起，就能取得很高的效率和有效的成果。事实上，我们公司在这方面的探索取得了好的经验。”（T. XD.先生，某化工公司总经理）

如上面的企业一样，在很多中资企业里，**中德双方互相学习，优势互补，协同创新**。很多在德中资企业在“中国速度”与“德国质量”的跨文化协同上取得了积极的成效，在较短时间内达到技术和质量上的领先。

“所以我们这个team[①]运营起来比较好的就在于这点儿，就是说我们就是既要有这个中国速度哈，但是我们有时候也要刹车，要刹一下车，还是要用这个德国这个process[②]，这个程序管理这方面。然后特别是跟我们的中国的这些客户，包括中国这边团队，要给他灌输德国这边的一些理念啊、质量啊，包括有些事情可能刚开始会慢一点儿，但是咱们把事情给做得，就是说把这个process做得清晰一些哈，或者是前面这个模板要打好，后面可能会快，会比中国还快。[……]所以我们要很好地把握，也要中德双方互相学习，把速度和质量都做得最好。”（M. MC.女士，某科技园总经理）

上面这位M. MC.总经理骄傲地强调：“‘中国速度’现在在德国就是一个很褒义的词。”还有的企业为达到“中国速度”与“德国质量”，对员工采取差异化管理的方式：

“‘中国速度’需要中国员工来完成，‘德国质量’大家一起来完成。（笑）”（海德堡，M. MC.女士，某科技园总经理）

跨文化协同往往建立在差异共存之上，如上面的专家的观点就隐含了中资企业尊重德国员工的工作生活平衡，中国速度需要中国员工的高效率，同时也隐含中国员工愿意为企业的发展加班加点，奉献精神和企业家精神。

---

① team：（英语）团队。

② process：（英语）程序，流程。

很多受访专家认为，中德双方的差异不意味着互相消耗，而是可以互相补充、完美结合。一位受访的德国总经理非常积极地总结道：

“我觉得和中国人合作是非常有意思的，非常快乐的事情。中国和德国的合作是非常有意思的，我觉得我们德国人和中国人有很多的能力可以互补，我们一起合作，可以成就更多事情，我们有很多很好的合作的领域。中国人很务实，而德国人很注重细节，这两个特征完美地结合在一起，可以为公司带来成功。”（T. XD.先生，某化工公司总经理）

在德中资企业通过跨文化协同，将中德文化的差异转化为创新和发展的动力，实现了多元文化的和谐共生。这不仅体现了《易经・系辞下》中“天下同归而殊途，一致而百虑”的智慧，也彰显了《礼记・中庸》所言“万物并育而不相害，道并行而不相悖”的深刻哲理。在跨文化协同过程中，中德员工在不同思维方式和工作方法的碰撞中，迸发出解决问题的灵感和创造力。通过整合中德两国的管理经验和方法，企业形成了一套更高效、灵活的管理模式，提升了在市场上的竞争力。中德双方互相适应、取长补短，不仅实现了技术和质量上的领先，更构建了开放、多元、创新的企业文化。跨文化协同已成为在德中资企业成功的重要驱动力，展现了跨文化管理的巨大潜力和广阔前景。

6.2.3　跨文化和合共生

张立文（2010，2018a，2018b）的和合学理论强调在不同价值观念、宗教信仰、思维方式、行为方式等背景下，寻求共同基础，化解冲突，达成共识。他指出，矛盾、差异、冲突通过杂合絪缊、构精的形式而融合，然后和合而化生万物（张立文，2018b：21）。和合学强调在冲突和融合的动态过程中，形成新的结构和事物。基于和合学的“和生、和处、和立、和达、和爱”理念，中资企业可以建立和谐的工作环境，积极利用来自多元文化的员工们不同的优势、经验和智识，在跨文化管理中灵活应对文化差异，促进跨文化协同，达到跨文化和合共生。

在访谈中，专家们强调，要承认不同国家的文化差异，但不要简单地对比和评判中国人和德国人的不同，因为中德的差异性在其各自的历史与社会背景下有其合理性，**跨文化共生基于跨文化理解，包括从历史与社会环境来理解对方的思维与行为方式，理解其合理性，在此基础上接受对方：**

“是啊，要把新旧事物结合起来才好，在新事物里面找熟悉的东西。其实我现在觉得中国的生活和德国的生活其实挺像的，表现在哪些地方？我觉得我们都是很务实。虽然很多德国人比较轴，他们会花很长时间做计划，但这是德国国情决定的，他们这么做是为了适应他们自己的社会；而在中国呢，如果我们在中国做一个项目计划，确实是计划赶不上变化，所以我们在中国的那个环境里面就会变得比较随机，比较灵活。总之，我是觉得中德两个国家的人都很勤奋，然后，做事方法虽然有点不一样，但主要目的都是为了达到自己的目的。”（X. Rc.女士，某经济促进协会职员）

还有专家强调，应当积极地看待中德文化差异，同时从整体的视角来看这些差异：

“比如说很多中国人认为德国人比较慢、比较懒，他们很注重节假日休息，比较注重争取自己的权益，但是呢，德国人呢也有他的一个优点，比如说他非常有责任心，非常专业，而且也很稳定，对吧？不会像一些中国年轻人那样经常跳槽换工作，给公司带来很大困扰。就是说，凡事都有两面嘛，所以就是说，我觉得我们第一也只能接受，第二我认为应该去积极接受，不应该去批判。”（Z. Vc.女士，某新创时尚服饰公司企业家）

跨文化和合共生基于跨文化理解，为此，还应看到来自不同文化背景的人对同一概念往往有不同的理解和诠释：

“你比如说最典型的一个事情嘛，我觉得就是一个快、一个慢的关系，就是说我们所谓追求的快，跟他们德国人所谓追求的快，我觉得是不一样的。就是我们所谓的快，就是要快速做决定、快速有结果、快速有效、有效率；但是呢，他们德国人理解得快，比如说我怎么在把事情做好了的同时，保证一次性做完不犯错，就是尽量减少犯错率。那如果这样的话，他前面一定会有做很多的铺垫，为此，他需要更多的时间。”（X. Hc.先生，某电器公司总经理）

再如，很多中国员工对“敬业”的理解是可以放弃休息时间为企业奉献，他们认为，企业的发展，需要个人对企业的主人翁精神；而很多德国员工对“敬业”的理解是在工作时间内专注本职工作，生产高质量产品，提供好的专业的服务。他们认为，高质量的产品和服务，是企业长期发展的核心竞争力。

德国式的风险规避和中国式的敢于冒险精神，后者有利于创新，前者有利于创新产品的质量保证。

“因此，我们不能非黑即白地认为是中国的方式更好，还是德国的方式更好，而是应该根据具体的情况来具体地判断，哪种方式更好。”（P. Qd.先生，某咨询

公司经理）

总的来说，一些中德管理者和员工，他们的工作方式和风格可能存在差异，但在其价值观深层，都是希望通过自己的行为有利于企业的发展，所以，不同的工作方式可以“殊途同归”，比如一位受访的德国高管强调其周末不为企业加班，而是用来进行个人进修，从长远来看，这种做法也是有利于企业发展的：

“当然，对我来说，周末是我个人的自由发展时间，周末我有可能在电脑上也会看一些与我工作有关东西，但主要是来促进我的思维，促进我的创新力和想象力。比如我可能会去了解，在我的工作领域中，现在世界上有哪些最新的发展。因为在周末我可以一个人不受打扰地在网上了解在我的工作领域有什么最新的发明，有什么最新的科研成果，我可以看相关的专业杂志或者看相关的学术会议都有哪些成果。像这样的事情，我在平时的工作日就很难在办公室里做，因为在平时的工作时间里，我还有很多其他的大大小小的工作，不可能像周末一样可以完全放松地来进行一种个人进修，其实这样的个人进修，从长远来看，对于公司是有益处的。”（S. ID.先生，某中资企业研究所副所长）

在跨文化管理中，认识到和尊重中德同事对同一概念的不同理解以及他们行为方式差异的背后不同的思维方式是至关重要的。中德跨文化团队成员只有通过多元视角和包容心，通过不断的沟通和协调，才能实现跨文化理解，促进跨文化和合共生。

专家们还强调，在具有差异性的跨文化环境中愉快且长期地工作，需要**具备宽容心，跳出惯性思维，学习理解与自己不同的行为方式背后的意义**。这将为跨文化和合共生创造良好的条件。

“比如说，我给你举一个例子，呃，我们没有公司食堂，我们的中国同事，他们都会花一个半小时的时间去外面的餐厅吃午饭，大家坐在一起边吃饭边相互交流；而我们的德国同事，他们大多是自己带着面包当午餐，很快就吃完了，大概也就半个小时。然后就继续工作。可以说中德双方用于午餐的时间差别是很大的。这个呢是我们看到的表面的现象。而事实上呢，中国同事他们虽然为吃中午饭花了一个半小时，但是到了晚上，德国同事下班以后，中国同事还会工作更长一些时间。[……] 我们双方都注意到这个不同，并且尊重这个不同。从这个表面上的不同深入下去，在这个表面的不同的背后其实是文化价值观的不同：比如德国同事认为，午饭并不是很重要，所以他们不会为此花费太多的时间；而中国人认为，吃饭是很重要的，他们愿意为吃饭花更长的时间。而且呢他们也愿意借吃饭的时间广泛地与同事交流，也借此维护同事之间的友好的关系，也可以说是通过一种非官方的渠道，大家彼此交流，作为一种真实交流的补充形式。”（C. YD.女士，某 IT 公司品牌及公共关系总监）

追求跨文化共生还需要**中德双方具有一定的柔韧度，学习在顺应对方的基础上，通过“顺势交流”，表达自己的思想，达到不同思想的“顺势交融”**。

“像我们作为一家中资企业，在德国这样一个地方开展业务，你其实首先得考虑到，你可能会面对这种文化上的冲突，大家理解的不一样，那你怎么样对待这些员工？怎么样和他相处？［……］我感觉就是说，不管是领导还是我，碰到部门这种情况，就是你了解他的一种思维习惯，那么下一次你跟他沟通问题的时候，如果说你还是完全按照自己的想法，还是按你以前的思维跟他说，效果也就不是很好。但如果你学习顺着他的思维习惯来跟他沟通，效果肯定就会好。”（X. VC.女士，某银行分行部门主管）

和合学认为，人与人之间存在差异的同时，也具有“一致性”和共相，即共性，而差异背后的共同之道即为“和合之道”（张立文，2010：929）。许多专家强调，在中资在德企业中，员工来自不同的文化，尊重差异，求同存异，寻找员工之间以及中德文化之间的共性尤为重要。共同认可的企业文化是将员工的差异转化为协同力的关键因素。这也印证了中国式管理之父曾仕强的观点：多元化背景下的企业经营管理必须重视企业文化（曾仕强，2015：91），在企业文化的“求大同”中“存小异”，在此基础上，与来自不同文化的同事共同创建新的跨文化企业文化。一位德国高管强调：

“总体来说，我们公司是从一家中国的公司逐渐地成为了一家全球化的公司，在这个全球化的公司里，有来自不同文化的人。我们的公司尊重文化的差异，但来自不同文化的员工也要尊重公司的文化，即把自己的文化置于公司的文化之下，包括尊重相应的商业文化。［……］其实很多表面的文化差异并不是很重要的，对于企业来说，我认为重要的是一个企业的企业文化。在我们企业中，可以说，来自中国、德国和其他文化的同事们，我们有很多的共同点，这些共同点可能要大于我们之间的文化差异，而看到和充分利用这些共同点对于我们的工作来说是非常重要的。”（C. YD.女士，某 IT 公司品牌及公共关系总监）

一些专家认为，中德员工对公司及其企业文化了解得越多，他们在多元化团队中就能更好、更成功地工作。因此，**向每位员工传达并与之共同建构企业文化的价值体系**至关重要，**共享的价值观是联系多元化中德团队和合共生的重**

要命脉。

还有专家认为，在企业文化的共享价值观基础上，“求同”还意味着，看到不同文化背后的是“人”，尤其是企业的领导者首先应当把员工当人看待。如前文所述，好的跨文化领导是“仁者爱人”。一位专家谈道：

“我觉得不管员工来自哪个文化，作为领导，其实你要把员工像孩子一样看待，你要有一个老师对待学生的心，你要有一个父母对待孩子的心去对待每一员工，对吧？［……］其实我做得越久，因为我好些年前就做国际生意嘛，然后我还掌管不同国家的团队，其实越是到了最后，我觉得我会特别去模糊这个国家差异，因为我觉得大家都是人，最终你跟这人熟了以后，他就不是什么德国人、中国人，而是他就是个人，这个人你要怎么跟他相处，最终是这样的。”（Z. Vc.女士，某新创时尚服饰公司企业家）

上述专家所表达的观点，不仅印证了企业也是“政之所兴，在顺民心”（《管子》），印证了“管理人本化”的理念，即管理者既要追求实现组织目标，又必须树立“人生来平等”的观念，尊重每一个人，维护每一个人的合法权益（周三多等，2023：21），还进一步体现了儒家管理理念，即作为管理者对员工负有责任，如教师之待学生，如父母之待孩子。

专家们认为，看到来自不同文化的成员他们首先都是人也意味着，作为人都有人性，而人性是相通的，人心也往往是相通的，因此具有跨文化同理心是和合共生的重要基础。曾仕强（2025：17）指出，管理是修己安人，安人的历程便是由开心而交心，借交心而共同关心，然后产生同心的一连串“心”的变化。所以，对中国人来说，管理是“心连心”的过程，而安人则是“心连心”的结果。虽然德国人与中国人相比，普遍更偏理性，但作为人，德国员工和中国员工一样，都需要得到尊重、得到认可，都喜欢在一种和谐的环境中工作。

跨文化关键能力的培养需要人们具备某些性格特征，而跨文化领导者的一项长期任务，就是要**不断提升和增强跨文化团队的跨文化协同能力和凝聚力**。即使当前中德团队合作顺利且具备协同能力，这并不意味着他们可以一劳永逸地保持目前的和谐状态。团队成员必须不断学习，相互协调，以应对未来可能出现的新挑战和变化。只有通过持续的努力和调整，团队才能在复杂多变的环境中始终保持高效和谐的合作状态。

在企业的内外、上下、左右关系中，必须奉行共生、互学互鉴、互利互享的原则，秉持“和实生物”的理念（张立文，2018：28）以及生生不息的变革精神。**共生、共鉴、共享的精神是跨文化和合共生的核心，强调在差异中寻找共性，在多样中实现和谐**。通过不断的相互学习和借鉴，团队成员可以在合作中实现互利共赢。

跨文化和合共生不仅是企业在全球化背景下实现可持续发展的关键，也是企业内部文化建设的重要组成部分。只有在和谐共生的基础上，企业才能在全球市场中获得竞争优势，并推动员工在多元文化环境中实现自我价值。通过这种方式，中德跨文化团队可以在合作中不断成长和进步，形成强大的凝聚力和协同效应，为企业的长期成功奠定坚实基础。

6.3 本章小结与反思

本章基于对专家访谈数据的分析，探讨了跨文化沟通与和合的意义及其在在德中资企业中的应用。通过详细分析跨文化交际与沟通管理的各个方面，明确了跨文化交际与沟通管理的必要性与复杂性，并指出，通过多渠道多形式的沟通，可以更好地满足来自不同文化的员工的交际偏好与需求，确保良好的沟通效果。中德双方应在不同情境中灵活运用多语言沟通，并充分了解和尊重中德不同的交际风格，以便采用恰当的跨文化沟通风格，传达中德之间的相互尊重和相互适应。此外，本章还总结出，理解和运用适当的非言语和副言语交际方式，对于建立信任和有效沟通至关重要，包括通过展示自信、尊重德国文化以及遵循职业礼仪，可以有效地进行跨文化交际。尤为重要的是，通过对交际本身进行沟通的元交际，可以有效避免误解，提高信息透明度和跨文化协同力。

虽然本章总结出了在德中资企业跨文化交际与沟通管理过程中应遵循的基本原理和总体策略，但是需要注意的是，如本书第二章所述，跨文化具有“流淌性”“互动性”和“变化性”等特征，因此，对于在德中资企业的跨文化交际与沟通来说，没有适合所有人和所有跨文化情境的一成不变的灵丹妙方，而是需要跨文化交际的参与者针对具体的人和事，通过沟通促进沟通。在此背景下，第五章所提到的善于沟通协调的、能在中德之间起桥梁作用的关键人物对于在德中资企业的顺利发展不可或缺。

本书第二章曾指出，促进跨文化交际和理解，不仅仅需要重视跨文化交际伙伴的文化，还需要考虑到交际参与者作为个体所受的不同文化因素的影响（参见第二章图 3）。在中资企业中的个体有其各自的个性发展背景与经历，有不同的身份、角色、对工作的理解、对团队伙伴的期望等，因此在参考本章所总结的一般性原则与策略的同时，也应分析参与跨文化交际的不同的个人之间的互动关系（包括他人与自己的互动关系），从“文化”“个人”“语境”三个层面综合考量（参见：潘亚玲，2016：176），探索出合适的跨文化沟通方式与方法，增强中德员工之间的理解，促进团队的跨文化协作。

本章还探讨了跨文化和合的理念在企业管理中的应用，分析了跨文化学习力、协同力和共生的各个方面，强调了来自不同文化的员工相互学习、合作共赢的可能性。跨文化学习力是企业不断适应和创新的重要动力；跨文化协同力则是实现团队合作、提升企业竞争力的核心要素；跨文化共生更是企业长久发展的基石，通过不同文化的融合，企业能够不断创造新的价值和机遇。

需要强调的是，多元文化的互动并不能让在德中资企业自动实现跨文化和合。来自不同文化的管理者和员工，需要不断地跨文化学习。在此过程中，也可能经历挫折和失败，唯其如此，对异文化的积极的态度、开放的心态、宽容心和同理心显得更为重要。此外，对于注重“求真”的德国同事来说，中国同事可以向他们表明，对于工作中的问题解决方式与方案来说，往往并不是只有“唯一真理”，而是“万物并育而不相害，道并行而不相悖”，中德团队应允许差异共存，同时尝试积极利用差异，达到跨文化协同和跨文化共生。

总的来说，本章通过对跨文化沟通与和合的系统分析，为在德中资企业提供了理论指导和实践经验。跨文化沟通不仅仅是语言的交流，更是心灵的碰撞和思想的融合，而和合理念则为企业在多元文化背景下的协调与创新提供了有效路径。通过对跨文化沟通与和合的深入理解和应用，中资企业能够在国际市场中更好地立足，实现长期可持续发展。

第七章

跨文化企业的可持续发展

7.1 多层面多时空视角下的跨文化管理——9S 要域

本书的第四章提到，一位专家通过三个“shi”，即“事、市、势”来阐述中德管理者做事的差异，笔者通过质性研究总结出“（做）事”“市（场）”和“（趋）势”对于中资企业在德国取得成功都至关重要：“事”强调专注与敬业；“市”强调不仅要关注企业内的工作，还要注意企业内部的小环境和企业外部的大环境；“势”提醒人们关注事物和环境的变化，三者均不可或缺。

通过综合分析专家访谈的结果，可以发现，成功的跨文化管理需要多元的视角，而且不仅应看到个人眼前的“事”，留意周边文化影响下的“市”场，放眼企业发展的趋“势”，还应反思“事、市、势”的源起，并放眼个人、企业和文化的未来发展。笔者在第二章里写道，本文主张不仅仅从空间的视角，也同时从时间的视角来理解“跨文化”。如果分别从过去、现在和未来的视角来看个人、企业和文化层面，跨文化管理涉及以下 9 大关注域，即个人、企业和文化的过去、现在和未来，如表 9 所说明的，这 **9 大关注域可分别总结为 9S 要域：即代表个人层面过去、现在和未来的“识”“事”“矢”，代表企业层面过去、现在和未来的“始”“施”“势”和代表文化层面过去、现在和未来的“史”“市”“适”。**

上述多层面多时空视角下的 9 大关注域（即 9S 要域）对于在德中资企业的跨文化管理具有重要意义，通过从个人、企业和文化三个层面来分析跨文化管理的历史、现状和发展趋势，可以帮助在德中资企业更全面地理解和应对跨文化管理中的挑战，促进企业在全球化背景下的可持续发展：

表 9 多层面多时空视角下跨文化管理的 9 大关注域

	过去	现在	未来
个人层面	个人经历和背景、跨文化经验、智识、情怀…… （识）	从事的工作、专业能力、跨文化能力、面对的挑战、职业发展机会、态度与感受…… （事）	志向（矢志）、追求与方向、职业愿景和目标、个人成长…… （矢）
企业层面	企业创始初心、企业历史、品牌历史、企业经验…… （始）	策略、实施的任务管理、流程管理和资源管理…… （施）	愿景、使命、战略、行业和市场发展趋势…… （势）
文化层面	群族历史、传统、价值观、集体记忆、社会习俗、跨文化交流史…… （史）	文化差异与共性、多元文化环境、跨文化互动、文化影响下的市场环境…… （市）	跨文化适应、跨文化和合与创新、文化全球化与本土化趋势…… （适）

（1）从个人层面来看

了解员工在跨文化环境中的成长经历和职业背景，包括他们的跨文化经验与智识、他们的工作内驱力（包括情怀），有助于开展对跨文化团队成员的差异化管理，促进其优势互补，也有利于管理者充分调动来自不同背景员工的积极性，促进其实现自我价值。

关注员工在当前跨文化环境中的表现和适应情况，包括安排他们从事合适的工作并关注这些工作为员工带来的职业发展机会、他们的专业能力与工作绩效、跨文化能力、工作态度与感受等，企业可以及时调整对员工的培训和发展计划，以改善企业内的岗位配置与工作管理，提升员工的工作满意度和绩效，从而整体提高企业的成就。

展望员工面对未来所树立的志向及其事业追求，着眼他们在跨文化环境中的职业愿景、目标、职业生涯规划等，有助于企业制定长期的员工发展计划，留住人才，发展人才，并为企业培养能担负更多责任的具有跨专业和跨文化能力的领导者。

（2）从企业层面来看

分析企业创始时的“初心”、企业的历史发展与经验、品牌历史、企业哲学与价值观等，可以帮助企业塑造独特的品牌身份，增强员工对企业的认同；了解企业在不同文化背景下的经营经验和教训，有助于识别企业在跨文化管理中的优势和不足，帮助企业改善跨文化管理。

分析企业当前的跨文化管理策略和实践，包括所施行的任务管理、流程管理和资源管理，了解企业在当前市场环境中的运营情况，进而反思目前所实施的管理策略与措施，有助于企业综合优化运营效率，提升市场竞争力。

规划企业的长期愿景和战略目标，明确企业的使命，可以增强凝聚力，增强员工对企业的主人翁精神；认清行业和市场发展趋势，帮助员工更好地认识本职工作与企业发展的关系；通过制定前瞻性的战略计划，企业可以抓住行业、市场和全球化带来的机遇，顺势而为，追求长期稳定的增长。

（3）从文化层面来看

在德中资企业深受中国和德国文化影响，研究中德文化历史背景、价值观、传统等，有助于企业更好地理解其员工的思维、行为方式及其背后的价值观，促进跨文化理解，也有助于识别文化差异对跨文化团队合作与企业运营的影响，从而更好地制定跨文化管理策略。

了解企业中的多元文化环境，包括中德员工的文化差异与共性、他们的跨文化互动情况，有助于企业更好地识别和解决文化冲突，改善多样性管理，促进跨文化学习与协同；了解文化影响下的市场环境，有助于企业制定和调整其市场营销战略，以便从跨文化的视角更好地融入外在环境。

设想企业在未来多元文化环境中的发展前景，包括文化融合的深化、跨文化和合与创新，综合考量跨文化全球化与本土化趋势，有助于制定面向未来的跨文化管理策略，促进企业的跨文化适应和可持续发展。

总的来看，通过结合过去、现在和未来的时间视角，在德中资企业可以更加全面地理解和应对跨文化管理中的复杂性。具体来说，过去的视角帮助企业更好地利用员工的经验和智识，塑造企业和品牌独特的身份，反观历史促进跨文化理解；现在的视角帮助企业实时评估和优化跨文化管理实践和跨文化环境，提升运营效率和竞争力；未来的视角帮助企业明确目标，看到行业与市场的发展趋势，制定前瞻性的战略计划，实现长期可持续发展。总之，多层面多时空视角为在德中资企业提供了全方位的指导和支持，有助于系统提升企业的跨文化管理水平，增强其在全球市场中的竞争力和影响力。以上发现和观点可总结为下图（图 11）：

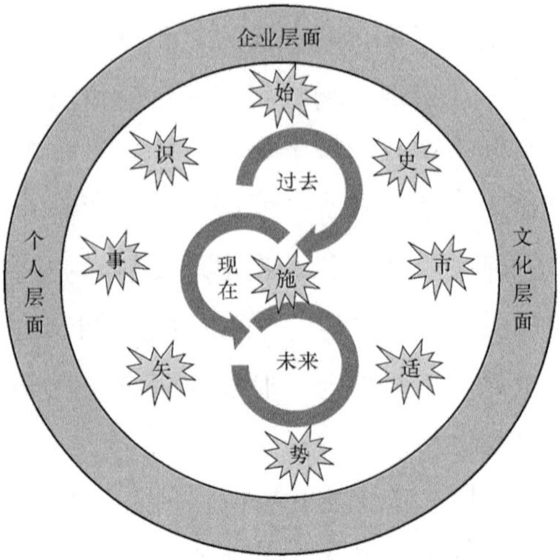

图 11　多层面多时空视角下的跨文化管理 9S 要域（作者自制）

7.2　互容交融与共荣——跨文化企业“常青树”

成功的在德中资企业都善于接受和包容文化多样性，并把文化多样性看作是企业发展的动力源泉和企业创新的重要保障。通过尊重和包容不同文化背景的员工，激发他们的创造力和创新思维。

企业应鼓励员工保持各自的文化特色，利用员工的不同背景和技能，并在此基础上寻求共识和团队协作。通过尊重和融合不同文化，实现多元化管理，提升企业的竞争力和创造力。通过不同文化背景的员工相互学习和借鉴，提升企业创新能力。建立开放的沟通渠道，鼓励员工表达不同的观点和想法。通过多元文化背景下的差异互补，形成更强大的整体，促进企业内部的文化融合和创新。在实际管理中，这意味着企业应当通过融合中西方管理理念，制定更具包容性和适应性的管理策略，形成独特的中德互容、交融与共荣的企业文化。

总结专家访谈的结果可以发现，中资企业要想在德国取得成功，**需要既有结构性，又有“流淌性”的企业文化**：结构性意味着健全管理制度，让来自不同文化的员工有章可循、有据可依，且对企业共享价值观有共识，建立透明和开放的沟通渠道；“流淌性”意味着企业文化的开放性、创新性和发展性，也意味着对不同文化的包容、融通，以达共荣。

笔者在第二章指出，文化如同树一般，具有生命力，并处于新陈代谢的动态发展之中。文化的动态性与相对稳定性同时存在，二者共同作用，塑造了文化的独特性和持久性。潘亚玲（2016：33）认为，某一族群的文化如同树的根，深深植根于该族群的历史发展和自然与社会环境之中。树根代表着隐形文化，包括自然观、世界观、价值观和信仰等，为整棵大树的成长提供“养料”；树干象征文化的中间层，如礼仪、风俗习惯、行为规范、时间观和空间观等；树叶和果实则代表文化的表层，包括语言文字、服装和建筑等显性文化。与树一样，文化具有生命力，处于新陈代谢的动态发展中。

在第二章，笔者将上述“文化树”模型应用于企业文化，并从整体文化视角考察文化维度（见图 5）对企业文化的影响。综合本文实证研究的结果，跨文化企业如同树，可持续发展、生生不息的企业犹如一棵根深干壮、枝繁叶茂、果实累累的“常青树”（见图 12）：

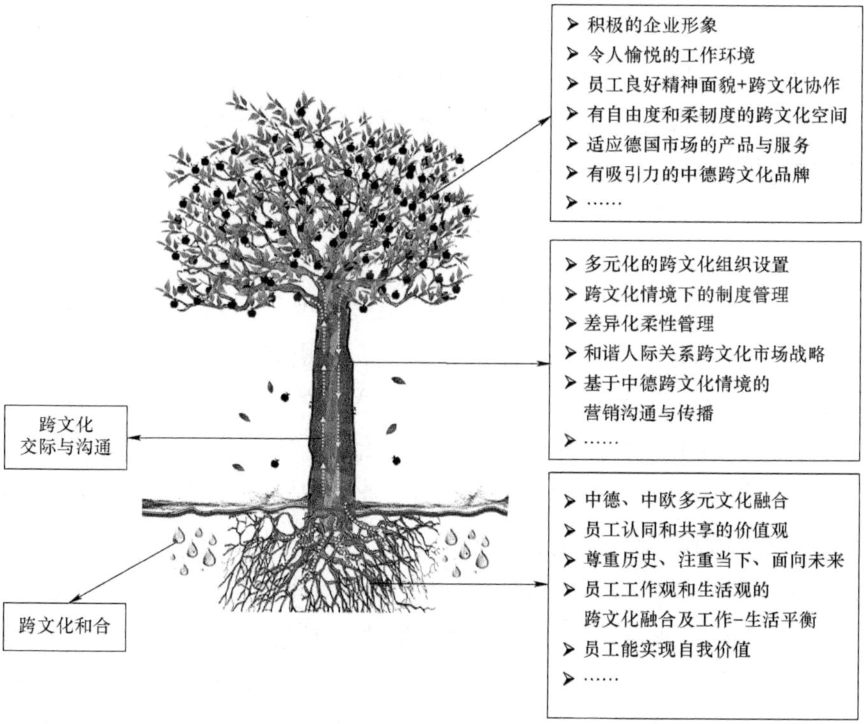

图 12　跨文化企业常青树模型（作者自制）

在跨文化企业“常青树”的根部，有繁茂的树根，牢牢抓住当地的经济和文化土壤，深深扎入大地中。这里的根部基因来自中资企业中德、中欧等多元文化的融合（如控制与自由、计划性与应变能力的融合）、企业员工共享的价值观（企业的国际化、保持行业领先和可持续发展、面向未来、随机应变、大家庭理念、开放、柔韧与包容、透明沟通、齐心协力）、中德员工充分地践行其生活观和工作观的自由、自我价值的实现、满足感和幸福感的获得。这些根系是企业长期发展的基础。

在企业“常青树”的树干部分，是企业在跨文化环境中生存和发展的坚实支柱，包括多元化的跨文化组织设置、适应德国当地法律法规的制度管理、合理有效的人才选拔与培养机制、差异化柔性管理、互相信任和相互尊重的和谐人际关系、跨文化市场战略、多元的营销渠道与传播媒体，以及基于中德跨文化情境的营销沟通与传播。树干上的年轮记录着企业在跨文化环境中的成长历程，每一圈年轮都是企业应对多元文化、促进跨文化理解和协同的见证。

在企业“常青树”的冠部，枝繁叶茂，这是企业中表层的部分，是那些能让人直接经历和感受到的部分，这一层面包括积极的企业形象；令来自不同文化背景的员工感到愉悦的和谐工作环境；具有良好精神面貌的中德员工；促进跨文化团队协作的具有自由度和柔韧度的跨文化空间；利用中德优势开发的满足德国消费者需求的产品与服务；通过优质的跨文化客户服务和持续的客户关系管理所赢得的良好的市场口碑和忠实的客户群体；具有吸引力的中德跨文化品牌。

通过本研究对实证数据的系统分析，笔者发现，交际与沟通不仅仅存在于企业之树的树冠部分，而是贯穿企业的深层、中层和表层，从根部、干部到冠部，为企业之树各部分输送养料，促进企业之树的健康成长。这也印证了谢冬梅（2012：1）所指出的：“沟通是组织的生命线。”

包括跨文化学习力和跨文化协同力在内的、促进跨文化和合共生的跨文化和合力，可以被理解为跨文化企业之树不可或缺的“水”。曾仕强（2015：41）指出，中国人的习性像水。《道德经》中有多处对水的赞美，如“上善若水。水善利万物而不争”，水是“天下之至柔，驰骋天下之至坚”。水似柔却刚；水流不断，象征生生不已（曾仕强，2015：44）。促进跨文化和合共生的跨文化和合力体现了水的柔韧特性。水能适应各种形状和环境，而跨文化企业也需要具备这种柔韧性，以应对不同文化的挑战和机遇。水不仅是生命之源，更是企业在跨文化环境中不断成长和发展的关键因素。笔者在本文第二章诠释“跨文化”

概念的内涵时指出，“跨文化”具有“流淌性”“渗透性”和“共享性”，这些特性也是“水”的特质。在海外中资企业中，基于“和生、和处、和立、和达、和爱”理念（张立文，2015）的和合力之“水”能跨越不同的文化，并促进多元文化的絪缊交融，滋润企业之树，使它在复杂多变的环境中保持旺盛的生命力，成为真正的“常青树”。

7.3　在德中资企业跨文化管理评估量表

在德中资企业的跨文化管理是一项复杂且具有挑战性的任务，涉及中德文化的深度融合、企业的组织结构以及员工的日常互动等各个层面。为帮助在德中资企业更好地理解和评估其跨文化管理状况，笔者基于对实证研究数据的系统分析，结合前文所提到的“跨文化企业常青树”模型，研制了《在德中资企业跨文化管理评估量表》。该评估量表涵盖了企业文化的深层、中层和表层，以及跨文化交际与沟通、跨文化和合两个关键维度。该评估量表共包含 40 个评估项，旨在全面、系统地评估在德中资企业的跨文化管理现状及其成效。通过该量表的应用，企业可以更有针对性地发现跨文化管理中的优势与不足，制定相应的策略，进一步促进中德文化的和谐共生，实现企业的长期可持续发展。

表 10　在德中资企业跨文化管理评估量表

请根据以下每个表述的符合程度，选择相应的分数：非常符合 = 5 分，符合 = 4 分，基本符合 = 3 分，不太符合 = 2 分，基本不符合 = 1 分，完全不符合 = 0 分

评估项	评分					
	0	1	2	3	4	5
深层（企业之树的根部）：						
1. 企业很好地协同了中德文化（包括控制与自由、计划性与应变能力、高效率与高质量的结合等）。						
2. 企业充分尊重和不断适应德国当地文化。						
3. 企业呈现出一种中德文化、中欧文化、东西方文化等多元文化融合的糅合式、交互式和流淌式的企业文化。						
4. 企业既尊重历史（尊重中德历史文化）、注重当下（专注工作、注重员工当下的生活质量），又面向未来（注重企业发展的长期性和计划性、前瞻性、奋斗精神）。						

续表

评估项	评分					
	0	1	2	3	4	5
5. 企业践行国际化全球化定位，保持企业的行业领先和可持续发展。						
6. 企业体现出积极向上、充满活力的奋斗文化和创新精神，员工对企业有主人翁精神。						
7. 企业以人为本，践行“大家庭”理念，照顾员工的工作与家庭平衡，企业与员工之间义与利和合。						
8. 企业充分展示了开放、透明、柔韧与包容的企业价值观。						
9. 员工认同并积极参与共建企业文化，企业员工共享的价值观在实际工作中得到充分体现。						
10. 员工在企业中有内动力和外动力，感到工作有意义，职业生涯有发展，员工能实现自我价值，有满足感和幸福感。						
中层（企业之树的干部）：						
11. 企业的组织设置多元化，能够充分利用多元文化的优势，通过明确的职责来协同这些优势，并根据企业发展进行调整。						
12. 管理团队具备高度的专业能力和强大的跨文化领导力（包括柔刚相济、和合力、沟通与协作力和冲突管理能力），管理层由融通中德文化、志同道合的人组成，且相互信任和包容。						
13. 企业适应德国当地法律法规，有完善的制度管理，以保障企业的长期健康运行（包括合规管理、员工参与制度、促进流动性等，并在制度管理方面注重灵活性和自由度相结合）。						
14. 企业通过多种途径选拔和赢得不同层次的既有专业能力又有跨文化能力的来自多元文化的人才。						
15. 企业的外派人员能获得多方支持，不断适应在德国的工作与生活，并在中德之间起到很好的桥梁作用。						
16. 企业建立了互相信任和相互尊重的人际关系。						
17. 企业对中德以及来自其他文化的员工进行差异化柔性管理，通过多元化管理实现了各文化团队的优势互补，提高团队的活力和创新力。						
18. 企业通过多元的培训机制（包括跨文化培训）促进员工的个人成长和终身学习；通过多种方式给员工精神和物质激励，为员工提供多路径和开放的职业发展平台和机会。						
19. 企业的市场战略充分考虑了中德优势和中德跨文化情境，根据其行业特征和市场特征来制定其营销战略，根据具体情况来综合标准化和差异化的跨文化营销策略。						
20. 企业基于其产品与服务的性质、目标市场、客户特征等因素，不断优化营销渠道与媒体策略，实现其产品和服务在德国市场的有效推广和销售。						

续表

评估项	评分					
	0	1	2	3	4	5
表层（企业之树的冠部）：						
21. 企业通过多种途径建构了积极的企业形象，建构了有很强辨识度和吸引力的雇主品牌。						
22. 企业营造出令来自多元文化的员工感到愉悦的和谐的人文环境，促进创新和团队合作。						
23. 来自不同文化的管理者和员工有良好的精神面貌，互相尊重和信任，中德团队成员的跨文化理解和协同能力较强。						
24. 企业通过其基础设施、建筑内外的设计与布局、办公设备等为员工营造舒适的工作环境。						
25. 企业为员工构建了具有自由度和柔韧度的跨文化空间。						
26. 企业根据德国消费者的偏好与需求，综合利用中德优势，开发出了受当地消费者欢迎的产品与服务。						
27. 企业能充分考虑并适应中德跨文化情境，保持开放的态度和跨文化敏感力，通过不断的沟通协调，找到了合适的跨文化营销传播方案。						
28. 企业的产品设计和营销传播材料充分照顾了德国消费者的喜好和审美标准，能够吸引德国当地受众。						
29. 企业通过专业能力、产品和服务质量等赢得和巩固客户的信任，有专门的团队来长期维护与客户的关系，建立了有效的沟通渠道，保障企业与消费者之间长期良好的互动。						
30. 企业通过多种策略与途径，成功建构了中德跨文化品牌，确保了企业品牌在德国市场具有吸引力。						
跨文化交际与沟通：						
31. 企业的沟通机制透明，中德团队有定期和卓有成效的沟通。多元化的沟通形式和交流渠道相互结合，很好地适应不同的交际场境和需求，提高沟通效率，达到良好的工作效果。						
32. 企业管理者和员工的交际语言与表达风格符合中德跨文化情境，能较快较好地与企业内外的伙伴建立信任和良好的关系，促进中德跨文化协作。						
33. 企业管理者和员工能较好地理解和运用适当的非言语和副言语交际方式，建立信任，减少和避免误解，促进有效的跨文化沟通。						
34. 企业管理者和员工有元交际能力，善于从超越当前交际的视角来审视交际，并通过沟通来避免误解，保障交际的顺利进行，达到交际各方期待的交流效果。						

续表

评估项	评分					
	0	1	2	3	4	5
35. 企业拥有具有较强跨文化能力和专业能力的桥梁人，他们对内能促进中德同事之间的跨文化理解与协作，对外能促进跨文化营销沟通，提升中资企业在德国的企业形象。						
跨文化和合：						
36. 中德双方秉承“万物并育而不相害，道并行而不相悖”的理念，对对方的文化有积极的态度，互相尊重对方的文化，接纳差异。						
37. 中德团队积极利用来自多元文化的员工们的优势，吸收不同的思维方式和工作方法，促进创新和问题解决的多样性，在尊重中德文化的基础上，创造出新事物、开发出新方案。						
38. 企业基于差异化管理，积极推动跨文化学习和融合，中德员工对同事们的差异性和多元性有全面深入的了解，并相互尊重。						
39. 中德团队成员具备宽容心和跨文化共情能力，愿意跳出惯性思维，学习理解与自己不同的行为方式背后的意义。中德双方具有一定的柔韧度，互相适应，相向而行。						
40. 中德双方奉行共生、互学互鉴、互利互享的原则，在差异中寻找共性，在多样中实现和谐。通过不断的相互学习和借鉴，团队成员可以在合作中实现互利共赢。						

上述《在德中资企业跨文化管理评估量表》是基于对在德中资企业跨文化实证研究结果的系统总结，其设计主要受以下核心理念的指导：

（1）整体性：评估量表基于“跨文化企业常青树”模型，充分体现出企业文化的三个层次不是相互隔离的，而是相互联系、互相影响，构成有机的整体。

（2）系统性：评估量表涵盖了跨文化管理的多个层面和维度，从企业文化的根部（深层）、干部（中层）到冠部（表层），再到跨文化交际与沟通、跨文化和合，确保了对企业跨文化管理的系统评估。

（3）动态性：量表中的评估项不仅关注当前的管理现状，还考虑了企业的历史、发展潜力与趋势，以及未来的跨文化适应能力，体现了跨文化管理的动态性和长期性。

（4）积极性：与强调文化差异的很多欧美学者的文化维度理论不同，《在德中资企业跨文化管理评估量表》显示了乐观面对文化差异并创新性利用文化多样性、主动促进跨文化和合的积极态度，充分体现“万物并育而不相害，道并行而不相悖”的理念。

（5）实用性：评估量表的设计注重实际应用，评估项具体明确，便于企业在实际操作中应用和改进。

可以看出，《在德中资企业跨文化管理评估量表》涵盖了第五章所总结的在德中资企业在企业文化建构、跨文化人力资源管理和跨文化营销管理方面的策略，并将其纳入企业文化的深层、中层和表层。此外，如本文第六章所阐述的，跨文化交际与沟通是跨文化管理的核心要素之一，贯穿企业跨文化管理的各个层面的多个领域，因此，笔者专门为跨文化交际与沟通设计了 5 个评估项，涵盖了沟通机制、交际语言、非言语交际和元交际能力等方面。这些评估项旨在帮助企业识别和改进跨文化沟通中的潜在问题，系统地提升沟通效率和效果。

同时，跨文化和合在跨文化管理中也扮演着关键角色。通过和合理念的应用，企业能够更好地融合不同文化的优势，创造出新的价值和解决方案。因此，笔者也为跨文化和合设计了 5 个评估项，涵盖了文化态度、跨文化协作、学习与融合、共情能力和共生原则等方面。通过这些评估项，企业可以识别和利用多元文化的优势，促进创新和可持续发展。

对比本书第二章图 5“企业文化之树——整体文化视角下文化维度对企业文化的影响”可以发现，《在德中资企业跨文化管理评估量表》的得分项更多地体现了企业以人为本的管理理念，而且在重视文化差异的基础上，更加积极地促进跨文化融合。该量表充分体现了不同文化之间基于跨文化学习和互利互享的跨文化和合原则。

《在德中资企业跨文化管理评估量表》可以作为企业自我诊断和邀请外部专家进行评估的工具，帮助企业全面了解自身在跨文化管理中的优势和不足。通过系统的评估，企业可以识别出需要改进的领域，并制定相应的策略。通过定期使用评估量表，企业可以持续监测和评估跨文化管理的效果，及时调整管理策略，系统地提升跨文化管理能力和绩效。此外，评估结果还可以为企业的跨文化培训和员工发展提供指导，企业可以根据评估结果设计有针对性的培训课程，促进员工的跨文化能力和领导力。量表为企业的跨文化管理提供了科学依据，帮助企业在制定全球化战略时更好地考虑跨文化因素，优化企业的国际化发展路径。

7.4 本章小节与反思

专家访谈揭示，中资企业要在德国取得成功，需要同时具备结构性和“流淌性”的企业文化：结构性保障了健全的管理制度和共享的价值观，而“流淌性”则促进了文化的开放性、创新性和发展性，以实现文化之间的包容与融通，最终达成共荣。本章尝试通过多层面多时空视角下的跨文化管理 9S 要域模型来帮助海外中资企业更全面地审视个人、企业和文化的历史、现状和未来发展，兼顾跨企业文化及跨文化管理的结构性和“流淌性”。

在本章的深入分析中，笔者研究出了“跨文化企业常青树”模型来整体描绘跨文化企业的持续发展。成功的在德中资企业如同一棵根深叶茂的常青树，其根部深植于当地的经济文化土壤中，其基因源于中德、中欧等多元文化的融合，强调了企业价值观的共享和员工自我价值的实现。树干部分代表了企业在跨文化环境中的结构化支持与管理机制，而树冠则象征着企业表面的积极形象、和谐的工作环境和市场竞争力。此外，“跨文化企业常青树”模型还展现了贯穿企业各个层面的跨文化沟通的关键作用，也显示出跨文化和合的重要性，笔者将其比喻为企业不可或缺的“水”，它滋养着企业，使其在复杂环境中能够健康成长、持续发展。

这些观点和模型深化了我们对跨文化企业管理的理解，为企业在全球化背景下的文化融合和创新提供了实用的指导和启示。

在“多层面多时空视角下的跨文化管理 9S 要域”和“跨文化企业常青树”模型基础上，笔者研制出了《在德中资企业跨文化管理评估量表》，该量表旨在全面评估在德中资企业的跨文化管理状况，帮助企业更好地理解和改进其跨文化管理实践。评估量表的设计理念基于跨文化管理的复杂性和多层次性，通过对企业深层、中层和表层的多个方面的评估，包括关注跨文化沟通与跨文化和合的重要作用，可以全面了解企业在跨文化情境中的表现。

上文所提出的“跨文化企业常青树模型”和《在德中资企业跨文化管理评估量表》深入探讨了在德中资企业跨文化管理的诸多维度。上述模型和评估量表部分反映出本文第二章讨论的 Hall、Hofstede、Trompenaars 和 Hampden-Turner 以及 Meyer 等学者的文化维度，而且基本涵盖了 Peters 和 Waterman 的麦肯锡

7S 模型中的战略、结构、制度、共享价值观、风格、人员和技能七个要素。此外，上述模型和评估量表反映了管理应具有的整体性、系统性、层次性和过程性的特征（周三多等，2023：7－16），凸显了跨文化交际与沟通和跨文化和合的关键作用，也体现了中国传统文化精髓在现代跨文化管理中的应用。通过这些模型和量表，我们能够更加全面地理解和评估在德中资企业的跨文化管理实践。

在工作环境变得极为复杂、不稳定和难以预测（参见第二章中关于 VUCA World 的阐述）的大背景下，本文还强调了在德中资企业跨文化管理的结构性和“流淌性”，既关注了企业在不同文化环境中的稳定性，又注重了其灵活适应和动态调整的能力。这种兼顾相对稳定和动态发展的管理方式，不仅有助于企业应对复杂多变的内外环境，也促进中国式管理理念在现代跨文化管理中的应用。

跨文化管理是一项复杂而动态的过程，需要企业在战略制定、组织架构、制度设计、文化融合、沟通方式和员工培养等方面进行全方位的协调与优化。通过对跨文化管理理论和实践的深入研究，本文为在德中资企业提供了多层面多视角的注重动态发展的参考模型，以及一套科学系统的评估工具和管理框架，旨在帮助企业更好地实现跨文化融合与发展。这不仅有助于企业在全球化进程中保持竞争力，更为推动中德两国乃至更广泛范围内的文化交流与合作贡献了一份力量。

第八章

结 语

在经济全球化的浪潮中，中国企业的国际化进程不断加快和深化，越来越多的中资企业纷纷“出海”，积极拓展海外市场，以提升其国际竞争力，实现全球范围内的可持续发展。

许多研究和报告指出，中资企业在海外投资和运营过程中，面临着日益突出的文化差异和管理挑战。跨文化管理问题是许多海外中资企业亟待解决的重要课题。然而，学术界迄今为止缺乏系统性、整体性地探讨中资企业在跨文化管理方面面临的问题及解决策略的研究。

在此背景下，笔者以在德国的中资企业为例，系统讨论跨文化管理问题，并提出了三个研究问题：

1. 从跨文化管理的视角来看，在德中资企业面临的主要挑战和问题是什么？这些问题主要表现在哪些方面？引起这些问题的主要原因是什么？

2. 多元文化背景下的跨文化场境为在德中资企业的管理带来了哪些机遇和优势？

3. 针对这些挑战和机遇，在德中资企业在跨文化管理方面有哪些重要的策略和方法？为什么这些策略和方法有效？

如笔者在绪论中所指出的，在大数据时代，个性化、鲜活的案例可能被淹没在海量数据中。因此，进入在德中资企业的“现场”，借助主位和客位的多个视角，全面深入了解不同的中资企业面临的具体跨文化管理问题及多样性的解决方案、了解其在跨文化情境中的真实案例显得尤为重要。

质性研究能够通过详细的描述性数据揭示被研究者的真实经验和感受，为我们理解在德中资企业的管理实践提供了独特的视角和方法论框架。本文采用半开放式访谈为主、观察法为辅的质性实证研究方法，到中资企业的“田野”

和“现场”，通过深入访谈和观察，获得了丰富的第一手资料。从整体角度系统研究中资企业的跨文化管理问题。

基于对实证研究数据的系统分析，本文深入探讨了在德中资企业面临的主要挑战和问题，并从企业文化构建的困境与障碍、人力资源发展与管理的挑战、品牌与营销的挑战、交际与沟通的影响几个方面，深入讨论了中资企业在德国面临的多方面跨文化管理挑战，并分析了其原因，包括中德同事在思维方式、工作观、工作方式和管理理念上的差异及其背后的不同价值观。

本研究发现，在德中资企业中的文化差异不仅是挑战，多元文化背景下的跨文化情境也带来了许多机遇和优势。跨文化团队能够汇集来自不同文化背景的独特视角、创新思维、市场洞察和多方面智识与经验，增强企业的创造力和竞争力。此外，通过有效的跨文化管理，这些企业可以更好地理解和满足多样化客户的需求，拓展国际市场。

针对这些挑战和机遇，本书总结了在德中资企业在跨文化管理方面的重要策略和方法，通过多种方式呈现实证研究数据分析的结果，帮助读者更切实地理解跨文化管理实践的复杂性和多样性，并从跨文化企业文化建构、跨文化领导与人力资源发展和跨文化营销管理几个重要方面，全面、深入地展示研究发现，提炼出跨文化管理策略的关键点，包括通过构建多元文化融合的企业文化、实施差异化的人力资源管理策略、制定跨文化的市场营销策略等措施，帮助中资企业在德国更好地适应和融入当地市场。

成功的在德中资企业展示了对文化多样性的包容与利用，将其视作创新与发展的动力源泉。本书强调了跨文化沟通与协作的重要性，探讨了跨文化沟通与和合的意义及其在在德中资企业中的应用，提出了海外中资企业通过有效的跨文化沟通和协作，实现多元文化背景下的跨文化和合共生的理念。

基于对实证研究结果的提炼与反思，本文提出了多层面、多时空视角下的跨文化管理 9S 要域，帮助海外中资企业更全面地审视个人、企业和文化的历史、现状和未来发展，兼顾跨企业文化及跨文化管理的结构性和“流淌性”。

通过进一步深入分析，研究出了“跨文化企业常青树”模型来绘制跨文化管理的全面“图像”，并整体性地描绘跨文化企业的持续发展过程。通过“树根”“树干”和“树冠”三个层次，结构性地展现跨文化企业深层、中层和表层的可持续发展。同时还揭示了贯穿企业各个层面的跨文化沟通的关键作用，也显示出跨文化和合的重要性。“跨文化企业常青树”模型再次展示了在跨文化管理过程中，结合结构性和“流淌性”的重要性和可行性。

为帮助在德中资企业全面评估跨文化管理状况，更好地理解和改进其跨文化管理实践，本书研制出了《在德中资企业跨文化管理评估量表》。该评估量表不仅提供了一个系统的评估框架，还为在德中资企业的跨文化管理实践提供了具体的指导和改进方向。我们相信，通过系统的评估和持续改进，企业能够在复杂的跨文化环境中实现更高的绩效和更长远的发展。

本研究多次强调了在德中资企业跨文化管理的结构性和“流淌性”，既关注了企业在不同文化环境中的稳定性，又注重其灵活应变和动态调整的能力。这种在稳中求变、变中求稳的管理方式，不仅有助于企业应对复杂多变的内外环境，也促进了中国式管理理念在现代跨文化管理中的应用，为跨文化管理做出“中国贡献”。

本书在跨文化管理研究领域的创新性体现在以下六个方面：

（1）理论模型的提出与应用：通过批判性参考国内外跨文化管理研究成果，本书提出了多个创新的理论模型，如“文化树”模型、“企业文化之树——整体文化视角下文化维度对企业文化的影响”“多层面多时空视角下的跨文化管理9S要域”模型以及“跨文化企业常青树”模型。这些模型不仅整合和丰富了现有理论，还从实证研究的角度出发，系统性地揭示了文化多样性对企业管理各个层面的深远影响，并创新性地兼顾和体现了跨文化管理的结构性和“流淌性”。

（2）实证研究的深度和广度：本书涵盖了从企业文化到人力资源管理，再到市场营销和跨文化沟通的多个领域。通过对覆盖德国广泛地区的42家在德中资企业和机构的55位专家的深度访谈，获得了高质量的原始数据。这些数据不仅反映了企业在跨文化环境中面临的具体问题和挑战，还揭示了解决这些问题的有效策略和方法。通过对成功案例的深入分析，提出了在德中资企业可持续发展的关键策略，这些策略不仅适用于中德跨文化情境，也为“出海”其他国家和地区的中资企业在跨文化管理方面提供了有益的借鉴和指导。

（3）融合结构性与流淌性、稳定性与应变性的跨文化管理理念：本研究既关注了企业在不同文化环境中的结构性和稳定性，又注重了不同文化之间的“流淌性”，并在跨文化管理中强调动态调整的应变能力。这有助于企业应对复杂多变的内外环境，同时促进中国式管理理念在现代跨文化管理中的应用。

（4）中国文化视角的融入：本书旨在为国际跨文化管理研究领域贡献一份来自中国学者的独特视角。作者充分融合了中国文化的精髓，不仅对欧美文化维度理论进行了批判性反思，还在全球化语境下，提出了符合中国企业文化特点和国际实践需求的管理策略和方法。

（5）《在德中资企业跨文化管理评估量表》的设计：本书从整体文化的视角，开发了《在德中资企业跨文化管理评估量表》。此量表作为一种系统评估工具，帮助企业识别和优化跨文化管理的各个方面。这种量表的引入不仅丰富了跨文化管理研究方法的多样性，更为企业提供了一种可操作的管理工具，促进了理论与实践的有效结合。

（6）跨文化管理理论的拓展：本书在已有跨文化管理理论的基础上，结合中德企业的具体情况，提出了跨文化和合共生的理论，强调在跨文化管理中，不仅要关注文化差异，还要注重不同文化之间的共性。分析了来自不同文化的员工相互学习、合作共赢、努力实现跨文化和合共生的可能性，为跨文化管理研究提供了新的视角和方法。

通过以上创新性的贡献，本书不仅拓展了跨文化管理领域的知识边界，还为企业在全球化时代如何有效应对文化多样性挑战提供了深入思考和实用指导。作者在研究过程中秉持着学术严谨性和实践导向，旨在为学术界和业界提供一种全面理解和解决跨文化管理问题的新视角与新方法。

然而，本研究也面临一些局限性。虽然本研究力求系统性和全面性，但本研究聚焦于在德中资企业，所涉及的主要是中德跨文化情境，未能覆盖其他国家和地区的跨文化管理。本研究总结出的跨文化管理策略、理论模型和跨文化管理评估量表有待在更多的跨文化情境下进行验证和补充。

由于时间和资源限制，本研究在某些领域的深度分析可能不足，例如在特定文化背景下的细节管理实践。此外，跨文化环境的复杂性使得某些因素的影响可能受到其他未考虑变量的干扰，这有待未来相关研究进一步完善。

本研究开始于 2018 年夏，历时六年，其间经历了三年的疫情和全球地缘政治的风云变幻。数据的收集和分析在疫情期间受到了限制，可能影响了研究结果的全面性和准确性。此外，全球地缘政治的变化对中资企业的跨文化管理带来了新的挑战，这些变化的长期影响尚未完全显现，可能无法在本研究中充分反映。

跨文化管理是一个不断发展的研究领域，随着全球化进程的深入，跨文化管理的重要性将愈发凸显。未来的相关研究可以从以下多个方面展开：

- 更多跨文化情境中的跨文化管理研究：通过研究更多中资企业投资的主

要国家和地区，深入探索不同国家企业的管理实践，分析其差异与共性。

- 多元文化背景下的跨文化管理：今天的国际化企业所涉及的不仅仅是两种文化，而是更多文化和多元的跨文化情境。应深入研究多元文化情境下跨文化管理的特征、策略和方法，以实现多元文化情境下的有效管理和企业可持续发展。

- 跨文化管理的动态性研究：随着国际形势和企业环境的变化，跨文化管理策略也需随之调整。未来研究应关注跨文化管理的动态性，探索适应性强的管理策略。

- 跨文化管理的实践案例研究：通过对更多企业的实际案例进行深入研究，总结成功经验和失败教训，为企业提供更多实用的参考。以往的跨文化管理研究大多强调文化差异带来的冲突，事实上，有越来越多的中资企业在海外经营与管理中取得了成功，未来研究应更多关注跨文化管理最佳实践。

- 新技术发展对跨文化管理的影响：研究信息技术和人工智能在跨文化管理中的应用，分析技术进步（如虚拟现实、增强现实）对跨文化交际的方式和效果的影响，探讨如何利用现代科技提升跨文化管理的效率和效果。

- 虚拟空间的跨文化交际与管理研究：探讨新媒体技术辅助下的虚拟空间的跨文化交际与适应，研究虚拟环境中的跨文化团队协作和领导力的新内涵，促进团队绩效与创新能力的提升。

- 可持续发展与企业社会责任（CSR）：分析在跨文化环境中实施可持续发展和 CSR 策略的有效性，探索其对海外中资企业长期竞争力的影响。

- 将更多中国文化精髓纳入跨文化管理研究：深入挖掘中国传统文化对现代管理的影响，研究中国企业在全球化进程中的成功案例，探讨中国式管理理念在全球化实施过程中的具体路径和应用，不仅提升中国企业在全球化过程中的管理水平，也为全球管理理论的发展提供新的视角和启示。

本书通过系统的理论探讨和实证研究，揭示了中资企业在德国面临的跨文化管理挑战与机遇，并提出了应对这些挑战的策略和方法。希望通过本书的研究，能够为学术界和企业界带来启示，推动中资企业在海外市场的可持续发展，并为未来的跨文化管理研究提供坚实的基础。

希望读者能将本书看作是一位研究者与广大跨文化实践者的对话，也希望本书被看作是海外中资企业之间的经验与智识交流。

本研究旨在为中国“出海”企业提供应对跨文化挑战的策略参考与启发，

帮助其改善跨文化管理，推动中资企业在海外市场的可持续发展。虽然本书不可能适用于所有的海域和气候，但它可以作为企业航行中的一份指南，帮助它们在面对跨文化挑战时找到合适的航线。

希望本书能帮助“出海”的中资企业在跨文化的大海扬起风帆，愿更多的中资企业在全球化的浪潮里，在应对跨文化挑战的过程中，借助本书的指导，能够乘风破浪，顺利到达跨文化和合共生与双赢的彼岸，实现在全球范围内可持续发展的美好愿景。

参考文献

安永中国, 2024. 2023 年中国海外投资概览[R]. 北京.

卜元石, 2018. 中国企业德国投资指南与案例分析[M]. 2 版. 上海: 上海人民出版社.

陈向明, 2009. 质的研究方法与社会科学研究[M]. 北京: 教育科学出版社.

陈晓萍, 2016. 跨文化管理[M]. 3 版.北京: 清华大学出版社.

戴晓东, 2011. 跨文化交际理论[M]. 上海: 上海外语教育出版社.

戴晓东, 2018. 跨文化能力研究[M]. 北京: 外语教学与研究出版社.

戴晓东, 2022. 中国教师视角的跨文化能力模型建构[J]. 外语界(5): 20-27.

德国中国商会, 2014. 中资企业在德商业环境调查 2014[R]. 柏林.

德国中国商会, 2015. 中资企业在德商业环境调查 2015[R]. 柏林.

德国中国商会, 2017. 中资企业在德商业环境调查 2016/17[R]. 柏林.

德国中国商会, 2018. 中资企业在德商业环境调查 2018[R]. 柏林.

德国中国商会, 2021. 中资企业在德国发展报告(2020 年版)[R]. 柏林.

德国中国商会, 2023. 中资企业在德投资环境调查 2023 年中期报告[R]. 柏林.

德雷斯凯, 海伦, 2015.国际管理: 跨国与跨文化管理[M]. 北京: 中国人民大学出版社.

邓津, 林肯, 2015.定性研究: 经验资料收集与分析的方法[M]. 风笑天, 等译. 重庆: 重庆大学出版社.

费孝通, 2021.乡土中国[M]. 北京: 商务印书馆.

韩丁, 2022. 中德跨文化交流中的尊重互动[M]. 北京: 外语教学与研究出版社.

郝海迪, 2012. 中国企业如何“攻克德国”[J]. 新财经(6): 61-62.

何蓓婷, 安然, 2019. 中方外派管理者的跨文化适应压力及应对机理[J]. 管理案例研究与评论, 12(1): 74-92.

张晓玲, 2022. 跨文化上下级信任: 基于德国外派管理人员与中国员工互动的视角[M]. 北京: 社会科学文献出版社.

张雪遥, 2024. 在德中资企业的跨文化品牌建构研究: 以新能源汽车企业为例[D]. 北京: 对外经济贸易大学.

张智远, 2016. 跨文化管理案例[M]. 北京: 经济科学出版社.

郑兴山, 陈景秋, 唐宁玉, 2019. 跨文化管理[M]. 2 版.北京: 中国人民大学出版社.

周三多, 陈传明, 刘子馨, 等, 2023. 管理学: 原理与方法[M]. 7 版.上海: 复旦大学出版社.

BARMEYER C, 2018. Konstruktives Interkulturelles Management [M]. Göttigen: Vandenhoeck & Ruprecht.

BAUMANN A L, FENEBERG V, KRONENBITTER L, et al., 2019. Ein Zeitfenster für Vielfalt. Chancen für die interkulturelle Öffnung der Verwaltung [M]. Bonn: Friedrich-Ebert-Stiftung.

BIAN S, 2021. Hintergründe und Entwicklung chinesischer Investitionen in Deutschland. Eine Analyse [R]. Düsseldorf.

BLOM H, MEIER H, 2017. Interkulturelles Management: interkulturelle Kommunikation, internationales HR-Management, interkulturelle Teams und Führung, Managing Diversity [M]. Leipzig: Verlag Herne.

BOLTEN J, 2011. Diversity Management als interkulturelle Prozessmoderation [J]. Interculture Journal, 10 (13): 25-38.

BOLTEN J, 2012. Interkulturelle Kompetenz [M]. Erfurt: Landeszentrale für politische Bildung Thüringen.

BOLTEN J, 2013. Fuzzy Cultures: Konsequenzen eines offenen und mehrwertigen Kulturbegriffs für Konzeptualisierungen interkultureller Personalentwicklungsmaßnahmen [J]. Mondial: SIETAR Journal für interkulturelle Perspektiven (19): 4-9.

BOLTEN J, 2014. The Dune Model[J]. AFS Intercultural Link, 5 (1), 4-8.

BOLTEN J, 2018. Einführung in die Interkulturelle Wirtschaftskommunikation [M]. Göttingen: Vandenhoeck & Ruprecht.

BRUHN M, 2016. Marketing: Grundlagen für Studium und Praxis [M]. 13. aktualisierte Aufl. Wiesbaden: Springer Gabler.

BURMANN C, HALASZOVICH T, SCHADE M, et al., 2018. Identitätsbasierte Markenführung: Grundlagen-Strategie-Umsetzung-Controlling [M]. 3. überarb. Aufl. Wiesbaden: Springer Gabler.

DÜLFER E, 2001. Internationales Management in unterschiedlichen Kulturbereichen [M]. 6. Aufl. München, Wien: Oldenbourg.

EMRICH C, 2014. Interkulturelles Marketing-Management. Erfolgsstrategien-Konzepte-Analysen [M]. 3. Aufl. Wiesbaden: Springer Gabler.

FAJEN A, 2017. Erfolgreiche Führung multikultureller virtueller Teams[D]. Otto-Friedrich-Universität Bamberg.

FLICK U, 2012. Qualitative Sozialforschung [M]. Reinbek: Rowohlt Taschenbuch Verlag.

FLICK U, KARDORFF E. V., STEINKE I, 2013. Qualitative Forschung. Ein Handbuch [M]. Reinbeck: Rowohlt.

GASTEIGER R M, KASCHUBE J, RATHJEN P, 2016. Interkulturelle Führung in Organisationen. Menschen im globalen Kontext führen [M]. Wiesbaden: Springer.

GLÄSER J, LAUDEL G, 2010. Experteninterviews und qualitative Inhaltsanalyse [M]. Wiesbaden: VS Verlag.

GLASER B, STRAUSS A, 2017. Discovery of grounded theory: Strategies for qualitative research [M]. New York: Routledge.

GÖRG H, 2019. Ausländische Direktinvestitionen in Deutschland: die große Angst vor China [J]. Zeitschrift für Wirtschaftspolitik, 68 (1): 28-35.

GUTTING D, 2016. Interkulturelles Management, Diversity und internationale Kooperation [M]. Herne: NWB Verlag.

GUTTING D, 2020. Interkulturelles Marketing im digitalen Zeitalter. Strategien für den globalen Markterfolg [M]. Wiesbaden: Springer Gabler.

HALL E T, 1976. Beyond Culture [M]. New York: Anchor Books.

HALL E T, 1990a. The Silent Language [M]. New York: Anchor Books.

HALL E T, 1990b. The Hidden Dimension [M]. New York: Anchor Books.

HEDERER J, 2015. Chinesische Unternehmen in Deutschland: ein Überblick [J]. interculturecapital (9): 1-10.

HENZE J, KULICH S J, WANG Z. Q., 2023. Deutsch-Chinesische Perspektiven interkultureller Kommunikation und Kompetenz [M] Wiesbaden: Springer VS.

HERGET J, 2020. Unternehmenskultur gestalten. Systematisch zum nachhaltigen Unternehmenserfolg[M]. Berlin: Springer Gabler.

HOFSTEDE G, HOFSTEDE G J, 2011. Lokales Denken, globales Handeln: Interkulturelle Zusammenarbeit und globales Management [M]. 5. Aufl. München: Deutscher Taschenbuch Verlag.

JIANG H, 2017. Die Bedeutung der weichen Erfolgsfaktoren im Management der chinesisch-deutschen Joint Ventures in China aus chinesischer Perspektive [D]. Universität Osnabrück.

JUNGBLUTH C, 2014. Going Global. Die internationale Expansion chinesischer Unternehmen [D]. Baden-Baden: Nomos Verlag.

KAISER R, 2014. Qualitative Experteninterviews. Konzeptionelle Grundlagen und praktische Durchführung [M]. Wiesbaden: Springer Fachmedien.

KLUCKHOHN F R, STRODTBECK F L, 1961. Variations in Value Orientations [M]. Evanston, IL and Elmsford, NY: Row, Peterson and Co..

KUCKARTZ U, 2018. Qualitative Inhaltsanalyse. Methoden, Praxis, Computerunterstützung [M]. 4. Aufl. Weinheim: Beltz Juventa.

LANG R, BALDAUF N, 2016. Interkulturelles Management [M]. Wiesbaden: Springer Gabler.

LAUTERBORN B, 1990. New marketing litany: Four Ps passé: C-words take over [J]. Advertising age, 61(41): 26.

LINDNER D, 2004. Interkulturelles Marketing: Grundlagen; Strategien; Chancen; Risiken [M]. Düsseldorf: VDM.

LUSTIG M W, KOESTER J, 2007. Intercultural Competence: Interpersonal Communication across Cultures [M]. Shanghai: Shanghai Foreign Language Education Press.

MALETZKE G, 1996. Interkulturelle Kommunikation: Zur Interaktion zwischen Menschen verschiedener Kulturen [M]. Opladen: Westdeutscher Verlag.

MAYRING P, 2015. Qualitative Inhaltsanalyse. Grundlagen und Techniken [M]. 12. Aufl. Weinheim: Beltz.

MEUSER M, NAGEL U, 2005. Experteninterview: vielfach erprobt, wenig bedacht. Ein Beitrag zur qualitativen Methodendiskussion [M]// BOGNER A, LITTIG B, MENZ W. Das Experteninterview. Theorie, Methode, Anwendung. Wiesbaden: VS Verlag für Sozialwissenschaften: 71-93.

MEYEN M, LÖBLICH M, PFAFF-RÜDIGER S, et al., 2019. Qualitative Forschung in der Kommunikationswissenschaft. Eine praxisorientierte Einführung. 2. Auflage [M]. Wiesbaden: VS Verlag für Sozialwissenschaften.

MEYER E, 2015. The Culture Map: Decoding How People Think, Lead, and Get Things Done across Cultures [M]. New York: Public Affairs.

MICHOLKA-METSCH J, METSCH M C, 2015. Strategien für die deutsch-chinesische Geschäftsbeziehung. Erfolgreich verhandeln und Konflikte lösen [M]. Wiesbaden: Springer Gabler.

MÜLLER S, GELBRICH K, 2015. Interkulturelles Marketing[M]. 2. Aufl. München: Vahlen.

MÜTHEL M, 2006. Erfolgreiche Teamarbeit in deutschen-chinesischen Projekten [M]. Wiesbaden: Deutscher Universitäts-Verlag.

PAN Y L, 2008. Interkulturelle Kompetenz als Prozess: Modell und Konzept für das Germanistikstudium in China aufgrund einer empirischen Untersuchung [M]. Sternenfels: Wissenschaft und Praxis.

PAN Y L, 2021. Diversitätsmanagement chinesischer Unternehmen in Deutschland aus interkultureller Sicht: Eine empirische Untersuchung [J]. Interkulturelles Forum der deutsch-chinesischen Kommunikation (1): 104-129.

PAN Y L, CHEN Y Y, 2024. Vertrauensbildung unter Mitgliedern chinesisch-deutscher Teams bei virtuellen Meetings aus interkultureller Sicht [J]. Interkulturelles Forum der deutsch-chinesischen Kommunikation. De Gruyter, No. 0.

PETERS T J, WATERMAN Jr R H, 2006. In Search of Excellence. Lessons from America's Best-Run Companies [M]. New York: Harper & Row.

PINGEL U, 2008. Diversi Teams: Erfahrungen und Empfehlungen für die Arbeit in interkulturell zusammengesetzten Teams [C]. Mainz: InBeZ.

POERNER M, 2011. Chinesisch in der Fremde: Interkulturelles Rezeptwissen, kollektive Identitätsentwürfe und die internationale Expansion chinesischer Unternehmen

[M]. Münster: Waxmann Verlag.

PREYER G, KRAUSSE R M, 2009. In China erfolgreich sein. Kulturunterschiede erkennen und überbrücken. Strategien und Tipps für den Umgang mit chinesischen Geschäftspartnern [M]. Wiesbaden: Gabler.

PÜTTMANN J, 2012. Unternehmenskultur in chinesischen Unternehmen am Standort Deutschland. Eine empirische Studie [M]. Saarbrücken: AV Akademikerverlag.

RATHJE S, 2004. Unternehmenskultur als Interkultur: Entwicklung und Gestaltung interkultureller Unternehmenskultur am Beispiel deutscher Unternehmen in Thailand [M]. Sternenfels: Wissenschaft und Praxis.

REISACH U, 2018. Unternehmensführung nach Übernahme durch chinesische Investoren. Erfahrungen aus Übernahmen in Deutschland [J]. China Contact, (1/2): 16-18.

RUSCHE C, 2020. Chinesische Beteiligungen und Übernahmen in Deutschland [J]. Wirtschaftsdienst, 100 (2): 144-146.

SCHEIN E H, 2017. Organizational Culture and Leadership [M]. 5th ed. Hoboken: Wiley.

SCHREITER A, 2015. Deutsch-Chinesische Arbeitswelten: Einblicke in den interkulturellen Unternehmensalltag in Deutschland und China [M]. Bielefeld: Transcript Verlag: 72-89.

SCHROLL-MACHL S, 2016. Die Deutschen: Wir Deutsche: Fremdwahrnehmung und Selbstsicht im Berufsleben. Göttingen: Vandenhoeck & Ruprecht.

SOHM S, LINKE B M, KLOSSEK A, 2009. Chinesische Unternehmen in Deutschland [R]. Bertelsmann Stiftung.

THOMAS A, KINAST E U, SCHROLL-MACHL S, 2005. Handbuch Interkulturelle Kommunikation und Kooperation. 2 Bände. Bd. 1: Grundlagen und Praxisfelder; Bd. 2: Länder, Kulturen und Interkulturelle Berufstätigkeit [C]. Göttingen: Vandenhoeck & Ruprecht.

TIRPITZ A, GROLL C, GHANE K, 2011. Herausforderungen chinesischer Unternehmen beim Markteintritt in Deutschland [R]. Berlin: German Center for Market Entry UG.

TROMPENAARS F, HAMPDEN-TURNER C, 2020. Riding the Waves of Culture: Understanding Cultural Diversity in Global Business [M]. 4th ed. New York: McGraw-Hill.

Watzlawick P, Beavin J H, Jackson D D, 2017. Menschliche Kommunikation: Formen, Störungen, Paradoxien [M]. Bern: Hogrefe AG.

附录　学术研究计划及保密声明
（中德文版）

尊敬的______女士/先生：

我是对外经济贸易大学外语学院德语系教授潘亚玲，研究与教学重点为中德跨文化交际。我目前在做关于中资在德企业跨文化管理研究的课题，本课题旨在通过质性实证研究中的半开放型访谈和相关数据分析，探索中资在德企业在跨文化管理中面临的主要机遇和挑战、了解容易产生误解和冲突的典型领域和情况，并从跨文化管理的视角，探讨中资在德企业利用机遇和应对挑战的成功经验，以期能总结出有实际应用价值的关于中资在德企业跨文化管理的理论模型和相关策略，并通过相关案例的收集与分析，深入研究上述理论与实证研究的结果在中资在德企业跨文化整合与沟通、跨文化人力资源管理、跨文化营销等领域的应用。

感谢您对我研究项目的支持，期待您能参加我就上述研究课题所进行的实证访谈。参加此次访谈基于自愿原则，您可以在访谈过程中对访谈问题进行详细或简略的回答，同时，对于一些不方便回答的问题，您可以拒绝回答，也可以随时要求终止访谈。

在征得您同意的前提下，我将对访谈进行录音，并在后期进行文字转录。本研究项目中所收集的访谈数据和个人观点仅供学术研究使用，转录为文字的访谈全文和录音会被严格保密。如若将来发表与本研究课题相关的论文或专著时部分引用访谈数据，我会严守匿名原则，并保证相关的引用内容不会被人辨别出发言人。

如有疑问，可直接与我联系（联系信息见下方）。再次感谢您对我研究项目的支持！

潘亚玲（电子签名）
××××年××月××日

潘亚玲　教授　博士
对外经济贸易大学　外语学院
北京朝阳区惠新东街 10 号
邮编：100029
电话：×××
邮箱：×××

Forschungsvorhaben und Geheimhaltungserklärung

Sehr geehrte (r) Herr/Frau ×××,

als Professorin lehre ich an der University of International Business and Economics (UIBE) in Beijing, China. Meine Schwerpunkte in Forschung und Lehre liegen in den Bereichen interkulturelle Wirtschaftskommunikation sowie Vermittlung und Förderung interkultureller Kompetenz. Im Rahmen meines Forschungsprojekts „Interkulturelles Management chinesischer Unternehmen in Deutschland" suche ich chinesische und deutsche Interviewpartner, die sich mit diesem Themenbereich auskennen. Bei dem Interview geht es vor allem um die Alltagspraxis chinesischer Unternehmen in Deutschland, ihre Chancen, Herausforderungen und Probleme aus interkultureller Sicht sowie um mögliche Lösungsansätze.

Das Interview dauert in der Regel eine Stunde. Es wird eine Tonaufnahme gemacht, die später transkribiert und ausgewertet wird. Die Teilnahme am Interview basiert allein auf Freiwilligkeit. Sie können jederzeit einzelne Fragen ablehnen oder die Teilnahme am Interview beenden.

Die im Rahmen des oben genannten Forschungsprojekts erhobenen Daten dienen ausschließlich wissenschaftlichen Zwecken und werden vertraulich behandelt. Alle beteiligten Personen sind zur Datengeheimhaltung verpflichtet. Transkripte und Tonaufnahmen werden nicht veröffentlicht. Allerdings können in Veröffentlichungen ggf. einzelne Zitate verwendet werden, wobei diese keine Rückschlüsse auf Personen oder Unternehmen zulassen.

Ich danke Ihnen im Voraus für Ihre Teilnahme und Unterstützung und stehe Ihnen für eventuelle Rückfragen zur Verfügung.

Mit freundlichen Grüßen
Pan Yaling (Unterschrift)

Prof. Dr. Pan Yaling
School of Foreign Studies
University of International Business and Economics
100029 Beijing, China
Tel: ×××
Email: ×××